쓰잘데기

초판 1쇄 인쇄 • 2018년 3월 19일
지은이 • 김요수
펴낸이 • 이승훈
펴낸곳 • 해드림출판사
주 소 • 서울 영등포구 경인로82길 3-4(문래동1가 39)
　　　　센터플러스빌딩 1004호(우편07371)
전 화 • 02-2612-5552
팩 스 • 02-2688-5568
E-mail • jlee5059@hanmail.net

등록번호 • 제2013-000076
등록일자 • 2008년 9월 29일

* 책값은 표지에 있습니다
* 잘못된 책은 바꿔드립니다

ISBN 979-11-5634-274-8

국민을 '다스리니까' 염치가 없어진 세상에서
부끄러움을 알고 염치를 찾아야 한다.

쇼짱데기

글·본문그림 김요수

해드림출판사

| 아 | 뢰 | 는 | | 말 | 씀 |

　힘을 가진 사람들은 힘없는 사람들을 부려먹습니다. 힘은 보통 권력, 돈, 명예를 말합니다. 힘을 가진 사람들은 권력으로 윽박지르고, 돈으로 꾀고, 명예로 홀립니다. 힘없는 사람들은 권력 앞에 무너져 정의를 내놓고, 돈 앞에 무릎 꿇어 양심을 팔고, 명예 앞에 엎어져 도덕을 버리고 맙니다. 바라는 바와 달리 정의를 내놓고, 양심을 팔고, 도덕을 버리는 순간 힘을 갖기는커녕 오히려 힘없는 사람들은 죽어가거나 죽고 맙니다. 그래서 앞장서서 탐관오리가 되고, 자기도 모르는 사이에 부역자가 되는 사람들 많습니다. 하지만 끝까지 염치와 사랑으로 버티는 사람이 있습니다. 좋은 나라, 멋진 세상은 염치와 사랑을 가슴에 품고 실천하는 사람들이 만듭니다.

　임금이 백성을 '다스리는' 시대에서 대통령이 국민을 '섬기는' 시대로 만들어야 합니다. 통일신라의 썩어빠진 기득권을 물리치고 왕건은 새로운 나라를 만들었습니다. 고려의 썩어 문드러진 기득권을 무너뜨리고 정도전은 새로운 세상을 열었습니다. 가여운 백성의 마음을 헤아린 세종대왕은 우리 문화를 기운차게 펼쳤으며, 기득권의 잇속 다툼에 쓰러지는 나라를 이순신은 지켰습니다. 발 빠르게 바뀌는 세상의 흐름을 읽은 영조대왕과 정조대왕은 사상과 과학의 기틀을 마련했습니다.

백성이 임금을 '떠받드는' 세상을 우리가 모두 '평등한' 세상으로 바꿔야 합니다. 국민을 '다스리니까' 염치가 없어진 세상에서 부끄러움을 알고 염치를 찾아야 합니다. 기득권에 빌붙어 맞장구나 치는 탐관오리의 세상을 물리쳐 양심을 찾아야 합니다. 기득권의 파렴치와 탐관오리의 몰염치를 기꺼이 털어내고, 양심과 염치의 시대를 열어야 합니다.

어디서 얻어들어 귀동냥이나 하고, 어디서 주어 읽어 눈동냥이나 하는 처지였던 2013년과 2014년, 그러니까 이명박 대통령이 다스리던 '꼼수의 시대'와 박근혜 대통령의 '몰염치의 시대'가 다 가오던 때, 광주드림신문에 예순여섯 번의 이야기를 썼습니다. 글 솜씨나 그림 솜씨가 형편없음을 스스로 알지만 다만 열정은 다했습니다. 무섭고 철저하게 모질던 그때 흔쾌히 연재를 해준 광주드림신문이 있었습니다. 고마운 일입니다. 사람들이 관심을 갖지 않아 탈(?)이 나지 않아서 그렇지 싶는데 용기가 필요한 글들이었습니다. 몇 년이 지난 뒤지만 책으로 엮어주신 분들이 또한 고맙습니다.

2018년 3월 저자

차례

1. 배워서 남 주나? — 10
2. 상전 배부르면 종 배고픈 줄 모른다 — 19
3. 검은 뱃속만 채우랴 — 24
4. 팔자는 길들이기 나름 — 28
5. 굳히기는 쉬워도 떼기는 힘든 것이 버릇 — 32
6. 마루가 높으면 천장이 낮아진다 — 36

7. 개천에서 용 난다고? 훗 — 40
8. 남의 떡에 설 쇠 볼까 — 46
9. 바늘 가는 데 실 간다 — 51
10. 바늘 가진 놈이 도끼 가진 놈 이긴다 — 56
11. 모진 놈 옆에 있다가 벼락 맞는다 — 60
12. 저 잘난 맛에 산다 — 64

13. 차라리 없느니만 못한 가짜가 병이라 — 70
14. 옷이 날개 — 75
15. 속 보인다 속 보여 — 81
16. 발등에 오줌 누는겨? — 86
17. 재주는 곰이 넘고 돈은 되놈이 — 91
18. 윗물이 맑아야 — 96

19. 발등 찍혔어, 발등!　　　　　　　　　101
20. 오리 새끼 길러 놓으면 물로 간다　　107
21. 한강에 화풀이하시나?　　　　　　　111
22. 배운 도둑질　　　　　　　　　　　116
23. 자라 보고 놀란 가슴　　　　　　　　121
24. 북 치고 장구 치고　　　　　　　　　126

25. 개떡같이 주무르다　　　　　　　　130
26. 허울 좋은 도둑놈　　　　　　　　　134
27. 대감 죽은 데는 안 가도　　　　　　140
28. 방귀 뀐 놈이　　　　　　　　　　　145
29. 도로 아미타불이라　　　　　　　　150
30. 억지 춘향　　　　　　　　　　　　155

31. 부르는 게 값　　　　　　　　　　　160
32. 귀신 씻나락　　　　　　　　　　　165
33. 꽁지 빠진 수탉　　　　　　　　　　171
34. 똥 싼 년이 핑계 없을까　　　　　　176
35. 눈 가리고 아옹　　　　　　　　　　180
36. 참빗으로 서캐 훑듯　　　　　　　　184

37. 여럿의 말은 쇠도 녹인다	188
38. 도랑 새우 무엇 하나	192
39. 억지가 반벌충이?	197
40. 복덕방에 들어앉았나?	202
41. 흰 모래밭에 금 자라 걸음	206
42. 노래의 날개 위에-멘델스존	211

43. 손오공 탈 그리고 조용필처럼	215
44. 엉뚱 발랄 그리고 렛잇고	219
45. 염성덕과 오가희	224
46. 봄이란	229
47. 점직하고 서머한 세상	233
48. 천둥지기와 물꼬	238

49. 4월은 잔인한 달이 아니다	242
50. 봄이 왔다고 봄이겠는가	247
51. 안철수 현상과 안철수 비용	252
52. '가만있으라'와 '골든 타임'	256
53. 잊지 말아요, 세월호!	261

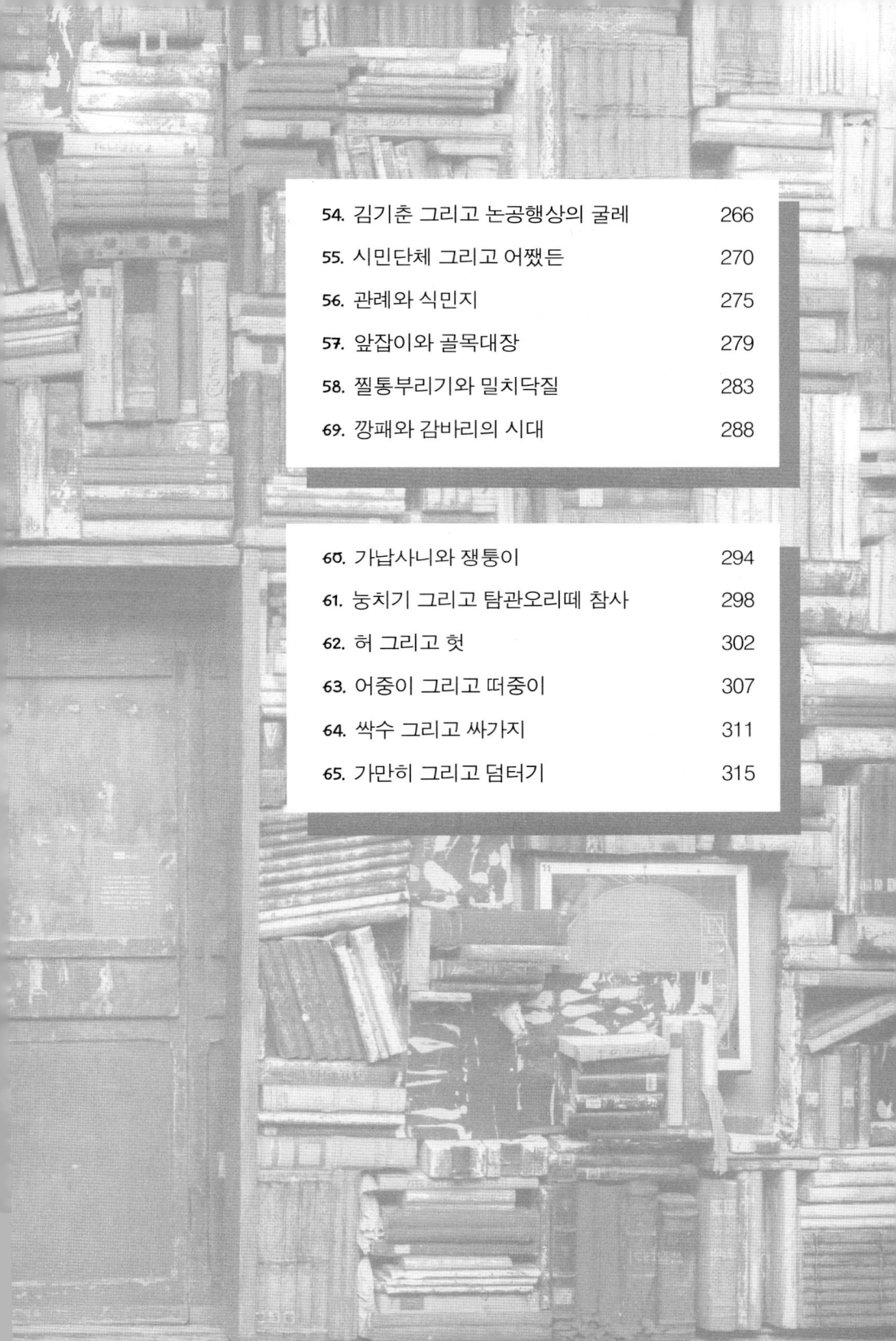

54. 김기춘 그리고 논공행상의 굴레 266
55. 시민단체 그리고 어쨌든 270
56. 관례와 식민지 275
57. 앞잡이와 골목대장 279
58. 찔통부리기와 밀치닥질 283
69. 깡패와 감바리의 시대 288

60. 가납사니와 쟁퉁이 294
61. 눙치기 그리고 탐관오리떼 참사 298
62. 허 그리고 헛 302
63. 어중이 그리고 떠중이 307
64. 싹수 그리고 싸가지 311
65. 가만히 그리고 덤터기 315

1. 배워서 남 주나?
- 양심 팔고 도덕 파는데 배움쯤 못 파랴 -

"갖고 놀았으면 제자리에 둬라", "할 일을 딱딱 해라" 누구나 한 번쯤 들었던 말들이다. 나만 들었나? 이럴 때는 '응'이라고 하면 김새니까 '나도 들었지'라고 맞장구를 쳐주면 좋겠다. 그래야 말하는 사람 힘이 솟으니까. 보통 어머니께서 말씀하시면 처음에는 고분고분 듣는다. 처음부터 고분고분 듣지 않았다면? 그대는 쟁통이다. '쟁통이'는 가난에 쪼들리어 마음이 좀스러운 사람이다. 어머니 말씀이 잔소리가 되어 귀에 딱지가 앉으면 그때부터는 허투루 흘려버린다. 잔소리니까. 말모이(사전)에 보면 잔소리는 '쓸데없이 자질구레한 말을 늘어놓는 것'이라고 나왔지만 결코 쓸데없지 않다. 배움은 잔소리에서 비롯하니까. 잔소리는 '듣기 싫게 꾸짖거나 나무라는 말'이라고도 말모이에 나왔지만, 듣기 싫어도 들어야 하는 말이 잔소리다. 듣고 익혀서 나쁠 것이 없으니까. 잔소리란 낱말의 뜻을 더 꼼꼼하게 풀어주는 말모이가 있으면 좋겠다는 생각이 든다. 대놓고 하는 잔소리가 쓸데없이 들리고 듣기 싫다고 말할 수 있는 것은 기분에 맞추자면 맞긴 맞다.

그래서 뜻깊은 집안은 잔소리를 '그윽하게' 한다. 코앞에서 잔소리를 듣고 자라지 않았다면 그대는 지체 높은 집안에서 자랐음이 틀림없다. "공부 좀 해라"고 말할 대목에 이렇게 말한 양반이 있었다. "사람이 제아무리 꼬불꼬불한 길에 츠해 있다고 헐지라도 숨이 끊어지넌 그 마지막 때까지 버리지 말어야 될 것이 있은즉……." 그분은 잠깐 말씀을 끊고 엄한 눈빛으로 바라만 보았다. 굳이 '배움'이란 말을 덧붙이지 않았다. 왜? 그 마당(상황)에서는 붙이지 않아도 말하는 사람이나 듣는 사람이 모두 아니까. 오히려 붙이면 멋쩍어진다. 아들딸을 깨닫게 한답시고 혹은 동무들을 타이른답시고 낱낱이 꼬치꼬치 중얼거린다면 그대는 잔소리꾼이다.

저 말씀을 하신 분? 김성동의 할아버지다. 김성동은 '왜 사는가, 그리고 어떻게 살아야 하는가'를 걸머진 소설인 '만다라'를 쓴 사람이다. 소설가의 대들보인 김성동을 만나서 들은 이야기는 물론 아니다. 감히 어떻게 그런 분을 만날 수 있으랴. 그가 쓴 '천자문'이란 책에 나온 이야기다. 옛날 아버지들은 말하기에 앞서 몸으로 자식들에게 보여주었다. 자식들에게 말을 할 때는 곧잘 한 자락씩 깔아줬다. 생각할 틈을 주는 것이다. 보고 배우는 것이 먼저고, 보고 배우지 못한다면 주워듣는 것보다 스스로 깨달아야 몸에 척 달라붙기 때문이다. 아버지를 일찍 여읜 김성동은 할아버지가 아버지 역할을 갈음했겠다. 김성동의 할아버지는 참으로 '어르신'임에 틀림없다.

잔소리를 잘 익힌 사람들은 자다가도 떡이 생긴다. 콩고물이라도 얻어먹으려면 부지런히 갈고 닦아서 차곡차곡 쌓아야 한다. 잔소리가 쌓이면 속담이 된다. 속담의 우리말은 '익은말'이다. 익은말? 참 멋진 낱말이다. 말이 익으면 귀에 쏙 들어오고 가슴에 착 않는다. '배워서 남 주나'라는 말이 있다. 배움은 남에게 줄 수 없다는 뜻이겠는데 그냥 옛말일 뿐이다. 배워서 남 주는 사람? 있다. 아니, 배워서 남에게 주어야 잘 먹고 잘산다. 배워서 돈 있는 사람에게 주면 돈을 얻고, 권력 있는 사람에게 주면 권력을 얻는다. 요즘만 그렇다고? 아니다. 어느 역사에도 배움 팔아 떵떵거린 놈들이 있다. 권중현, 이근택, 이지용, 박제순, 여기까지 말하면 누군가 궁금하겠지만 이완용을 붙이면 금방 '을사5적'이란 것을 안다. 나라를 게검스럽게 팔아먹은 놈들이다. '게검스럽다'는 욕심껏 먹어대는 꼴이 보기 사나운 것을 말한다. 기껏해야 100년쯤 지났다. 역사에 이런 놈들이 있고, 그놈들의 후손들이 아직도 떵떵하게 잘사니까 배움 팔려고 눈 부라리는 놈들 많다.

올바르게 가르쳐 똑똑해지면? 바른말을 한다. 언제부턴가 '바른말'을 하면 '좌빨'로 엮어버린다. '좌빨'이나 '종북'이 씌워지면 살기 팍팍해진다. 바른말을 하는데도 용기가 필요한 시대다. 신호등을 건널 때 '녹색불이니 건너자'라고 말하는가? 함부로 말하지 말아야 한다. 신호등의 빛깔과 상관없이 눈치로 건너는 놈들에게 눈치 보인다. '바르다'를 생각하며 바른손을 보고, '옳은'을 떠올리며 오른손을 본다. 바른손은 오른손을 말하는데 바른말은 '좌빨', 그러니까 '왼 말'이 되어버렸다. 기가 막히다. 누가 그렇게 만들었을까. 혹시 배워서 남 주고서 내 배만 채운 놈들이 아닐까. 놈들은 하얀 빛이 검다는 논리도 서슴없이 만든다. '서슴없다'는 망설임이나 거침이 없다는 말이다. 어이없다고 해야 할까 슬프다고 해야 할까, 아무튼 어지럽다. 요즘 말로 '멘붕(멘탈붕괴)'인 나라다.

멘붕은 또 있다. 옳고 그름을 아는 것이 양심이고, 스스로 마땅히 지켜야 할 것이 도덕인데, 양심이 없어도 돈을 벌고, 도덕이 없어도 높은 자리에 앉는다. 돈 벌고 높은 자리에 앉으려고 양심과 도덕이라는 '뜻'도 고쳐버렸는가 보다. 이제 아이들은 '양심'을 무엇이라고 배워야 하고, 어른들은 '도덕'을 어떻게 가르쳐야 할까. 탈세나 위장전입을 양심이라고 배우고, 불법사찰이나 논문표절을 도덕이라 가르쳐야 하나? '왼 말'이 된 '바른말'을 안 해도 되는 녀석들은 좋겠다. 배움을 팔아 잘사니까. 양심도 팔고 도덕도 파는데, 배움쯤 못 파랴. 낄낄거리며 웃던 귀신도 자빠져 펑펑 울 노릇이긴 하지만. 100년까지 가지 않더라도 유신 때도 양심팔이, 도덕팔이, 배움팔이한 연놈들 있었지, 아마.

일본에 1867년 메이지유신이 있었고, 대한민국에도 1972년, 시월유신이 있었다. 일본에 충성혈서를 쓴 다카키 마사오, 그러니까 박정희가 시월유신을 저질렀다. 게걸스런 유신헌법! 무서워 덜덜 떨리는 긴급조치권! 박정희 혼자 끙끙거리며 만들었을까, 아니, 분명 배운 놈들이 졸졸 뒤따르며 뒷배를 만들어 받쳐주었겠다. 졸졸 따르면 배 채워주고 힘 실어주었을 테니까. 시월유신을 뒷받침했던 놈들이 뭣 좀 배울 나이 때면 대한민국은 일본의 끔찍한 지배를 받고 있었는데 어떻게 배웠지? 설마 빼앗으러 온 쪽발이들이 뺏기지 않으려고 대드는 대한민국 사람들을 잘한다고 쓰다듬으며 가르쳤을까, 그럴 리가? 없다. 빼앗으러 온 쪽발이들에게 충성을 맹세한 놈들을 가르쳤겠지, 혈서까지 썼다면? 아, 그렇겠구나. 다카키 마사오의 딸, 그러니까 혈서를 써서 일본에 충성을 맹세한 박정희의 딸인 박근혜 정부가 들어선다고 잔치를 열었다. 어찌 됐든 정권을 잡았으니 축하의 잔치를 벌였다. 박근혜 정부의 높은 자리에 박정희 시대를 끌어갔던 앞잡이들의 후손들이 눈에 띈다. 박정희의 따님을 대통령으로 뽑았으니 그렇기도 하겠다만.

세계에 이름을 짜하니 알린 싸이도 그 잔치에서 '강남스타일'을 노래했다. 그냥 들을 때는 몰랐는데 이 잔치에서 노랫말을 씹어보니 색달랐다. '근육보다 사상이 울퉁불퉁한 사나이'하는 싸이에게서 근육을 찾으려고 두리번거렸으나 근육은 보이지 않았다. 아마 근육은 아니어도 사상이 울퉁불퉁한 모양이다. 아니면 울퉁불퉁한 사상도 잔치에 끼어들 수 있다는 것을 보여주는 것일지도 모른다. '낮에는 따사로운 인간적인 여자', 이 대목에선 소름이 돋았다. '그럼 밤에는?'이라는 물음이 절로 나왔으니까. '유신의 밤'이 아른거렸고, 20시간 만에 사형이 집행된 '인혁당 사건'이 스쳤다. '뛰는 놈, 그 위에 나는 놈', 뛰고 나는 놈놈들이 설치겠다 싶었는데, 갑자기 '베이비 베이비(baby baby)'한다. 아하, 뛰고 날아봐야 '아기'로구나. 뛰고 나는 그 뒤에 그를 돌보는 어른이 있겠지 하는데, '나는 뭘 좀 아는 놈'한다. 뭘 좀 아는 놈? 그렇다, 불의를 정의로 바꾸어버리고, 불법을 합법으로 만들고, 양심 없는 놈들을 도덕군자로 치켜세우는 뭘 좀 아는 놈들! 제 배만 채우려 주억거리고 굽실거리는 뭘 좀 아는 놈들! 헉, 그런데 싸이는 '지금부터 갈 데까지 가볼까' 한다. 섬뜩했다. 갈 데까지 가보자니, 이것이 안전기획부(국가정보원의 옛 이름)의 말은 아니겠지? 하마터면 오줌 지를 뻔했다. 어른들의 잔소리라도 잘 익혀서 팔아먹을 배움이라도 쌓아놓을 것을.

*걸머지다: 등에 걸쳐 들다

*갈음하다: 바꾸어 대신하다

*인혁당(인민혁명당) 사건

1) 1차 인혁당 사건: 박정희쿠데타(1961년)를 일으킨 세력은 「특수범죄처벌에 관한 특별법」 등을 만들어 무려 3년 6개월을 소급 적용하여 4·19학생혁명 때 인물을 투옥하고 억압하였다. 굴욕적 한일회담을 반대하고 군사정권 퇴진요구가 생기자 1964년 6월 계엄령을 선포했다. 같은 해 8월 김형욱 중앙정보부장은 국가 변란을 목적으로 북한의 지령을 받은 인민혁명당이 한일회담반대 학생데모를 배후 조정 했다고 발표했다. 41명이 구속되었고, 공안부 검사 3명은 '증거불충분'이라며 서명 거부와 사표를 제출했다. 9월에는 26명의 피고인을 중앙정보부가 발가벗긴 채 물과

전기로 고문을 했다고 박한상 국회의원이 폭로했다.

2) 2차 인혁당 사건: 1969년 박정희 정권은 대통령을 세 번 할 수 있는 '3선 개헌안'을 날치기로 통과시켰고, 1971년 연임을 시작하였으며, 1972년 영구집권을 위한 유신헌법을 만들었다. 재야세력은 '100만인 서명운동'을 벌이며 유신정권에 저항했으나 박정희 정권은 대통령긴급조치를 선포하고 이 조치에 위반한 자들은 비상군법회의에서 처단하려 했다. 1974년 4월에 당시 검찰총장이었던 신직수는 중앙정보부장을 맡아 전국민주청년학생총연맹(민청학련) 사건의 배후에 '인혁당 재건위원회 사건'이 있다고 발표했다. 같은 해 7월에 도예종, 서도원, 송상진, 우홍선, 하재완, 이수병, 김용원, 여정남 등 여덟 명에게 비상보통군법회의는 사형을 선고했고, 이듬해인 1975년 4월 8일 대법원은 사형판결을 확정했다. 확정한 바로 그다음 날인 4월 9일 사형을 집행했다. 국제법학자협회는 이날을 '사법사상 암흑의 날'로 선포했고, 이 사건은 박정희 유신정권의 대표적 인권침해사건이다.

3) 2002년 9월 의문사 진상규명위원회는 '인혁당 사건'을 중앙정보부의 조작 사건이라고 발표하였고, 국가정보원 과거사 진실규명을 통한 발전위원회도 2005년 12월 사건 관련자들에 대한 중앙정보부의 가혹 행위와 '인민혁명당' 구성과 가입에 대한 조작 사실을 발표하였다. 2007년 1월 23일 서울중앙지법은 도예종 등 '인혁당재건위 사건' 희생자 8인에 대하여 무죄를 선고하였다.

*김성동: 1947년 충남 보령 출신. 글로써 세상을 깨우친 소설가. 쓴 책

<만다라>, <하늘의 섭리 땅의 도리 천자문>, <꽃다발도 무덤도 없는 혁명가들>, <염불처럼 서러워서>, <한국정치 아리랑>, <피안의 새>, <현대사 아리랑>, <꿈>, <초중딩도 뿔났다>, <국수>, <외로워야 산다>

*권중현: 1854년 충북 영동 출생. 고등재판소 판사를 하고, 독립협회 발기인이었다. 잘못된 판단으로 수많은 민족을 괴로움으로 몰아넣었다. 대한제국 농상공부대신과 군부대신을 하고, 나라를 판 대가로 일본강점기 때 '자작'이란 작위를 받았다. 친일반민족행위에 앞장섰지만 죽을 때까지 부귀영화를 누렸다.

*이근택: 1865년 충북 충주 출생. 명성황후의 발탁으로 병조참판, 좌부승지까지 올랐다. 자신과 식구들의 잇속만 챙겨 민족의 앞날을 어둡게 만들었다. 독립협회 해산 공로로 대한제국에서 한성판윤, 육군부장, 군부대신을 얻었고, 나라를 판 대가로 일본강점기 때 '자작'이란 작위를 받았다. 이근호(형), 이근상(동생)과 함께 '3형제 친일파'다.

*이지용: 1870년 서울 출생, 고종 임금의 5촌 조카이며 흥선대원군의 형인 흥인군의 손자. 민족 말살의 앞잡이로 살았고, 끝까지 잘못을 깨닫지 못했다. 이조참의를 거쳐 대한제국에서 황해도관찰사, 외부대신서리, 내부대신을 지냈다. 나라를 판 대가로 일본강점기 때 '백작'이란 작위를 받았다. 죽을 때까지 나라로부터 돈을 받았다.

*박제순: 1858년 경기 용인 출생. 조선 시대에 성균관대사성과 호조참판을 지냈고, 대한제국에서는 외부대신, 농상공부대신, 참성대신, 내부대신을 누렸다. 배움을 잘못된 곳에 쓰면 나라와 민족이 처참한 꼴을

당한다는 사실을 몸으로 보여주었다. 나라를 판 대가로 일본강점기 때 '자작'이란 작위를 받았고, '천황즉위대례식'에 찬양 글까지 썼다.

*이완용: 1858년 경기도 광주 출생으로 판중추부사의 양자가 되었다. 내부참의, 성균관대사성, 형조참판을 지냈으며, 고종을 러시아공관으로 옮겼고(아관파천), 헤이그특사사건이 지나고는 고종퇴위를 강요하였다. 나라와 민족을 팔아서 잘 먹고 잘살았다. 나라를 팔아먹은 대가로 '백작'이란 작위를 얻었고, 60원의 잔무처리수당과 1458원 33전의 퇴직금을 받았다. 3·1 운동 뒤엔 독립운동하는 민족에게 3번의 경고문을 발표하고, '후작'이란 작위를 받았다. 죽어서 전북 익산에 묻혔다.

*박정희(다카키 마사오): 1917년 경북 구미 출생. 대구사범학교와 일본육군사관학교를 나와 독립군을 때려잡는 만주군 소위가 되었다. 공산주의 혐의자로 무기징역을 받았으나 1950년 김일성 전쟁으로 현역 군인으로 복귀했고, 전쟁 중에 육영수랑 재혼했다. 군사쿠데타로 정권을 잡았고, 영구집권을 하려고 유신헌법을 만들었다. 김재규의 총을 맞아 죽을 때까지 독재를 하였으니 영구집권에 성공한 셈이다. 육영수와 사이에서 낳은 그의 딸 박근혜는 2013년 18대 대통령이 되었고, 2017년 최순실 국정농단사건의 공범으로 탄핵당하여 감옥으로 갔다.

*싸이: '근육보다 사상이 울퉁불퉁한 사나이'라고 노래했으나 사상이 울퉁불퉁하거나 근육이 짱짱해 보이지는 않는 가수

2. 상전 배부르면 종 배고픈 줄 모른다
- 혼자서만 잘 살겨? -

산수유 꽃망울이 노랗다. 노란 꽃망울이라 꽃이 노랗구나. '감자꽃'이란 노래가 있다. '자주꽃 핀 건 자주감자 파보나 마나 자주감자'. 권태응 선생이 썼다. 일제강점기 때 민족혼을 노래했는데 지금도 '파보나 마나' 똑같다. 일제강점기 때 친일파들이 쪽발이한테 알랑거리며 알랑방귀 뀌듯이 지금도 일본에 붙었다가 미국에 붙었다 하는 연놈들 많다. '하얀 꽃 핀 건 하얀 감자 파보나 마나 하얀 감자'다. 앵두나무에 앵두, 감나무에 감 열린다. 나무가 열매 이름 따라 이름이 붙었나? 안 그런 것도 있다. 오디 열리는데 뽕나무라 부른다. 그럼 도토리는? 보통 도토리나무에 달리는 줄 안다. 아니다. 참나무에 달린다. 참나무? 여러 가지가 있다. 굴밤 열리는 졸참나무, 상수리 달리는 상수리나무. 도토리는 참나뭇과의 떡갈나무 열매이지 나무 이름이 아니다.

도토리꼭지는 도토리를 꽉 움켜쥐고 있다. 자기 것을 놓칠세라 끌어안고 있다. 그 꽉 끌어안고 있는 도토리 꼭지를 '깍정이'라 부른다. 깍정이가 술잔처럼 보이면 술을 좋아하는 사람이고, 모자처럼 보이면 멋을 아는 사람일 게다. 품은 마음처럼 보일 테니까. 도토리꼭지를 일컫는 깍정이는 다른 뜻도 가지고 있다. 옛날 포도

청에서 심부름도 하고 도둑 잡는 것을 거들던 어린아이를 말하기도 한다. 깍쟁이란? '깍정이'란 말에서 나왔다. 자기 잇속만 꾀하고 재물을 지나치게 챙기는 사람. 좋게 말하면 깐깐하고 짠 사람이다. 아마 옛날 깍정이랄 놈이 포도청 일을 보면서 자기 잇속을 꾀하고 도둑 잡을 때 재물을 챙겨서 생겨난 말일지도 모른다. 지금도 권력을 등에 업고 못된 짓 하는 놈들 많으니까 충분히 짐작할 만하다.

깍쟁이는 걸태질을 한다. 걸태질? 낯도 가리지 않고 얌통머리 없이 재물을 긁어모은다는 뜻이다. 걸태질이란 말에서 요즘 장관이나 대법관처럼 높은 자리 넘보는 사람들이 떠오른다. 갑자기 노략질이란 말도 떠오른다. 노략질은 떼를 지어 돌아다니며 사람을 해치거나 재물을 억지로 빼앗는 짓이다. 노략질과 비슷한 말이 약탈이다. 교과서에서 '왜구들은 노략질을 일삼았다'고 배운 적 있다. 포도청 깍정이는 저울질했겠다. 저울질? 나쁜 말로 쓸 때가 많지만 속내를 알아보고 이리저리 헤아려보는 일이다. 포도청은 촘촘하게 살펴서 도둑놈을 잡았으리라. 도둑 잡는 일을 거들던 깍정이가 자기 잇속만 챙기는 깍쟁이가 되어버린다면? 분하고 억울하고 서러운 사람 많았겠다. 그런데 깍정이란 말은 이제 깍쟁이가 되어버렸다. 옛날 깍정이란 말은 사라지고 요즘은 깍쟁이만 남아버렸다.

도토리가 '톹(돼지)'이라는 말에서 나왔다니 아마 멧돼지가 즐겨 먹었나보다. 옛날에는 없이 살았으니까 도토리를 멧돼지랑 나누어 먹었다 해도 말 된다. 도토리로 밥을 지었다는 기록도 있고,

보릿고개 고픈 배를 채웠고, 농사철 새참에도 먹었다. 요즘은 막걸리 안주에 도토리묵이 딱 좋다. 먹을 것 많으니 도토리묵은 별식이다. 함포고복(含哺鼓腹), 그러니까 잔뜩 먹고 배 두드리는 때가 잦다. 먹고살 만하다는 말이다. 먹고살 만하려면? 돈 벌어야 한다. 돈벌이 앞에서 '상식'을 감추는 것이 상식이 되고, 돈벌이 앞에서 '도덕'을 밀쳐두는 것이 도덕이 되었다. 설명 없어도 고개 끄덕일 것이다. 언제부터 그랬을까?

뜻하지 않았는데 생뚱맞게 시대를 열어버린 사람이 있다. 김정은이다. 앗, 북에 사는 통통한 김정은 아니다. 가녀린 배우 김정은이다. 입술 빨갛게 칠하고 '부자 되세요'라며 카드 광고 찍었다. 김정은은 부자 되라고 '권유'만 했는데 사람들에겐 인사말이 되었고, 돈이 주인 되는 세상을 열었다. 돈에 얽히면 권유만 해도 그 울림 엄청나다. 그런 사람 또 있다. 강호동이다. 강호동이 저질렀던 살바싸움이나 탈세를 말하려는 것이 아니다. 복불복(福不福), 그러니까 사람이 어찌할 수 없는 '운'에 따르라면서 '나만 아니면 돼'를 텔레비전 예능 프로그램에서 수없이 외쳤다. 강호동은 나만 아니면 된다고 '단정' 지어서 사람들 사이에 가치관으로 만들었고, 눈치가 주인 되는 세상을 열었다. 운이라고 단정 지으면 사람들은 애쓰지 않고 그저 바라기만 한다. 김정은과 강호동이 그러고 싶었겠는가, 어쩌다 보니 그 자리에 섰고, 사람들이 맞장구 쳤겠지. 시대가 요구했는지도 모른다. 그 한마디가 대한민국을 바꿔버릴지 몰랐을 것이다.

누가 외치느냐? 중요하다. 연기도 노래도 잘하는데 예쁜 김정은이 부자 되라고 외치니까 사람들이 그냥 따라 했다. 씨름도 잘 했는데 진행도 잘하고 웃음까지 주는 강호동이 나만 아니면 된다고 외치니까 사람들의 상식이 돼버렸다고 믿고 싶다. 무엇을 외치느냐? 중요하다. 부자 되라고 하지 않고 '나누며 사세요'라고 외쳤다면? 나 먹을 것도 없다고 투덜거렸을까. 아니다. 먹을 것 작아도 나누었을 것이다. '나만 아니면 돼'가 아니라 '다 함께 하면 돼'라고 외쳤다면? 너나 잘하라고 비꼬았을까. 아니다. 힘들어도 다 함께 했을 것이다. 안 그랬을 수도 있으나 내 생각이 그렇다. 사람들은 이름 짜한 사람을 잘 따르니까.

서로 부대끼며 사는 것이 사회다. '혼자만 잘 살믄 무슨 재민겨'. 돌아가신 전우익 선생의 책이다. 이름이 우익이지 '우익이야기' 아니다. 내가 즐거우려면? 읽어 보시라. '파보나 마나'한 세상이라고 둘러대지 말고, '다 함께 나누며 살자'고 외치게 될 것이다.

*권태응: 1918년 충북 충주 출생. 서울제일고보, 일본 와세다대학에 갔으나 항일운동으로 퇴학. 충주에서 농사를 지으며 민족운동을 하다가 한국전쟁 때 죽음. 쉬운 글로 독립과 항일을 드러냈다. 작품 <감자꽃>, <옹달샘>, <도토리들>, <달팽이>

*김정은: 동덕여고, 건국대 공예학과 영화학과를 졸업한 배우. 드라마 <파리의 연인>, <울랄라 부부>, <여인천하>, <의가형제>, <해바라기>, 영화 <식객>, <우리 생애 최고의 순간>, <내 남자의 로맨스>, 유행어 '부자 되세요'

*강호동: 1970년 출생. 마산상고 용인대 중퇴. 일양약품 씨름선수로 백두장사, 천하장사를 여러 차례 한 뒤 개그맨이 되었다. 씨름선수를 할 때 신경전을 벌이는 샅바싸움으로 이름을 날렸다. 텔레비전 프로그램 <1박2일>, <무릎팍 도사>, <강심장>, <스타킹>, <우리동네 예체능>, 유행어 '나만 아니면 돼'

*전우익: 1925~2004년, 경북 봉화 출신으로 경성제국대 졸업. 곧은 생각을 글로 드러내고, 올바른 삶을 몸으로 드러낸 분. 쓴 책 <호박이 어디 공짜로 굴러옵디까>, <혼자만 잘 살믄 무슨 재민겨>, <사람이 뭔데>

3. 검은 뱃속만 채우랴
- 배가 비면 몸은 가볍고 마음은 깊어진다 -

'봄바람이 왜 부는지 아시는가?' 동학사 걷는 길에 '동휘'가 뜬 금없이 물었다. '겨우내 굳어 있던 마음과 몸을 움직이라며 깨우는 것이라네'. 늘 다니는 뒷산에서 커피 파는 할머니가 가르쳐 주었단다. 그 할머니는 커피만 들고 산을 오르는 것이 아니라 쌀도 한 됫박씩 지고 가서 새들에게 나누어준단다. 할머니의 '발걸음'을 들으면 새들이 알고서 날아든단다. 숱한 세월을 겪은 할머니는 오르내리며 깨달았고, 말 못 하는 새들이지만 깨달은 할머니의 마음을 읽은 것이리라.

여기서 잠깐, '발자국'은 발로 밟은 자리를 말하는 것이고 '발걸음'은 발을 옮겨 걷는 짓을 말한다. 남자 화장실에 '남자가 흘리지 말아야 할 것은 눈물만이 아닙니다. 한 발자국 앞으로!'라고 적혀 있다면 틀렸음을 알아야 한다. '한 걸음'이라고 써야 한다. 발자국은 소리가 나지 않으니 멋지게 쓴다고 '봄의 발자국 소리가 들린다'는 허튼소리는 하지 마시라. '봄의 발걸음 소리'라고 해야 맞다. 높은 사람들이 허구한 날 허튼소리를 지껄이니 우리라도 변변한 말을 쓰자. 아무튼, 봄바람은 우리의 굳은 마음과 몸을 움직여 깨우는 소리다.

'꽃 보러 가자!' 봄바람이 살랑 불면 꺼내는 말이다. 여러 사람이 어울려 징구장구 놀 것을 떠올린다면? 주접을 떠는 것이다. 주접은 '제대로 자라지 못하는 것'을 말하기도 하고, '옷차림이나 몸치레가 너절한 것'을 말한다. 주접떤다는 것은 '지나치게 게염(욕심)부리는 일'이다. 상큼한 봄과 주접은 어울리지 않는다. 상큼한 대한민국에 주접떠는 사람들도 어울리지 않는다. 몇 사람만 도란거리며 다녀 보자. 그보다 더 좋은 것은 '그렇게 놓여있는 것(自然, 자연)'을 혼자서 살피며 말없이 내 속을 들여다보는 일이다. 내 속을 들여다봐 주면 아마 내 속이 즐거워서 더 맛난 삶을 내놓지 않을까. 자동차로 휘휘 눈요기만 하면 수박 겉만 핥는 것이라 삶의 속맛을 못 느낀다. 자동차로 다니더라도 안전띠는 꼭 매시라. 눈요기하다가 눈 감는 수가 생길지도 모르니까. 사진만 찍고 다니면 그냥 헛자랑일 뿐이다. 헛자랑은 자랑할 거리가 못되는데 자랑하는 일이다. 옛날엔 '자랑 끝에 쉬슨다'고 했다. 자랑 끝에 말썽이 생기고 거들먹거리다 일을 그르친다는 뜻이다. 봄나들이 잘못하다가는, 주접(제대로 자라지 못한 것)이가 주접떨다가(지나치게 게염부리다가) 주접(몸치레가 너절)해질지 모른다. 멀리 가지 않으면 자동차로 눈요기나 하고 사진으로 헛자랑할 일 없겠다.

'뭐 먹을까?' 봄나들이에 으레 주고받는 말이다. '다 먹고 살자고 하는 짓인데'라는 핑계를 대고 허겁지겁 먹으러 다닌다. 먹을거리 찾다가 볼 것을 못 보고, 배만 채우다가 느낄 것을 느끼지 못한다. 집에서 하던 일 밖에서도 똑같이 하는 쓸모없는 나들이가 되어버린다. 남들이 빼앗아 가버린 것은 어쩔 수 없는 '가난'이지만 스스로 찾는 가난은 '청빈(淸貧)'이란다. 나들이에서라도 청빈

해지자. 배가 비면 몸이 가볍고 마음은 깊어진다. 한 번쯤 배 속을 비워 뱃속도 깨끗하게 만들어 볼 일이다. '배 속'은 배의 안쪽을 말하고 '뱃속'은 마음을 말한다. 그러니 아이를 밴 여자는 '배 속'에 아이가 있는 것이고, 염치없이 제 잇속만 챙기는 사람은 '뱃속'이 까만 것이다. '나는 배 속에 거지가 들어앉았나?'라고 하면 자꾸 배가 고픈 것을 말하지만, '나는 뱃속에 거지가 들어앉았다'고 하면 스스로 게걸스러운 욕심꾸러기임을 나불대는 꼴이 되고 만다.

나라를 걱정(?)하는 높은 양반들은 법으로 정해서 일주일에 하루씩 굶겨야 마땅하다는 생각을 간혹 한다. 아주 높은 산에 올랐을 때 산소가 부족하면 두통, 환각, 경련, 호흡곤란이 생기다가 죽을 수도 있단다. 고산병을 겪어 본 '기완 선생'이 말해주는데 느낌 팍 왔다. 고산족들은 같은 환경이지만 끄떡없단다. 오히려 왜 숨을 헐떡이고 정신을 놓는지 궁금해하더란다. 대한민국 높은 양반들? 대한민국의 고산족이다. 죽었다 깨어나도 서민 모른다. 굶겨야 한다. 시장에서 어묵 사 먹는 일을 '서민병' 안다고 쳐주면 한참 잘못된 셈이다. 콧속에 봄바람이 스며든다면? 나가서 혼자 걸으며 꽃을 보자. 제 삶을 느껴보고 제 몫을 생각하자. 주어진 일을 부지런히 하는 일도 값어치는 있지만 주어진 일만 하면 주어진 대로만 생각하게 된다. 새로운 봄은 내가 먼저 생각하고, 생각한 대로 살아야 한다.

*임동휘: 동신고 고려대를 나왔고, 책을 아주 많이 읽었다. 사람을 만나거나 자연을 보면 이야기를 얹혀 깨닫는 고수다.

*정기완: 학교에서 일본어를 가르쳤고, 별명은 '사무라이'. 나그네길(여행)로 몸을 다지고 생각을 실천하여 마음을 다진다. 머리카락이 하얗다. 머릿속은 하얀지 살피지 못했다.

4. 팔자는 길들이기 나름
- 시킨 대로 했더니 '당달봉사' -

어둠이 내렸다. 막걸리 들고 학교 잔디밭으로 갔다. 누구는 농사짓는 아비의 삶을 웅얼거리고, 누구는 사람이 주인이라는 '민주'를 안주 삼고, 누구는 부끄럽지 않으면 '정의'가 아니라고 가르쳤다. 떠들다가 취기가 왔다. 어둠 속에서 노래했다. 노랫말도 바꿔 부르고, 가락도 흥대로 늘였다 줄였다 했다. '천둥산 박달재를~' 울고 넘다가 울었고 소리쳤다. '이 가슴이 터지도록!'. '사람 사는 세상이 돌아와'서 모순덩어리가 붉은 태양에 녹아버리고 '우리의 다리 저절로 둥실'거리는 '해방의 거리로 달려'가자고 노래했다. 1980년대 어두워진 대학교 잔디밭 이야기다. 지금 젊은이들? 방값 벌고 학비 버느라 눈코 뜰 새 없어 그렇게 하지 못한다. 요즘 운동장에서 술 먹고 노래했다가는 '고성방가(高聲放歌)'로 잡혀간다. '불법 노래방 개설죄'나 '노래방 영업방해죄'로 잡혀갈지도 모른다. 그런 죄가 있는 줄은 모르지만.

맘껏 노래하라고 노래방 생겼나 보다. 노래는 즐거워도 나오고 서러워도 나온다. 내 가슴에서 우러나와 네 가슴을 울리는 것이 노래다. 노래가 가슴에 있지 않고 노래책에 있는 곳이 노래방이다. 노래방에서는 책에서 노래 찾느라 바빠서 남의 노래 들어주지 못한다. 기계 따라 노래하느라 바빠서 네 가슴 두드릴 틈 없다. 노랫말 잊어버려서 노래의 뜻도 잃어버렸다. '잊어버리다'는 까먹어서 몰라보고 마음에 새기지 못하여 저버리는 짓이다. '잃어버리다'는 자신도 모르게 사라져서 갖지 않아 빈털터리가 되는 일이다. 노랫말 잊듯 할 일을 잊으니 허둥지둥한다. 노래의 뜻 잃어버리듯 삶의 과녁(목표)을 잃어버리니 갈팡질팡한다. 밥때 찾아 먹듯이 할 일도 찾아 즐겁게 먹고, 잠잘 곳으로 기어들듯이 삶에도 기어들어 가 기쁘게 살자. 내 밥이고 내 삶이니까. 입으로만 고래고래 소리 지르는 짓이 어디 노래인가, 가슴으로 질러야지.

    차를 탔다. 나긋나긋한 목소리가 길을 가르쳐준다. 내비게이션이다. 내비게이션의 우리말은 '길찾개'쯤 되겠다. 사람 다니는 길을 어지럽게 해놓고 길찾개 보고 가르쳐 달라 한다. 아는 길이든 모르는 길이든 시킨 대로 따라간다. 누가 길 안다고 가르쳐 주어도 믿지 않는다. '말[馬]은 믿고 종은 못 믿는다'는 옛말 그대로다. 길찾개 따라가느라 눈 돌려 살필 겨를 없고, 노래라도 들을 틈 없다. 노래 틀었더라도 가슴에 닿기는커녕 귓구멍에도 들어오지 않는다. 길찾개가 없으면? 아는 길이든 모르는 길이든 허겁지겁한다. 아는 길은 잊고 모르는 길은? 몰라도 된다. 가르쳐 주니까. 길눈이 어두워진다. 길찾개 없이는 혼자서 찾지 못한다. 혼자 찾지 못하니 길찾개 고장 나면 어디 갈 마음 생기지 않는다. 길찾개 없는 자동차는 '시렁에 걸린 바가지'다. 시렁에 걸린 바가지? 부엌에 있어야 할 바가지가 시렁에 있듯이 써야 할 물건이 버림을 당하고 있다는 뜻이다. 까막눈이 따로 없다. 옛날에는 글을 모르면 까막눈이었는데 요즘은 길을 모르면 까막눈이다.

일을 하려면 컴퓨터를 켠다. 컴퓨터 없으면 일을 못한다. 사람들 얼굴 마주 할 일 없고, 들을 이야기도 없고, 기억할 일도 없다. 녀석에게 물어보면 되니까. 당달봉사가 되어버렸다. 당달봉사? 겉으로는 멀쩡하나 앞을 못 보는 눈뜬장님을 말한다. 배운 사람은 눈뜬장님을 청맹과니라고 한다. 나중에는 내가 녀석(컴퓨터)을 부리는지 녀석이 나를 부리는지 헷갈린다. 그런 경우 많다. 많이 먹어서 소화제 먹고, 뚱뚱해져서 살 빼는 약 먹는다. 몸이 스스로 고치고 다듬을 틈 주지 않는다. 자정작용(自淨作用)을 잃었다. 저절로 깨끗해지는 힘 말이다. 튼튼하게 오래 살려고 병원에 다닌다. 게염(욕심) 부린 뒤에 탈나면 억지로 고친다. 흐르는 물도 막아서 썩히는 시대이기는 하지만(4대강 사업). 잘 살려고 자격증을 딴다. 변호사든 의사든. 자격증을 따도, 따고 나면 더 배우지 않는다. 잘 몰라도 자격증만 있으면 땡이니까. 별의별 자격증이 생겼다. 많이 알아도 자격증 없으면 알아주지 않는다. 알아준다 해도 자격증 없이 아는 바를 써먹으면 불법이어서 잡혀간다. 더 나아지지 못하는 까닭이다. 내가 좋아지려고 투표해서 일할 사람 뽑는다. 뽑힌 사람은 팔자 바뀌니 권력을 휘둘러 뽑아준 사람 자율을 빼앗는다. 잘못 휘둘렀다고 대들면 법이라는 잣대를 고무줄처럼 갖다 대며 피한다.

시킨 대로 노래하고, 시킨 대로 길을 찾고, 시킨 대로 일한다. 시킨 대로 자격증 따고, 시킨 대로 약 먹고, 시킨 대로 살아간다. 내 생각과 과녁(목표)이 무엇인지, 어떻게 살아야 하는지 모른다. 그렇게 길들여진 나를 보고 '팔자'라며 주어진 대로 산다. 팔자?! 그렇다면 새로 길들여야겠다.

*천둥산: 반야월 작사, 김교성 작곡, 박재홍이 부른 '울고 넘는 박달재'란 노래에 나오는 산. 천둥산은 충북 제천에 있는 산이라고는 하나 애달픈 사랑을 한 사람들 가슴에 있는 산이다. 한양에 과거 보러 가던 박달 총각과 산 아래 금봉 처녀의 사랑 이야기다. 한양에서 돌아오지 않는 박달이를 천둥산 고갯마루를 오르다 끝내 죽었다는 금봉이. 뒤늦게 한양에서 돌아온 박달이가 금봉이의 죽음을 알고 절벽에서 뛰어내려 죽었다. 천두웅산(천둥산) 바악달재를(박달재를) 울고 넘는 우리 님아! 물항라 저고리가 궂은비에 저언는(젖는)구나. 이렇게 늘려 불러야 제맛이다. 여기서 '물항라'는 명주실이나 모시실 아니면 무명실로 세 올이나 다섯 올씩 걸러서 구멍이 송송 뚫어지게 짠 베다. 이런 쓰임새가 있다. '연분홍 물항라 저고리에 생고사 옥색치마를 입고 흰 고무신에 담은 흰 버선 발이 예쁘다.'

*박달재: 삼촌이 술만 취하면 찾던 높은 언덕이라는데 삼촌은 가본 적이 없다고 말했다.

5. 굳히기는 쉬워도 떼기는 힘든 것이 버릇
- 내 꿈이 이루어지는 나라, 누구 힘으로? 수동태의 역습 -

걸쭉한 분이 편지를 보냈다. '권장, 글 얻어 읽는 빚을 어이 갚을까'로 비롯한 칭찬 때문에 우쭐거렸는데 지난번 글을 꼬집는다. '잘못된 셈이다'는 '잘못한 셈이다'로, '생각하게 된다'는 '생각한다'로 쓰면 어떠냐는 말이 따끔했다. '수동'으로 쓰지 말고 '능동'으로 쓰라는 얘기다. 수동? 다른 것 때문에 움직이고, 능동은 스스로 내켜서 움직인다. 우리말 '-되다'는 어디에 이르거나 무엇이 바뀔 때 주로 쓴다. '밥때가 되다, 장관이 되다'처럼. 수동태가 있는 영어가 들어오면서 '-되다'라는 말이 입에 쩍쩍 붙었다. 그러니 엉뚱하게 공부도 즐거워서 스스로 하지 않고 남보다 앞서려고 억지로 한다. 밥도 배고파서 먹지 않고, 때가 되어서 일부러 먹는다. 사랑마저도 남들이 하니까 나도 해야 될 것 같아 따라 한다. 내 머리에 쌓고 내 배를 채우고 내 사랑을 챙기는 일인데. '작은 버릇이 삶을 바꾼다'는 걸쭉한 분의 마지막 대목이 오래 남는다.

깜찍한 아가씨가 인사말을 했다. '고맙습니다. 좋은 하루 되세요'라고 해서 으쓱거렸는데, 말을 곰곰 씹어보니 나보고 '하루가 되라'는 뜻이다. 열흘, 십 년도 아니고 하루가 되라니, 하루살이처럼 하루만 살고 죽으라는 말인가? 쫓아가서 '너도 좋은 하루 되어라'고 말해주고 싶었다. '즐거운 여행 되라'거나 '행복한 시간 되라'고 인사할 일 아니다. 사람한테 여행이나 시간이 되라는 말은 이 땅을 떠나거나 사라지라는 뜻이 되니까. 그리고 인사말을 명령하다니 영 껄끄럽다. 명령을 하고 명령에 따라 움직이는 일이 몸에 배었나 보다. 쿠데타를 일으킨 군인이 대통령 노릇을 하지도 않는데. 굳힌 버릇이 말까지 굳히니 생각마저도 굳었다.

시켜서 하기보다 스스로 해야 훨씬 더 큰 열매를 얻는다는 사실을 모두가 다 안다. 시켜서 하는 공부는 짜증이어서 '겨우' 하지만, 깨달아 스스로 하는 공부는 '신나서' 우뚝하다. 주어진 일은 하던 대로 '엉금엉금'하지만, 스스로 마음먹은 일은 새롭게 '재깍재깍'한다. 수동의 말을 써 버릇하면? 수동의 삶으로 바뀐다. 누군가 무엇을 하라고 시켜야 움직이고, 시키지 않으면 할 일이 없어진다. 초등학생도 아니고 군인도 아닌데. 어렸을 때 시킨 일이 몸에 익으면 나이 들어도 다르지 않다. 부부싸움을 해도 엄마에게 물어보고, 판사가 엄마에게 판결을 물어본다는 우스갯소리가 그냥 웃음만 나오는 일은 아니다. 왜 그럴까? 스스로 할 때까지 참고 기다리지 못하니까. '얼른' 얻고 '빨리' 해치우려 하니까. 언제부터 그랬을까, 일본 강점기부터 아니면 새마을운동?

어느 대통령 후보가 내세운 슬로건(표어) '내 꿈이 이루어지는 나라'는 가만히 꿈만 꾸고 있으면 누군가 내 꿈을 이루게 해주는 것처럼 들린다. '이루어지는'이 아니라 '이루는'으로 바꾸어 '내 꿈을 이루는 나라'여야 스스로 땀 흘려 이루리라. 그 대통령 후보에게 기대야 꿈을 이룰 수 있다는 뜻을 몰래 숨겼다면? 괘씸하다.

그래서 꿈을 이루려는 사람들이 그 대통령 후보에게 찰싸닥거리고 있는가 보다. 그 후보가 대통령이 되었으니 더욱더! 찰싸닥거리다? 매우 끈지게 부딪치거나 달라붙는 소리가 자꾸 나는 일이다. 줄여서 찰싹거린다거나 찰싹댄다고 한다. 찰싹찰싹!

  수동태의 말이 거리낌 없이 돌아다녀서 미칠 노릇이라고 저에게 편지 쓴 분은 그림 그리는 신경호 선배다. 1980년에 광주는 아팠다. 전쟁도 아닌데 탱크가 나타나고, 나라 지키라는 총칼이 지켜야하는 국민을 오히려 죽여서. 그 아픔을 그림에 담은 선배다. 그림 속에는 무덤, 부엌칼, 달이 자주 보인다. 그림 밖에는 양심, 분노, 연민이 어울려 너울거린다. 선배께서 키우던 개의 이름이 '두환'과 '태우'였는데 두환의 구린내 나는 똥을 주워서 작품을 만들려고도 했다. 두환의 똥은 그림 속에 남아있는데 구린내는 나지 않는다. 자동차 바퀴에 뭉개져 납작하게 깔린 판판한 개구리를 물끄러미 보았다는 선배의 눈빛이 보고 싶다. 그림을 그리면서 논에서 시냇물로 이리저리 팔짝거리던 개구리의 자유를 머리에 그리고 있었을까? 스스로 뜻을 세우고 스스로 움직인 개구리의 자유를. 개구리만도 못하게 만드는 수동의 말을 떼 내야겠다. 딱딱하게 굳기 전에.

*신경호: 광주일고, 서울대 졸업. 전남대에서 학생들을 가르치다가 은퇴했다. 그의 그림은 평범이 비범을 만나면 어떻게 바뀌는지를 보여준다.

*두환: 신경호 화백이 키우던 개 이름. 전두환은 1980년 광주시민들을 죽이고 대한민국 정권을 빼앗았고, '성공한 쿠데타는 처벌하지 못한다'는 해괴한 논리 덕에 대통령에서 물러난 뒤에도 대접을 받는 해괴한 사람.

*태우: 신경호 화백이 키우던 또 다른 개 이름. 노태우는 전두환의 친구였다가 '전두환 쿠데타'에 동참했고, 전두환에 이어 대통령이 되었다.

6. 마루가 높으면 천장이 낮아진다
- 식구들에겐 제가끔의 자리, 이웃들과는 섞이는 곳 '마루' -

　마루네 집에 갔다. 동네 어귀는 시멘트 길에 시멘트 담이 우뚝 서 있다. 시멘트로 만든 골목길은 가로막아 지키는 모습이어서 나를 주눅 들게 했다. 움츠러들고 눈치 보게 했다는 말이다. 시멘트 골목을 지나 고샅에 들어서니 돌담에 흙길이 나타났다. 흙길은 스무 걸음쯤이었는데도 내 걸음이 돌담에 안기고 흙길에 스며드는 느낌이었다. 마루는 지붕이나 꼭대기에 있는 등성이(등줄기)를 이루는 곳을 말하고 '하늘'이라는 뜻이 들어 있어서 아이 이름으로 지었단다. 무엇보다 기와집이나 초가(집)에 있는 마루처럼 쓸모 있는 사람이 되라는 마음을 담았단다.

　아버지들이 다음해에 심을 옥수수 같은 씨앗을 걸어두던 마루는 앞날을 마련해 두던 곳이었다. 어머니들이 푸성귀를 말려 먹을거리를 널널하니 장만하는 곳이기도 했다. 푸성귀는 산과 들에 저절로 나서 자라는 나물인 '푸새'와 사람이 심어서 가꾸는 나물인 '남새'를 통틀어 말한다. 마루는 집안이 아니지만 동네 아줌마들이 살짝 들러서 엉덩이만 걸치고 이야기들을 재잘재잘 나누기도 했던 곳이다. 그렇다고 집밖도 아니어서 더운 여름 낮에 따가운 햇볕 피해 슬그머니 누워 눈을 붙이기도 좋았다. 더위가 밤까지 버티고 있을 때는 마당에 모깃불 피워놓고 누워서 별을 헤아리며 잠들기도 하던 곳이 마루다.

처녀가 되려는 계집아이는 마루 끝에 앉아 불쑥 솟아나는 생각들을 호젓하게 익혔다. '호젓하다'는 조용하고 쓸쓸하고 외로운 것을 말한다. 꼬마들에게는 방으로 마당으로 돌아다니며 도나캐나 뛰놀 수 있게 이어주는 곳이 마루다. 도나캐나? '하찮은 아무나'라는 뜻이지만 전라도에서는 '되나캐나'라고 쓰고 '아무렇게나'라는 뜻으로 쓴다. 마루가 '하찮은 아무나' 뛰노는 곳이 아니라 '아무렇게나' 뛰노는 곳이라야 더 알맞다. 비라도 내리면 우두커니 서서 흙냄새를 맡으며 꿈도 꾸고 사랑도 꾸었던 곳이 마루다. 어른들은 잘못한 아이들을 방에 들이지 않고 마루에 꿇어 앉혀 꾸지람을 내렸다. 마루는 꾸지람을 안방으로 들어오지 못하게 만드는 곳이기도 했다. 아마 나쁜 기운은 마루에서 다 털어내려는 뜻이었겠다. 마루 밑은 강아지에게 내주어 울타리를 지키게 했고, 삽이나 낫, 호미 같은 농기구를 두는 조그마한 곳간으로도 썼다.

마루는 아버지들에게는 다가올 삶을 주렁주렁 걸어놓는 곳이었고, 어머니들에게는 먹을 것을 차곡차곡 만들어내는 곳이었다. 동네 사람들에게는 서로의 마음을 두런두런 나누는 곳이었고, 힘든 사람들에게는 지친 몸을 스리슬쩍 기대는 곳이었다. 마루는 별과 달이 노는 밤하늘을 보며 꽉 찬 속내를 속닥속닥 풀어내는 곳이었고, 그리움으로 다가오는 먼 산을 보며 들뜬 마음을 가만가만 달래는 곳이었다. 아이들에게 마루는 길어지는 다리와 세지는 힘을 이리저리 쑥쑥 내지르는 곳이었고, 커가는 새숨(희망)을 두근두근 맞이하는 곳이었다. 옳음과 그름을 나누는 '사이(공간)'이며 '겨를(시간)'이기도 했다. 강아지조차 제 노릇을 알게 하고, 삽조차 제 자리가 있다는 사실을 알리는 곳이었다.

마루는 식구들에겐 제가끔의 자리였고, 이웃들도 편안하게 드나들며 서로 섞이는 곳이었다. 요즘 말로 하면 '광장'이라고나 할까. 옛날 사람들은 더할 나위(필요)가 있을 때는 '이동식 광장'을 만들기도 했다. 평상이다. 평상에는 살평상과 널평상이 있다. 살평상은 대나무나 나무오리로 만들었다. '나무오리'는 가늘고 긴 나뭇조각을 말한다. 널평상은 널빤지로 만들었다. 판판하고 넓게 켠 나뭇조각을 널빤지라고 하는데 '널판지'라고 틀리게 쓰지 마시라. 평상은 당산나무 아래에 두어서 여러 사람이 마을 일을 꾸릴 때 썼고, 마을 들머리에 놓아 지나가는 사람들이 쉴 수 있도록 했다. '이동식 광장'이 더 넓어야 할 때는 마당으로, 당산나무 아래로 갔으리라.

마루네 집에 함께 간 동무가 말했다. 마루와 마당이 있는 곳에서 텃밭 일구며 살고 싶다고. '먹고살 만하면 그런 꿈 꾸지, 불편함 모르고'까지 생각했는데 마루어머니가 말한다. "얻으면 잃은 것이 있지요." 어려운 말로 하면 '기회비용'이겠다. 편안함을 잃었지만 즐거움을 얻어서 좋단다. 시골 생활? 부러워하면서만 살았는데 지금은 즐거움을 일찍 찾은 사람만 부럽단다. "편하면 잊어버리고 잊어버리면 잃어버리지요". 이 말의 주어는 '삶'이란다. 분명 '삶'을 사는데 죽어라 일만 하면서 살고, 앞날(미래)을 죽이면서 사는 것 같다면서 말했다. 마루는 하늘에 가까운 등성이를 말하니 마루가 우리보다 하늘의 마음을 더 잘 알겠다.

*고마루: 40대에 세상의 이치를 깨닫고 돈과 다툼에서 벗어나 일치감치 시골에 들어가 자급자족을 이루려는 어느 부부의 아들 이름, 마루는 재미있게 뛰놀고 자유스럽게 생각하며 신나게 자라고 있다.

7. 개천에서 용 난다고? 훗
- 누구를 차별하고 계시오?
차별은 당신의 잇속이 끼어든 것이오 -

  누구에게 사람을 소개할 때 좋은 대학을 나왔으면 출신대학을 먼저 말한다. 슬기롭고 뛰어난 사람이라고 지레 넘겨짚으니까. 그런 사람을 알고 있는 자신도 덩달아 우쭐해지니까. 우쭐해봐야 알아주지도 않는데. 그의 입을 쳐다보며 인맥을 찾으려고 애쓴다. 학벌(學閥)이다. 배움으로 챙기기만 하고 나누지 않는 학벌!

  돈이 있다 싶으면 직업을 들이댄다. 어쩐지 너그러워서 도와줄 것 같으니까. 옆에 착 붙어있으면 콩고물이라도 떨어질까 싶어서. 그래 봐야 빛 좋은 개살군데. 말도 많아지고 가까운 척한다. 재벌(쯤)이다. 돈으로 잣대질하고 제 잇속이 먼저인 재벌(財閥)!

  이도 저도 없다면 척 봐서 예쁘고 잘생긴 사람에게 마음을 홱 감는다. 함께 있기만 해도 사람들의 눈길을 받으니까. 혹시나 좋은 일이 생길까 하는 마음도 있을 테고. 딱 그때뿐인데. 상긋상긋 웃으면서 나를 부러워하는 언저리를 살피며 즐긴다. 아름다움이나 잘 생김을 무기 삼는 '미벌(美閥)'쯤으로 말해 두자. 결코, 내 겉모습으로 바뀌지 않을 미벌! 요즘은 뜯어고쳐 스스로 미벌이라도 되려고 한다.

꽃이 피어서 벌들이 떼 지어 모이는지, 벌떼 불러 모으려고 꽃이 피는지 모르겠지만 어쨌든 봄이 왔다. 모두 번지르르한 겉만 보지는 않을 거다. 몇몇, 아주 몇몇 사람만 겉만 보고 그럴 거다. 겉만 보는 그런 사람이 없다고? 그러면 나만 그런다고 치자.

사람들은 그렇게 알게 모르게 '차별'을 한다. 차별? 여럿을 놓고 높고 낮음이나 좋고 나쁨을 매겨서 서로 다르게 갈라놓는 일이다. 좋게 풀어놓으니까 이렇지, 속을 들여다보면 차별은 '죽을 맛'이다. 차라리 '맛'으로만 죽이면 좋겠는데 삶을 죽인다. 차별은 한 번에 댕강 죽이기도 하고 가만가만 죽이기도 한다. 그러니 차별을 당하면? 몹시 아프다. 차별의 아픔은 깊고도 길다.

나치가 유대인을 죽였다. 듣기만 해도 무섭다. 백인이 흑인을 부려먹었다. 읽기만 해도 사납고 모질다. 먼 나라가 아니어도 있다. 조선 양반이 상놈 다룬 이야기는 벌벌 떨린다. 친일파가 독립운동가를 훑어낸 일은 섬뜩하다. 독재가 민주를 짓밟은 일은 끔찍하다. 보수가 진보를 깔아뭉개는 것은 알량하지만 몸서리난다. 시간이 흐르면서 이름만 바뀌었지 차별은 차별하지 않고 쭉 이어졌다.

차별은 나로부터 비롯한다. 나에게 스민 차별은 너를 물들게 하고, 너에게 물든 차별은 세상을 '차별덩어리'로 만든다. 차별덩어리가 굴러서 커지고 오래 버티면? 그것이 잘못인지 모른다. 잘못인 줄 알아도 감춘다. '흑인과 개는 금지(No blacks and dogs)'라는 속뜻을 깨달은 미국의 마틴 루터 킹이 말할 때까지는. 그때까지 사람들은 차별을 느끼지 못했다. 기차의 일등석에서 짐칸으로 옮기지 않고 버티다 기차 밖으로 쫓겨난 인도의 마하트마 간디가 먼지를 털며 일어설 때까지는. 그때까지 사람들은 차별을 생각하지 않았다. 나치에게 죽은 폴란드 무명용사의 묘 앞에서 서독의 빌리브란트 수상이 무릎 꿇을 때까지는. 그때까지 사람들은 차별 앞에 용서를 빌어야 함을 몰랐다.

　멀리 가지 않고 우리나라에서는, 친일파가 우글거렸고 독재가 굳건했던 우리나라에서는, 어디 보자~. 4·19와 5·18이 있었던 우리나라에서는, 음~, 우리나라에서는……. 차별을 세려면 사나흘 날을 꼬박 새도 셀 수가 없지만, 이 대목에서 나는 우리나라 근현대사 공부가 부족하다고 털어놓을 수밖에 없다. 아무튼, 차별에는 무슨 원칙이 있는 듯하지만? 없다. 차별을 하는 연놈들이 바라는 것에 따라 다르고, 차별 당하는 사람들의 가진 것에 따라 다르다. 차별이란 놈은 상식에서 나오는 것이 아니라 잇속에서 생기니까. 그때그때 달라지는 잇속. 지금 당신이 누구를 차별하시오? 그것은 잇속이 끼어든 것이오. 시꺼멓든 노랗든.

　왜 그러지? 부끄러움을 내동댕이치고 낯가죽에 철판을 까니까. 그렇게 해도 손가락질하지 않으니까. 너도나도 돈 앞에 굽실거리고 '교육'이란 이름으로 '출세'만 가르치니까. 값어치의 으뜸이 돈이 되었으니까. 그리고 그 잘못된 세월이 길어서 잘못인 줄 모르니까. '잘못'은 목에 힘주며 떳떳하게 걸어 다니고, '잘'은 가난을 눈치 보며 고개 푹 숙이며 기어 다니니까. 그래서 어쩌자고? 휴대전화 붙들고 손가락 비비지 말고, 이 봄에 꽃 핀 수수꽃다리(라일

락) 밑에 가서 쿵쿵거리며 부끄러운지 돌아보자고. 내 마음 살펴 보고 네 마음 읽어보고 세상도 둘러보자고. 먹고살기 힘든데 '오 뉴월 개 팔자' 같은 소리 지껄인다고? 그거라도 하자고! 아니면 차별하고 차별 받으면서 사시든가, 개천에서 용 날 일 없으니까 고개 주억거리면서. 우리나라에 '가난뱅이와 똥개는 금지(No the poor and curs)'가 생길 때까지 주억거리시든가. 이미 생겼나?

*학벌(學閥): '벌(閥)'은 대문에 세우는 기둥을 뜻한다. 대한민국은 학교를 성적순으로 줄을 세우고, '벌'을 붙여서 같은 학교를 나온 그들만의 덩어리를 만들어 똘똘 뭉친다. 이를 '학벌'이라 부른다.

*재벌(財閥): 다른 나라에는 없는 말로 돈을 중심으로 똘똘 뭉친 사람들을 일컫는다. 재벌은 상식이나 법률로 운영되지 않고, 오직 '잇속'만

원칙 삼는다.

*미벌(美閥): 언제부턴가 외모만 보고 판단하기에 외모 하나만으로 '잇속 덩어리'가 생기는 일을 일컫는 말로 써보았다.

*나치(Nazi): 독일의 아돌프 히틀러가 민족사회주의자(Nationsozialist) 독일노동당을 이끌면서 따온 머리글자. 독재와 세뇌시키는 선동을 말할 때 주로 쓰이지만, 차별을 말할 때도 대명사처럼 쓰이는 말이다.

*유대인: 우리나라 사람들은 묘한 친근감을 갖는 민족. 아마 기독교 성경의 영향이 아닌가 싶다. 나치로부터 차별을 받은 대표 민족.

*친일파: 간사함, 교활함, 잔인함이 떠오르는 말로 친일파나 친일파의 후손은 대한민국에서 일제강점기 때부터 지금까지 대부분 넉넉하게 살고, 떵떵거리며 산다.

*독립운동가: 대한민국의 독립을 위해 목숨과 재산을 바쳤으나 그들의 후손은 아직 간도나 시베리아 만주에 살거나 고국에 돌아왔더라도 가난에 찌들어 사는 이가 많다.

*마틴 루터킹: 미국 흑인 인권운동을 펼치면서 비폭력을 주장했다. 노벨 평화상을 받았고, '나에게는 꿈이 있습니다'는 연설이 널리 알려졌다. 인종차별 철폐와 인종의 공존을 호소했다. 백인의 총에 맞아 죽었는데 그때 나이 39세였다.

*마하트마 간디: 인도의 변호사. 남아프리카 공화국에서 인종차별의 슬픔을 겪은 비폭력 무저항주의 운동가. 영국으로부터 인도 독립운동을 한 정치지도자였고, 암살당했다. 시인 타고르가 붙인 마하트마란 말은 '위대한 영혼'이란 뜻이다.

*빌리 브란트: 대한민국에서 '다카키 마사오(박정희) 쿠데타'에 이어 장기집권 계획인 '유신헌법'이 만들어진 시대에 독일을 이끈 정치인. 독일 주변의 사회주의 국가들과 평화를 이루는 '동방정책'을 펼쳤으며, 독일 통일의 기틀을 마련하였다. 노벨 평화상을 받았다.

8. 남의 떡에 설 쇠 볼까
- 남의 말 잘 날라라, 뜻 흐려질라 -

마주 보고 이야기하는 일? 대화(對話)다. 누군가 옮긴 말은 잘못 알아들어 엉뚱한 일이 생기기도 하고, 남의 말 나르다 보면 뜻이 흐려지기도 한다. 말은 얼굴 맞대고 해야 맞다. 말하는 이의 눈빛에서 참맘을 읽고 낯빛으로 서로를 보고 몸짓에서 흐름도 잡으니까.

바쁘면 전화하지만, 전화로는 속내까지 보기 어렵다. 전화 거는 사람은 미리 갖추고 말하지만 받는 사람은 갑작스러워 얼렁뚱땅 대꾸하다가 '언제 한번 만나자'처럼 빈말 던지기 일쑤다. 손쉽게 문자 보내지만, 앞뒤 톡톡 잘린 홀가분한(?) 말은 그릇되기 쉽다. 받는 이의 낌새 모르니 생뚱맞을 때도 생긴다. 뭐니 뭐니 해도 마음을 고스란히 주는 것은 손으로 쓴 편지다. 쓰려고 할 때부터 마음을 가지런히 가다듬으니 할 말 제대로 하고, 읽을 사람 떠올리며 쓰니 깊고 오롯하다. '오롯하다'는 모자람 없고 바탕 그대로 옳다는 말이다. 받는 사람도 보낸 사람을 헤아리고 그리움을 더듬는다. 경안 선배가 아들에게 손으로 편지를 쓴다니 나도 해볼 참이다.

재잘거린다는 뜻의 '트위터(twitter)'나 얼굴책이라는 '페이스북(Facebook)', 이른바 소셜 네트워크 서비스(SNS)가 있다. 나 같은 날탕은 아무리 애써도 사귈 수 없는 사람을 알게 해주고, 나 같은 어리보기는 아무리 배워도 깨달을 수 없는 것을 한방에 깨우쳐 주기도 한다. '날탕'은 아무것도 없는 사람이고, '어리보기'는 말이나 몸짓이 다부지지 못하여 어리석은 사람이다. SNS는 싸돌아다니지 않으면 모를 일 알려주기도 하고, 언론이 엄벙덤벙하다가 넘어가는 것을 콕 집어주기도 한다. 비슷한 마음을 갖는 사람끼리 즐길 거리를 나누고, 슬기롭게 사는 살림을 엿보기도 한다. 소셜 네트워크 서비스에 어쩌다가 헛소리도 띄엄띄엄 보인다. 헛소리? 잠결이나 술김에 하는 말이나 앓는 사람이 얼이 빠져 중얼거리는 소리다. 알맹이가 없고 미덥지 않은 말도 헛소리다. 허튼소리, 잠꼬대, 군소리가 비슷한 말쯤 되겠다.

'(김)문수는 얼치기'란 말이 SNS 곳곳에 떴다. 얼치기? 이것저것 조금씩 섞여 탐탁지 않은 사람을 말한다. 문수를 얼치기라고 말한 사람은 문수와 같은 뜻을 갖고 함께 무리를 짓는 사람인데 나는 '끼리끼리'란 낱말이 떠올랐다. 얼치기는 얼치기끼리. '얼치기 문수'를 두 번이나 경기도지사로 뽑은 도민들은 느닷없이 얼치기만도 못하게 됐다. '(남)경필이는 아군 등 뒤에서 칼을 꽂는 버릇을 못 버렸다'는 말도 SNS에 나타났다. 버릇? 오랫동안 자주 되풀이해서 몸에 익은 것을 말한다. 경필이는 문수와 같은 당 사람인데 나는 '짝짜꿍'이란 낱말이 스쳤다. 경필이와 문수랑 짝짜꿍. '등에 칼 꽂는 경필'을 다섯 번이나 국회의원으로 뽑은 수원 팔달 시민들은 꼼짝없이 배신자를 사랑하는 꼴이 되었다. (홍)준표라는 사람이 잠결이나 술김에 그 말을 하지 않았고 얼빠져 중얼거린 소리도 아니었으니 헛소리는 아니다. 경상남도지사쯤이니까 알맹이 없는 허튼소리나 잠꼬대일 리도 없다.

'영향력 큰 연예인들이 잘 알지도 못하면서 함부로 정치 얘기를 하면 안 된다'는 말도 SNS에 돌아다녔다. 함부로? '조심하지 않고 생각 없이 마음 내키는 대로 마구'라는 뜻이다. 여기서 영향력 큰 연예인은 고양이인형 들고 다니는 낸시 랭을 가리켰다. 낸시 랭을 말로 제압하려던 사람? 때때로 이름 짜한 사람을 헐뜯고 할퀴어 덩달아 이름을 널리 알리려고 안달하는 사람쯤 되겠는데 그런 사람들 생각보다 많다. 옛날에는 '딸려간다'고 했는데 요즘엔 '묻어간다'고 한다. 찾아보니 낸시 랭은 해군기지를 세우려고 깨부수는 제주 강정마을의 구럼비 바위가 '명품'이니, 우리 곁에 있을 때 소중하게 지키자고 말했다. 그 말을 한 뒤 저 '영향력 큰 연예인들이~'란 말을 들은 낸시 랭은 '민주주의 국가에서는 누구든 표현의 자유를 누려야 한다'고 말했다. 초등학교 교과서에 나온 말이니 아마 낸시 랭은 초등학교 때 공부를 잘했나 보다. 낸시 랭을 향해 저 말을 한 사람은……. 게을러서 귀 씻기도 귀찮은데 입까지 씻을 일 만들지 않겠다. '함부로'란 말은 안도현처럼 써야 찡하다. '연탄재 함부로 발로 차지 마라/ 너는/ 누구에게 한 번이라도 뜨거운 사람이었느냐'. 이 시의 제목? '너에게 묻는다'다.

사람들과 마주 보고 조근조근 이야기 나누고 싶다. 조근조근? 낮은 목소리로 꼼꼼하게 이야기한다는 전라도 말이다. 언론에서 떠드는 말 말고 '네 살아가는 말' 듣고 싶고, 어디서 주워들은 말

말고 '내 마음' 나누고 싶다. 그래서 빈말이라도 던진다. 언제 한 잔 하자. 먼저 손으로 편지 써야 어울리겠다.

*권경안: 두 아들과 다정하게 지내는 기자. 쓴 책 <한국의 곡성>, <큰 산 아래 사람들>, <보성을 말한다>

*김문수: 1951년 경북 영천 출생. 경북고 서울대 졸업. 금속노동조합, 전태일 기념사업회, 민중당을 거친 뒤 (갑자기 철학을 바꿨는지 출세의 길을 찾았는지 모르지만) 경기도 부천 소사에서 15대 신한국당, 16, 17대 한나라당 국회의원을 지냈고, 2006년부터 2014년까지 경기도지사를 했다.

*남경필: 1965년 서울 출생. 경복고 연세대 졸업. 경인일보 기자를 하다가 돌아가신 아버지의 지역구를 이어받아 수원에서 15대, 16대, 17

대, 18대, 19대 한나라당 국회의원을 하고, 2014년부터 경기도지사. 아버지 남평우는 경인일보 주인이었고 14대, 15대 국회의원을 지냈다.

*홍준표: 1954년 경남 창녕 출생. 영남고 고려대 졸업. 24회 사법고시 합격. 드라마 '모래시계'에 나오는 검사의 모델로 이름을 날렸으나 모래시계를 쓴 송지나 작가는 홍준표는 여러 검사 모델 중 한 명이었지 꼭 홍준표 한 사람을 모델로 쓰지는 않았다고 말했다. 1996년부터 15대, 16대, 17대, 18대 신한국당(한나라당) 국회의원을 지냈고, 2012년부터 경상남도지사. 2017년 경상남도지사를 그만두고 자유한국당 대통령 후보로 나섰으나 떨어졌다.

*낸시 랭: 1979년 미국 뉴욕 출생. 홍익대 서양화학과 졸업. 머슬마니아 유니버스 세계대회에서 여자 클래식 우승을 차지한 팝 아티스트, 어깨 위에 고양이를 얹고 나타나는 자유스런 생각을 가진 방송인.

*강정마을: 제주도 서귀포에 있는 마을로 2007년 해군기지 건설 결정과 2012년 구럼비 바위 발파로 이름이 알려졌다. 해군기지 필요성과 아름다운 환경의 파괴 등 논란이 있었다.

9. 바늘 가는 데 실 간다
- 끔찍한 임금 만난 감옥, 빈틈없다 -

샛바람 따라 서른 걸음, 마파람 따라 스무 걸음쯤 되는 텃밭에 씨 뿌린다고 선배가 나를 부른다. 어렵게 말하면 가로 삼십 미터, 세로 이십 미터쯤이라는 말이다. 이제는 우리말이 더 어렵나? 샛바람은 동쪽에서 갑자기 불고, 마파람은 남쪽에서 살랑거린다. 하늬바람은 서쪽에서 억세게 불고 높바람은 북쪽에서 매섭게 분다는 사실, 이제 아는 사람 드물다. 하지만 알려드리겠다. 나는 싹싹하니까. 동서남북의 우리말을 '새하마높'이라고 고등학교 국어시간에 외웠다. 우리가 쓰던 예쁜 말을 버리고 사니 우리말을 외워야 하는 형편이 되어서 좀 그렇기는 하다.

몹시 졸릴 때 '샛바람에 게 눈 감기듯' 한다고 말한다. 낟알 여물 때는 '하늬바람에 낟알 모질어진다'고 한다. '낟알'은 곡식이란 뜻이다. 여문다는 말 속에는 '사납고 억세다'는 뜻도 품는가 보다. 그래서 착한 사람들은 사납고 억세지 못해서 여물지 못하나? 우물거리고 건들거리는 사람에게 '오뉴월 마파람에 돼지 꼬리 놀 듯' 한다고 말한다. 소꼬리는 파리라도 쫓고 곰탕이라도 만드는데 돼지꼬리가 할 일이 없긴 하다.

코딱지만 한 텃밭이니 혼자 씨 뿌리라고 했더니 한 해 내내 고뿔 걸려 날마다 코딱지나 파라고 싫은 소리를 한다. 그러잖아도 콧구멍 속 끝에 뭔가 그렁거린 지 며칠 됐는데 낫지 않을까 봐 길을 나섰다. 나는 속 좁으니까. 씨앗이 담긴 아기 주먹만 한 편지 봉투 몇 개가 있었다. 이까짓 것 뿌리려고 불렀냐고 투덜거렸다가 배도 안 부른 핀잔만 꾸역꾸역 먹었다. 말없이 돋아난다는 풀이 텃밭을 연둣빛으로 뒤덮었다. '말없이 돋는 것이 풀만 있느냐'고 비아냥거렸다가 '일하기 싫은 놈, 입만 살았다'고 한 방 더 먹었다. 비아냥 뒷맛이 '고삼차'처럼 씁쓰레했다. 고삼차? 먹어보진 않았지만, 텔레비전에서 연예인들이 먹고 죽을 낯꼴을 하는 꼴을 보고 얻어다 쓴다.

요즘 무슨 일을 비롯하면 떠들썩하게 '광고(廣告)'하거나 '성명(聲明)'을 낸 뒤 쥐 죽은 듯 조용해지는데 풀은 '광고'도 '성명'도 내지 않고 작게 돋아나지만 '쥐 새끼 치듯' 번진단다. 해가 뜨나 비가 오나 끊임없이 자라는 풀처럼 차곡차곡 다져나가는 숨은 일꾼이 아쉽단다. 쥐를 두 번이나 써서 쥐를 별명으로 갖고 있는 사람이 나를 '해코지'할까 벌벌 떨린다. '해꼬지'라 쓰면 틀린 말이다.

밭을 갈아야 씨를 뿌린단다. 일에는 차례가 있다는 뜻이다. 어려운 말 써먹자면 승당입실(昇堂入室), 마루에 오른 다음 방에 들어간다는 말이다. 삽에다 줄을 걸고 앞에서 그 줄을 끌라고 했다. '이랴' 하면 허리 숙여 끌고 '워'하면 멈췄다. 소를 사람의 먹이로만 키우니 일할 소가 없어 소 노릇했다. 쟁기 끌 듯 삽을 끌어보니 옛날 소들 힘들었겠다. 콧바람이 씩씩거리고 입에 게거품 생겼다.

비 온 뒤끝이어서 마른 흙보다 낫구나 했는데 비 온 뒤라 불렀단다. 날씨는 바꿀 수 없으니 일이란 날씨 따라 하는 것이란다. 하늘의 뜻을 거스르지 마라는 뜻이다. '거스르다'는 엇나가는 것이고, '거슬리다'는 언짢은 것이니 잘 갈라 써야 한다. 땅을 갈아서 골을 내고 두둑을 만들었다. 코딱지만 한 텃밭이었는데 국회 앞 잔디밭처럼 드넓어 보였다. 참, 국회 잔디밭을 국회의원들이 몸소 가꾸는 텃밭으로 만들면 좋겠다. 누가 게으른지 금방 눈에 띄게. 절대 아랫사람에게 시키지 못하게 감시하고. 하하.

씨가 좀 굵은 콩과 땅콩은 집 가까이에 심고, 상추처럼 작은 씨는 '멀리' 심었다. 눈에 띄는 씨앗은 짐승들이 파먹는데 작은 씨는 건드리지 않는단다. 겪어 본 일을 깔보아선 안 되겠다. 울타리 밑에는 호박, 수세미, 조롱박을 '띄엄띄엄' 심었는데 엄청나게 자라기 때문이란다. 멀리 볼 줄 알아야 지금 할 일 또렷이 한다. 목 축일 틈도 없었는데 해가 뉘엿뉘엿했다. 모진 주인 만난 소는 쉴 틈 없고, 끔찍한 임금 만난 감옥은 빈틈 없다.

땀 닦으며 막걸리 마시려던 즐거움 한 자락이 몸을 텃밭으로 이끌었다. 몸이 마음을 따라갔다는 말이다. 마음 따라 몸이 머무르니 그곳에 새로운 마음 가득 찼다. 씻고 나니 밥맛은 좋았으나 술맛은 달아났다. 해보지 않았던 일로 고된 몸이 술 마시는 기쁨을 짓눌렀다. 마음이 몸을 따랐다는 말이다. 몸 따라 마음이 움직이니 그곳에 있던 새로움이 몸에 물들었다. 마치 술 퍼마시려고 일했던 지난날들이 떠올랐다. 일을 잘하려고 살짝 술을 마시는 것과 전혀 달랐다. 일자리에 술이 곁든다고 술자리가 되어서는 안 된다는 말이다.

　살아가는 일은 때로 마음을 따르고, 때로 몸을 따르는 것인가 보다. 스스로 뭘 깨달았다고 좋아하는데 옆에서 씨 뿌린 텃밭 보며 중얼거린다. 낟알 '제대로' 크면 풀이 맥을 못 춘다고. 텃밭에서 낟알 제대로 크면 좋겠다. 대한민국에서도.

　*고삼차: 苦蔘, 이름에서 보다시피 쓴 삼이다. 줄기와 잎을 달인 물은 벌레 잡는데도 쓰였다니 그 쓴맛 알만하다. 고삼차가 매우 쓰니 그 다음에 먹는 어떤 음식도 맛나겠다. 그래서 입맛 살리는 차란다.

　*쥐를 별명으로 가진 사람: 대한민국 17대 대통령 이명박, 그를 왜 그렇게 불렀는지 아는 사람은 다 안다. 별명을 붙일 때는 보통 외모를 보거

나 성격을 따진다.

　*국회의원: 국민의 대표로 뽑은 사람. 이 글을 쓸 때의 국회의원들은 자기의 잇속을 챙기느라 악쓰고 떼쓰면서도 뻔뻔하게 굴던 '놈'들이 많았다. 물론 그렇지 않은 '분'들도 계셨다.

10. 바늘 가진 놈이 도끼 가진 놈 이긴다
- 똥개라도 백 마리 뭉쳐 호랑이 잡자 -

    2007년 재벌 회장의 아들이 술집에서 얻어맞았다. 까닭이야 어쨌든 대한민국에서 몇 손가락 안에 드는 부잣집 아들에게 '버릇없이' 손찌검을 하다니. 모르고 때렸으면 깜깜무식쟁이에 미련한 놈이고, 알고 때렸으면 간이 커도 이만저만 큰 것이 아니다. 재벌 아들, 기가 막히고 코가 막혔을 것이고, 재벌 회장, 마른하늘에 날벼락 맞은 소처럼 뛰었겠다. 하여 스무 명이 넘은 사내들 이끌고 가서 때린 놈 두들겨 팼다(한화 재벌 조폭 사건). 이른바 보복(報復), 우리말로는 앙갚음. 보복은 맞은 놈이 때린 놈을 찾아 되갚을 때 주로 쓰고, 앙갚음은 못된 놈에게 당한 사람이 힘을 길러 되갚아줄 때 주로 쓴다. 한자나 외국어보다 우리말이 더 좋게 쓰이는 몇 안 되는 경우다.

    문득 오래된 이야기 떠올랐다. 문득? '문득'보다 센 말이니 틀렸다고 하지 마시라. 재벌 회장과 아들, 보복하고 기분 좋다고 소고기 먹었을까? 그 꼴을 보고 '노블레스 오블리주'를 들먹였으니 앞으로 대한민국 좋아질 거라며 언론들은 기분 째지게 소고기 먹었을까? 노블레스 오블리주? 프랑스 말로 신분에 걸맞게 하는 짓을 말하는데 그 신분 알만하다. 그 꼬락서니 본 서민들, 소고기는커녕 막걸리 질질 흘리며 눈물깨나 흘렸겠다. '재벌이나 조폭이나' 하면서.

비행기 타고 가던 포스코에너지 상무가 승무원을 때렸다. 그것도 여자를, 그것도 라면 때문에, 그 신분 쪼잔하다(포스코 상무 라면 폭력 사건). 프라임베이커리 회장이 호텔 지배인 뺨을 때렸다. 그것도 지갑으로, 그것도 주차 때문에, 그 신분 뇌꼴스럽다(프라임 빵 회장 지갑 폭행 사건). 남양유업 영업사원이 대리점 사장에게 쌍욕을 했다. 그것도 나이 많은 사장에게 젊은 사원이 망하라면서, 그것도 죽여버리겠다면서, 그 신분 매스껍다(남양우유 갑질 쌍욕 사건). 이런 일이 뜬금없이 되풀이되는 것일까? '뜬금없이'는 갑작스럽고 엉뚱하다는 뜻이다. 이러한 되풀이가 결코 '뜬금없는' 일이 아니라는 것을 웬만하면 다 안다.

'뜬금'은 '띄운 금'에서 나왔는데 '시세에 따라 달라지는 값'을 말한다. 조폭 재벌, 라면 상무, 빵 회장, 쌍욕 우유의 '띄운 금' 그러니까 시세는 누가 값을 매기는 것일까. 그래서 알아봤다. 옛날 시골 장에는 곡식이나 가루를 되로 헤아려 파는 되질, 말로 헤아려 파는 마질하는 사람이 있었는데 그들을 '말감고'라고 불렀다. 말감고가 그날의 시세(금)를 띄어서 '뜬금'이란 말이 생겼단다. 그동안은 배웠다고 붓을 쥔 사람이나 돈 많은 사람이나 권세 쥔 사람이 시세 띄우는 말감고 노릇을 했겠는데 이제는 상식을 가진 사람들이 말감고 노릇을 할 때다. 시세가 없이 터무니없는, 그러니까 '뜬금없는' 일이 생기지 않도록 말이다. 또 한 번 문득, 똥개도 백 마리면 범을 잡는다는 익은말(속담)이 떠오른다. 똘똘 뭉치면 범도 잡는다는 뜻이겠다. 당구풍월(堂狗風月), 서당 개 삼 년이면 풍월도 읊는다 했다. 웬만하면 스마트폰으로 풍월 읊으니 이제 상식 가진 말감고가 많아지겠다. 그러니 배웠다고 돈 있다고 권력 쥐었다고 함부로 나대지 마라.

옛날에는 집집마다 사다리가 있었다. 사다리? 높은 곳이나 낮은 곳을 오르내릴 때 디딜 수 있도록 만든 것이다. 요즘 사다리 있는 집 드물다. 높은 곳에 있으면 밑에서 알아서 먹을 것 주고 똥오줌 다 받아주니 내려오지 않아도 되어서 그런가? 우리가 스스로 사다리를 치워버린 것은 아닐까? 낮은 곳에서는 사다리가 없으니 아무리 발버둥질해도 오를 수 없다. 목구멍이 포도청이어서 높은 곳에서 똥오줌 싸는 걸 보고도 눈 질끈 감아버린다. 굶은 개 언 똥 나무라지 않듯이 하고 싶은 말 꿀꺽 삼켜버린다. 사나흘 굶은 똥개는 똥이 깡깡 얼어있어도 투덜거리지 않고 턱턱 먹듯이 하고 싶은 말 못하고 꿀꺽꿀꺽 삼킨다는 말이다.

똥개라도 풍월을 읊으려면 다락, 그러니까 루(樓)에 올라야 제 가락이 나온다. 마침 치워버린 사다리를 갈음할 것이 나타났다. 소셜 네트워크 서비스, 에스엔에스(SNS)다. 높은 곳에서 눈 가리고 아웅 해도 재빨리 가린 눈 풀어주고, 말감고가 뜬금없이 지껄여도 잘못을 콕 집어낸다. 재벌이 조폭이 되어버린 바람에 '조폭 같은 재벌'이란 아까운 표현 하나 잃어도 좋다. 상무가 라면으로 뻐기는 바람에 라면 보고 입맛 떨어져도 좋다. 회장의 지갑에서 날아온 카드가 뺨을 할퀴는 바람에 카드를 가위로 썰어도 좋다. 우쭐거린 대기업 직원이 쌍욕을 하는 바람에 심장이 벌렁벌렁해진 사람들이 마지막 무기인 욕을 잊어도 좋다. 좋은 일하는 사람들 마구마구 북돋아 주고 착한 사람들 엄청나게 띄워주는 말감고가 되어보자. 상식이 세상을 훨훨 너울대며 맘 놓고 다니도록.

*쪼잔하다: (사람이나 물건의 씀씀이에서) 통이 크거나 너그럽지 못하고 좀스럽다.

*뇌꼴스럽다: 속이 메슥거릴 정도로 보기에 아니꼽고 얄밉다.

*매스껍다: 역겨워서 먹은 것이 되넘어올 듯이 거북하거나 울렁거린다.

11. 모진 놈 옆에 있다가 벼락 맞는다
- 개망나니와 어울리는 임금이라니 -

눈에 번쩍, 귀에 쏙 들어오는 일 있다. 언론은 이를 '기삿거리'라고 한다. 머리를 "탁" 쳐서 깨달음을 주어 더 좋은 세상! 만드는 일 많으면 좋겠다. '나도 이렇게 해 봐야지'하며 마음에 새기고 몸에 익혀 더 아름다운 날! 많이 생기면 좋겠다. 더 좋은 세상, 혼자서 이루기 어려우니 힘을 보태야 한다. 서로 도우라고 배우지만 그랬다가는 나만 짠하게 되기 쉬운 요즘이다. 더 아름다운 날, 거저 얻지 못하니 애써야 한다. 먼저 좋은 일 하라고 떠들지만 그랬다가는 모난 놈 되어 손가락질받는 지금이다. 아쉽고 안타까운 대한민국이다. '배움'과 '현실'이 다르니 기삿거리도 '생뚱한', 그러니까 하찮고 쓸데없는 이야기가 떠돌아다닌다.

옛날 어느 임금이 개망나니를 데려다 자신의 말을 대신(대변인)하게 했다. '개망나니'는 예절에 몹시 어긋나는 일을 저지르거나 성질이 아주 못된 놈을 낮잡아 이르는 말이다. 임금이 그런 개망나니를 데려다 썼다. 백성들을 엿 먹이려 했거나 초록은 제빛이 좋아서 그랬을 것이다. '엿 먹인다'는 것은 슬쩍 골려주거나 속이는 것이고, '초록은 제빛이 좋다'는 말은 비슷한 사람끼리 어울려야 좋다는 뜻이다. 백성을 골려주거나 속이는 대상으로 보는 임금이라니, 개망나니와 어울리는 임금이라니, 다만 어처구니가 없다.

언젠가 억눌린 사람들이 힘에 굽히지 않고 탐욕스러운 권력에 맞섰다. 억눌린 사람들은 사람답게 살려는 몸부림이었는데 총 맞아 죽고 칼에 찔려 죽거나 병신이 되었다. 그런 권력이 30년이나 이어지자 탐욕스러운 권력 앞에 머리 조아리며 굽실거리던 드난꾼들 생겼다. 드난꾼들은 옳은 일에 목숨을 바친 사람들을 헐뜯었다. 드난꾼은 대문간에 붙어 있는 방에 붙어살면서 그 집의 일을 도와주며 입에 풀칠하는 사람을 말한다. 아무리 굶주렸다고 밥그릇을 통째로 삼키지 못하는데도 눈앞의 잇속이 부끄러움을 가리고 말았다. '귀신같지 않은 게 사람 잡는 꼴'? 아무렇지 않게 나타났다. 축에도 들지 못하는 같잖은 사람 믿고 병 고치려다가, 앓는 사람 죽이고 마는 꼴? 곳곳에서 벌어졌다. 쩨쩨하고 보잘것없는 말에 줏대 없이 덩달아 덩실거리는 언론과 학자라니, 다만 기가 막히다.

왜, 아무렇지도 않게 예나 지금이나 이런 일은 되풀이될까? 모질고 사납게 막말을 까대면 그 동네에서는 나름 이름 짜해진다. 짜해진 이름 아래에 괜한 꼬리말이라도 주렁주렁 달리면 우쭐해지고, 가년스런 언론이 살짝 들이대면 붕붕 뜬다. '가년스럽다'는 되잖은 소리를 자꾸 지껄이기 좋아하는 일이다. 그것을 본, 속없는 권력자가 그들을 데려다 쓰고, 그들은 쟁퉁이가 된다. '쟁퉁이'는 잘난 체하고 거드름 피우는 좀스럽고 비꼬인 사람을 말한다. 권력자의 그늘에 들어간 뒤엔 어깨에 힘 잔뜩 집어넣고 '갑을 관계'를 누리며 개차반이 된다. 개차반? 개가 먹는 음식, 곧 똥을 말하는데 몸짓과 말씨가 몹시 더러운 사람을 가리킨다. 그러다가 어떤 일이 터지면 핑계를 대거나 오리발을 내민다. '핑계'는 잘못한 일을 이리저리 돌려 탓하는 구실이고, '오리발'은 딴청 피운다는 뜻이다. 썩은 권력과 언저리에 머무는 개망나니 이야기다.

어떤 잘못된 일이 터졌더라도 썩은 권력과 개망나니는 때가 잠잠해지기를 기다렸다가 뒤집기를 한다. 터진 일은 넉살머리 좋게 '그까짓 거'하며 다만 농담거리로만 만든다. 넉살머리는 음식물을 삭여내거나 아니꼽고 싫은 것을 견딘다는 뜻인데, 여기서는 부끄러운 낯빛 없이 능글맞게 구는 짓을 일컫는다. 잘못된 일을 능글맞게 스리슬쩍 넘긴다는 말이다. 너스레를 떨며 '빨갱이 짓'으로 돌려 줄거리를 흩트리고 이념논쟁으로 몰아간다. 너스레는 그릇의 아가리나 흙구덩이에 걸쳐 놓는 막대기로, 그 위에 놓은 물건이 빠지지 않게 놓을 때 쓴다. 여기서는 수다스럽게 떠벌려 늘어놓는 짓거리와 말버릇을 뜻한다. 아무리 잘못됐더라도 '빨갱이'란 말로 너스레를 흔들어 초점을 피해간다는 말이다. 아무리 못된 짓이라도 '어쩔 수 없는 짓'으로 만들어 오히려 떳떳해 하며 웃음엣소리로 바꿔버린다. 언론의 시늉만 내는 곳 뿐 아니라 국가의 정보를 다루는 기관을 끌어들여서라도 이른바 '여론'을 만들든지 없었던 일처럼 덮어버린다.

사람들은 갸우뚱하다가 곧 '똥이 무서워서 피하냐 더러워서 피하지'하며 참고 돌아선다. 갸울거리다가 곧 '먹고 살기도 바쁜데'하며 잊으려다 잊힌다. 고약한 세상이다. '고약하다'는 맛이나 냄새가 거슬리게 나쁘거나, 성질이나 말과 몸짓이 사나운 것을 말한다. 이런 고얀 놈들! '고얀'은 도리에 벗어난 것을 말하는데, 고얀 놈들 앞에는 '예끼'를 붙여야 말맛이 살아난다. 예끼, 고얀 놈들!

*꺄울거리다: 조그마한 물건이 매우 깜찍하게 이리저리 자꾸 기울어지다.

12. 저 잘난 맛에 산다
- 뭔 일이든 20년 하면 도가 튼다 -

　동무들 몇 모였다. 20년 만이다. 님 찾아 두리번거릴 나이 때 글깨나 나불대며 잘난 체했던, 삶 찾아 서성거릴 나이에 술잔깨나 들이켜며 울부짖었던 녀석들이다. 물이나 술을 세차게 마구 마실 때는 '들이켜다'를 써야 맞고, '들이키다'는 빈 곳을 넓히려고 안쪽으로 가까이 옮기는 것을 말한다. '화분을 안으로 들이키다'처럼 쓰인다.

　검은 머리가 파뿌리처럼 하얗게 세도록 함께 살라며 동무 혼례 때 함 지고 함께 호들갑 떨었던, 어떠한 처지가 되더라도 한 달에 한 번씩 꼭 만나자고 도원결의(桃園結義)했던 녀석들이다. 물론 처자식 먹여 살린다고 발등에 불 끄랴, 정의의 발톱 세운다고 손톱 밑에 가시 빼랴 얼굴 보지 못했다. 만나서 어울린 지 조금만 지났는데 쑥스럽고 어색하다. 마음을 나눈 지 오래되었고, 바뀐 모습들이 낯설었다는 말이다. 모인 얼굴들 살피니 그래도 먹고 살 만한 녀석들이다. 입에 풀칠하기 빠듯한 녀석들은 빠졌다. 나 또한 끼지 못할 텐데 어쩌다 만남을 알게 되었고, 녀석들이 나에게 쏜살같이 달려왔다.

파헤쳐지는 어렸을 때를 우두커니 들었고, 늘어놓는 자랑거리를 멀거니 살폈다. 더듬어지던 지닐총(기억)들이 가난해지고, 부풀려지던 뽐냄이 볼품없어질 무렵 말이 뚝 끊겼다. 떨어져 살아와서 벌어진 '틈'은 넓었고, 앞서가고 뒤처진 '겨를'은 길었다. 틈은 공간이고, 겨를은 시간이다.

그때 누군가 대뜸 묻는다. 너희들은 무슨 재미로 사냐? 남산만 한 배를 물 들어간 풍선처럼 흔들던 영선이가 젓가락질을 쉬지 않으며 '먹는 재미'로 산다고 시원하게 답했다. 싸이 노랫말처럼 근육보다 사상이 울퉁불퉁했던 철호는 이제 근육이 사상보다 더 울퉁불퉁해졌다며 세상을 '보는 재미'로 산다고 머뭇거리며 말했다. 금목걸이로 멋 부렸던 현성이는 목에 세금고지서와 요금고지서만 주렁주렁 달고 다니는데 '듣는 재미'만 한 것이 없다면서 시무룩했다.

'먹는 재미'를 내세운 배 나온 영선이가 넙치는 좌파, 도다리는 우파라며 너스레 떨었다. 넙치는 '광어'의 우리말인데 눈이 왼쪽으로 쏠려있고, 도다리 눈은 오른쪽으로 쏠려있단다. 사람들은 제가끔 살림살이에 따라 눈이 따로 쏠리니, 한쪽으로만 치우치는 넙치와 도다리가 되지 말자고 뜬금없이 가르쳤다.

'보는 재미'에 물든 근육질의 철호는 어렸을 때는 무협지에 눈을 박고, 젊었을 때는 겉치레(그러니까 '폼생폼사'-폼에 살고 폼에 죽는)에 눈을 떴는데, 나이 드니 볼 것이 헤아릴 수 없단다. 그렇고 그런 드라마부터 눈을 떼지 못하는(?) 비디오, 때에 맞춘 세

p. 65

상 구경까지. 세상이 저를 보고 웃으니 저는 세상을 보며 즐긴다고 청학동 훈장의 책 제목을 끌어다가 말한다.

'듣는 재미'는 돈이 들지 않고 벌면서 즐길 수 있단다. '싱글벙글쇼' 들으며 싱글벙글, '컬투쇼' 듣다가 자지러지고, '지금은 라디오시대' 들으며 깔깔깔. 류현진 2루타 치고 6승 했다고 하더라도 야구방망이 안 사도 되고. 여기서 이러시면 안 될 사람 많은데, 여기서 이러셔도 되는 이야기만 골라 들어서 신난단다. 성경에서처럼 보기 좋고 듣기 좋으면 그것이 곧 하느님이라고 현성이는 우쭐거리기까지 한다. 뭔 일이든 20년 하면 '도가 트는'가보다.

너는? 올 것이 왔다. 나? 비 오면 심어 둔 고추 잘 자라겠구나, 햇살 비추면 빨래 잘 마르겠구나, 윤 선배가 사 준 빵떡모자 써 보고 시시덕거린다, 이런 즐거움 말했다간 시골뜨기로 놀림 받을까 봐 너희들 만나는 즐거움이 가장 크다고 둘러댔다. 20년 만에 만났으면서. 옛날 중국 이야기나 공자·맹자·장자 이딴 것 싫어하지만 그래도 함께 배웠던 것 다시 읊었다. 어렸을 때의 공감대를 살려내려고.

공자가 있잖아, 살면서 3가지 즐거움이 있댔지? 학이시습지불역열호(學而時習之不亦說乎) - 때때로 배우고 익히면 즐겁지 아니한가, 그래서 나는 배우고 익히는 것을 '늘' 하지 않고 '때때로'만 한다. 유붕자원방래불역낙호(有朋自遠方來不亦樂乎) - 멀리서 벗이 오니 즐겁지 아니한가, 그래서 나는 20년 동안 동무들을 찾지 않고 벗이 '찾아오기'를 기다렸다. 인부지이불온불역군자호

(人不知而不慍不亦君子乎)-알아주지 않아도 서운하지 않으니 군자가 아닌가, 그래서 나는 알아줄 만한 일을 하지 않아서 전혀 서운하지 않다. 마치 군자인 것처럼 그럴싸하니(?) 말했다. 녀석들이 고개는 끄덕였지만 '짠하다'는 그 눈초리는 잊을 수 없다.

그래도 이거라도 머리에 남아 있어 그날 주둥아리에 거미줄 치지 않았다. 멋 내고 만나는 즐거움, 사람들 안다. 먹고 보고 듣는 즐거움, 사람들 다 안다. 아는데……. 그냥 알기만 하고 해보지는 못한다. 어쨌든 무슨 즐거움이든 빠져들면 빠져나오기 힘들다. 쏟아 붓고 매달리는 것(執着-집착)은 즐거움이 아니라 괴로움이니, 즐기지 않는 즐거움이 먼저겠다. 그래서 장자가 무위(無爲-그대로)를 앞세웠구나. 무릎 "탁" 치며 스스로 달랬다. 달래는 수밖에.

*도원결의(桃園結義): 으레 찰떡궁합처럼 마음이 맞는 사람끼리 같은 뜻을 모으고 한 가지 목표를 이루려고 행동을 같이하자고 다짐할 때 쓴

다. 나관중의 <삼국지연의>에서 유비, 관우, 장비가 도원(桃園)에서 의형제를 맺은 데에서 비롯한 말이다. (桃: 복숭아 도, 園: 동산 원, 結: 맺을 결, 義: 옳을 의)

*청학동 훈장: 예부터 도인(道人)들의 이상향(理想鄕)을 청학동이라 한다. 전국에 청학동의 전설이 있으나 요즘은 경남 하동의 지리산 자락에 있는 마을을 일컫는다. 청학동 훈장이 쓴 책 <세상은 나를 보고 웃고 나는 세상을 보고 웃는다>

*싱글벙글쇼: 점심시간 무렵에 재미있는 이야기로 식곤증과 춘곤증을 물리치는 문화방송(MBC) 라디오프로그램. 강석과 김혜영이 진행하고, 1987년쯤 비롯했다.

*컬투쇼: 오후 2시부터 4시까지 서울방송(SBS) 라디오 프로그램. 개그맨 정찬우와 김태균이 진행하는데 어찌나 웃기던지 이 방송을 듣는 사람들은 배꼽을 잃을까 봐 걱정을 한다.

*지금은라디오시대: 오후 4시부터 6시까지 서민들이 사는 이야기를 내보내는 문화방송(MBC) 라디오 프로그램. 웃기도 하고 울기도 하고, 서로 돕기도 한다.

*류현진: 1987년 인천 출생. 동산고, 한화 이글스를 거쳐 미국 LA 다저스에서 뛰는 야구선수, 왼손으로 던지고 오른손으로 친다. 베이징 올림픽, 월드베이스볼클래식, 광저우아시안게임 국가대표를 했다.

*공자: 중국 노나라 사상가. 우리나라에서는 예로부터 4대 성인이라 일컬으며 그의 사상을 받들어 익혔다. 세상을 떠돌며 인(仁)을 바탕으로 정치를 하려 했지만 실패했고, 책을 쓰고 제자를 기르는 데 힘썼다. 3,000여 명의 제자들을 길렀고, 제자들은 공자의 사상을 담은 <논어>를 썼다.

*장자: 중국 전국시대의 송나라 철학자. 천지 만물의 근원을 도(道)라고 보는 도가 사상, 즉 자연으로 돌아갈 것을 주장했다. 평생 벼슬을 얻지 않았다. 10만여 자로 쓴 그의 책 <장자>는 철학을 알기 쉽게 이야기로 풀어썼다.

13. 차라리 없느니만 못한 가짜가 병이라
- 원전도 가짜 전두환 재산도 가짜 시공사는 진짜일까? -

아버지가 갑작스레 돌아가신 뒤, 동안이 성은 어느 술집에 나를 앉혔다. 말 없는 흐름이 길어지고 있을 때 머리카락이 긴 아가씨가 기타를 쳤다. 기타 소리는 그윽하니 낮았고 목소리는 가느다랗고 높았다. 노래는 '너의 인생에도 한 번쯤 휑한 바람이 불었겠지'로 시작했는데 자꾸 아버지가 떠올라 울었다. 내 눈물을 본 아가씨는 손님이 드물어 그 노래를 세 번인가 네 번인가 불러줬다. 애달픈 목소리에 쓰라린 가슴이 찢어졌다. 그 뒤로 사람을 만나면 '네 인생에 휑한 바람은 무엇이냐?'고 묻고 다녔다. 시를 좋아하던 영민이가 '네가 시 좋아한 줄은 몰랐다'고 말했다. 물음 속 '휑한 바람'이 시처럼 느껴졌나 보다. 영민이는 〈서른, 잔치는 끝났다〉는 최영미 시집을 주었다. 시집을 보고 나서야 아가씨가 부른 노래는 '아도니스를 위한 연가'라는 최영미의 시를 노래로 만들었다는 것을 알았다.

아도니스? 그리스 신화에 나오는 아름다운 소년이다. 아버지(키니라스)와 딸(미르라) 사이에 태어난 아이. 그러니까 상식으로는 말이 안 되고 신화에서나 나올 법한 일이다. 아도니스는 청년인데도 어찌나 아름다운지 사랑의 여신 아프로디테마저도 홀려버렸다. 도망치는 짐승은 쫓되 맞닥뜨린 짐승과는 겨루지 말라는 아프로디테의 당부를 잊고 멧돼지에 맞서다 죽은 아도니스. 아도니스가 죽을 때 흘린 피는 아네모네라는 꽃이 되었다는 이야기.

전재국, 1980년 광주를 피로 물들이고 정권을 잡은 전두환의 아들이다. 전재국은 외국에 '블루 아도니스'라는 가짜회사를 만들어 돈을 숨겼다. 덕분에 아도니스를 알게 되었다. 블루 아도니스? '싱싱한 아도니스'쯤 되겠다. 회사 이름 속에는 태어나지 말아야 할 아도니스가 영원했으면 하는 바람이 들어있을까? 태어나지 말았어야 할 피 묻힌 정권이 영원하기를 바랐던 것처럼.

가짜? 참인 것처럼 꾸민 것을 말한다. 요즘 가짜가 판을 친다. 원자력발전소에 가짜 부품을 납품하고 성능증명서를 위조했는데 그 회사는 교육과학기술부 장관 표창을 받았다고 한다. 부품도 가짜, 성능증명서도 가짜인데 정부의 표창은 진짜일까? 전두환의 29만 원도 가짜, 전재국의 회사도 가짜인데 전재국의 출판사는 진짜일까? 여기서 잠깐, 언론은 왜 가짜 회사를 '페이퍼 컴퍼니'라고 쓰고 괄호를 열어 '서류 형태로만 존재하는 유령회사'라 적고 괄호를 닫아주는 친절을 베풀까. 영어를 씀으로 그들의 잘못을 잘 모르게 만들고, 괄호를 열고 닫음으로 그들의 범죄가 꼼꼼하다는 것을 알려주려는 것인가. 보통 사람들의 잘못은 알아먹기 쉽게 '가짜'나 '사기'라고 부르면서 말이다. 또 궁금한 것, 언론은 왜 보통 사람의 이름 뒤에는 괄호를 만들어 나이를 적으면서 이건희처럼 돈 많은 사람의 나이는 적지 않는 것일까. 하찮은 곳에서 차별을 느낀다. 그런데 그 속에 숨은 뜻은 절대 하찮지 않다.

아무튼, 최영미의 〈서른, 잔치는 끝났다〉는 시집은 386 학생운동의 속내가 묻어있다는 평가를 받았다. 그리고 초대형 울트라(?) 베스트셀러가 되었다. 그 시집을 쓸 때 최영미는 '시공사'라는 출판사를 다녔다. 운동권의 타도대상이었던 전두환의 아들인 전재국이 운영하는 곳. 그러니까 타도대상의 아들에게 월급을 받으며 시를 썼다. 그놈의 가난 때문에. 나는 최영미의 시로 만든 노래를 듣고 울었다. 그놈의 슬픔 때문에.

사랑이든 죽음이든 겪어본 사람이라면 '너의 몸 골목골목 너의 뼈 굽이굽이 상처가 호수처럼 괴'는 것을 안다. 세월에 부대껴본 사람이라면 '너의 젊은 이마에도 언젠가 노을이 꽃잎처럼 스러'지는 것을 느낀다. 어쨌든 태어나지 않아야 할 아도니스가 죽으며 흘린 피에서 아네모네라는 꽃이 되었듯이 5·18에 쏟아진 피를 감추고 닦기에는 출판사가 마땅했는지 모른다. 조선 선조 때 피비린내를 몰아친 정철에게 관동별곡, 사미인곡, 성산별곡으로 일컬어지는 '가사문학의 대가'라는 말이 붙듯이.

'이명박의 꼼수시대'가 지나니 '박근혜의 가짜시대'가 오는가보다. 그 틈에 윤창중은 '은밀하게' 무엇을 하고 있으며, 김학의는 '위대하게' 무엇을 하고 있을까.

　　*박영민: 광주진흥고, 외국어대를 나온 정치학 박사. 지닐총(기억력)이 뛰어나 한번 들으면 좀체 잊지 않는다.

　　*최영미: 서울대 서양사학과를 나온 시인이자 소설가. 시집 <서른, 잔치는 끝났다>, 소설 <흉터와 무늬>, <청동정원>. 2016년, 연간 소득이 1,300만 원 미만이고 무주택자인 빈곤층에게 주는 생활보조금 신청 대상이라며 세무서로부터 근로장려금을 신청하라는 통보를 받았다. 베스트셀러 시집을 냈음에도 대한민국에서 작가로 사는 현실이 드러났다. 최영미는 차별하지 않은 세무서의 컴퓨터가 기특하다며 너스레를 떨었다.

　　*이건희: 삼성그룹을 세운 이병철의 아들. 자동차 속도 경쟁을 카레이싱이라 하는데 이건희는 자동차를 매우 좋아하여 경쟁자 없이 홀로 카레이싱(?)을 즐겼다. 미처 물려주지(상속) 못한 재산 때문인지는 몰라도 쓰러져 정신줄을 놓았는데도 마음대로 죽지 못하고 식물인간으로 누워 있다. 이 책 '쓰잘데기'가 세상에 얼굴을 내밀고, 베스트셀러가 되면 장사를 치렀을지도 모른다. 그때는 아무리 많은 돈이라도 상속을 끝낼 수

있을 테니까.

*386 세대: 30대 나이로 80년대 학번이며 60년대에 태어난 사람들을 부르는 말. 박정희 독재정권에서 공부를 했고, 박정희 독재정권을 지나 전두환 노태우 군사정권이 이어지던 시절인 민주화운동시대를 살았던 세대. 당시 아마 386 컴퓨터를 썼기에 붙여진 이름인 듯.

*정철: 1536년에 태어나 임진왜란이 일어났던 시대의 사람. 관동별곡, 사미인곡, 속미인곡 등을 지어 윤선도와 함께 시가문학의 쌍벽이라고 일컬어지나 정여립 모반 사건을 통해 수 없는 정적을 죽였다.

*이명박: 1941년 일본 출생. 동지상고, 고려대 졸업. 현대건설 회장. 14, 15대 국회의원. 32대 서울특별시장. 17대 대한민국 대통령. '녹색성장'이란 이름으로 4대강 사업을 하여 녹조로 덮인 녹색의 강(?)으로 만들었다. 김요수가 쓴 3권짜리 <소설 폐하타령>에 그의 집권시대 꼼수들이 자세히 기록되었다.

*윤창중: 1956년 충남 논산 출생. 경동고 고려대 졸업. KBS, 문화일보, 세계일보 기자. 박근혜 대통령 대변인으로 2013년 한미 정상회담 때 대통령과 미국에 갔다. 인턴직원 성추행사건을 일으켰고, 대변인을 그만두었다.

*김학의: 1956년 출생. 경기고 서울대 졸업. 24회 사법시험 합격하고 검사를 하다가 2013년 법무부 차관에 임명됐으나 '별장 난교사건'으로 1주일도 안 돼 물러났다. (亂交-난교, 상대를 가리지 않고 성교함)

14. 옷이 날개
- 구국의 결단이 판치는 세상 그들 눈에 비친 국민이란? -

　구국(救國)의 결단(決斷)! 나라를 구하겠다는 마음으로 하는 중요한 결정, 이 말은 누가 언제 썼을까? 수나라의 침략(살수대첩)으로부터 나라를 지킨 고구려의 을지문덕 장군이? 아니다. 거란을 물리치고(귀주대첩) 나라를 지킨 고려의 강감찬 장군이? 물론 아니다. 이 땅을 깔아뭉갠 왜구의 침략(한산도대첩)으로부터 나라를 지킨 조선의 이순신 장군이? 절대 아니다. 그렇다면 1950년 중공(중국공산당)군의 침투로부터 나라를 구하면서? 더더욱 아니다.

　우리나라를 지키는 군인을 끌고, 지켜야 할 국민을 총과 탱크로 위협하며, 정권을 꽉 틀어잡은 박정희(다카키 마사오)가 한 말이다. 미국이 쳐들어와서 총으로 막은 것도 아니고, 소련(소비에트 연합, 러시아의 옛 이름)이 노략질을 해서 탱크로 물리치고 한 말 아니다. 침략자들이 아니라 우리 국민들에게 총을 겨누면서 다카키 마사오는 구국의 결단이라고 말했다. 일본의 임금에게 혈서로 충성을 맹세한 다카키 마사오였기 때문에 우리 국민이 침략자로 보였는지도 모른다. 그 뒤로 구국의 결단은 온갖 핑계거리에 쓰였다. 광주사람을 총칼로 죽여도 구국의 결단이요, 3당이 합당을 해도 구국의 결단이다. 심지어는 홍준표 경남지사가 진주의료원을 폐쇄해도 구국의 결단이란다.

구국의 결단 가운데 새마을운동이 있다. 새마을운동? 근면(勤勉), 자조(自助), 협동(協同)이란 깃발을 날렸다. 그러니까 국민의 생활 태도를 바꾸고, 환경을 바꾸고, 소득을 늘리겠다며 박정희 정권이 뽑아 든 정책이다. 정책이라기보다 강제 노역과 집행에 가까웠다. 아마 그때 국민들은 몹시 게을러서 나라가 생활 태도까지 부지런하게 바꾸어 주어야 했고, 그때의 국민들은 기대고만 살아서 스스로 일어서도록 나라가 다그쳐야 했고, 국민들은 다투기만 해서 서로 돕도록 나라가 가르쳐야 했던 모양이다. 어, 그때의 국민이면 바로 우리의 아버지들이나 할아버지들이 아닌가? 그런데 시절이 한참 지났는데도 아직 관공서 곳곳에 새마을 깃발이 날리는 것은 왜지? 할아버지 아버지에 이어 우리도 그들의 눈에는 게으르고 기대고 살며 다투는 국민인가. 새마을운동을 법으로 딱 규정지어 놨는데 그 법을 고치려는 마음을 가진 사람이 없었겠지, 국민들은 법을 바꿀 힘이 없고!

아무튼, 그 시대에 세 번 놀란 이야기 있다. 뒷모습이 너무너무 예쁜 아가씨가 걸어가서 깜짝 놀란 것이 첫 번째. 그 아름다움에 나도 모르게 달려가 아가씨의 얼굴을 보고 숨이 막힐 듯 놀란 것이 두 번째. 왜? 옷은 잘 입었는데 지나치게 못 생겨서. 그리고 그 아가씨, 담배 가게 아가씨도 아니고 꽃집 아가씨도 아니고, 바로 별이 세 개인 재벌의 딸이라서 세 번째 놀람. 뭐, 나도 들은 이야기라 '틀림없지는 않다' 이렇게 잘 모를 때는 높은 사람들처럼 말을 살짝 꼬아 책임을 줄여야 걱정이 덜하다. 내 마음에 드는 말투는 아니지만. 지금은 그렇게 놀랄 일 없다. 돈이 있으니 머리 좋고 잘 생긴 사위나 며느리 얻어서 유전자를 업그레이드(?)시키니까. 유전자만 바꾼 것이 아니라 국적이나 학벌도 마음먹으면 척척 바꾼다. 옷 바꿔 입듯이.

옷 이야기 나왔으니까 말인데 사람들은 비싼 옷 입으려고 애쓴다. 백화점의 비싼 옷 잘 팔린단다. 겉이 번지르르하면 사람들이 거의 다 홀딱 넘어가니까. 어느 사모님이 너울거리는 옷을 입고 왔다. 돈 많고 높으신 분의 사모님이 입고 왔으니 사람들 수군거린다. 저 옷이 바다 건너왔는데 엄청 비싸대, 멋지지? 내 눈에는 '구국의 결단'을 하지 않고는 입지 못할 것 같이 후줄근한데 사람들은 쑥덕인다. 중국 다녀온 사람이, 이거 원숭이가 딴 찻잎으로 만든 비싼 차야, 마셔 봐. 나는 원숭이가 따서 '근면'하지 않고, 중국에서 만들어 '자조'하지 않은, 비싸서 '협동'하며 먹어야 할 것 같아 마다했다. 실은 입에 가까이하기가 너무 힘들었다. 시궁창 냄새가 나서. 비싼 차를 마시면 설사를 하니까 물만 마실게요, 둘러댔다. 그래도 비싼 것이니 맛이나 보라고 어찌나 들이대서 한 잔 마시고 딱 삼십 분 뒤에 정말로 싸러 갔다. 속이야 어쨌든 겉이나 값이 그럴싸하기만 하면 몸 둘 바를 모르는 사람들 많다.

남들 하는 대로 살더라도 슬기롭게 산 사람에게 귀 기울여야 한다. 겉만 번지르르하게 꾸미는 사람에게 눈 돌리지 말고. 대학 졸업식 때 보통 처음으로 넥타이를 매고 양복을 입는다. 그때 태헌이 어머니가 그러셨다. 넥타이가 멋져 보이냐? 그것이 '개 목걸이'다. 도망가지 못하게 만들고 돈이나 벌라는. 갑자기 국회의장이 저부터 넥타이를 매지 않겠단다. 넥타이를 푸는 까닭? 국민들에게 에너지 절약에 동참하라는 신호를 주는 거다. 왜? '원자력발전소 가짜 사건' 때문에. 원자력발전소를 운영하는데 관련자들이 짜고 값싼 가짜를 집어넣고 잇속을 챙긴 사건이다. 국회의장은 더위에 넥타이를 풀면 에어컨을 덜 틀어도 되니 전기를 아끼고, 전기를 아끼면 원자력발전소를 덜 지어도 된다는 논리다. 넥타이를 원자력발전소로 끌어들이는 이 놀라운 논리의 확대라니. 철학시간에 논리의 갑작스런 확대와 축소가 농담(유머, 개그)의 핵심이라고 배웠다. 에헴 하며 국가의 중요한 결정을 해대는 국회의장께서 언론에 나와서 아무렇지 않게 농담을 던질 일인가, 우리는 웃어 주어야 하는가, 넥타이를 풀어야 하는가? 난감하다. 노타이에 캐주얼 차림으로 국회의원 선서하던 유시민에게 '여기가 감히 어디라고?' 버럭버럭하던 사람들이. 설마 개 목걸이 같은 넥타이 풀고 슬쩍 도망가려는 것은 아니겠지? 따지고 보면 옷도 제 맘대로 입지 못하는 사람(?)들이 무엇인들? 아무튼, 원자력발전소에서 돈 빼먹는 놈은 따로 있는데 에너지 절약해야 하는 사람 따로 있어서 낯설다.

눈이 휘둥그레지고 머리가 어지러운 일 터지면 아이에게 보이면 된다. 아이의 눈으로 보면 어지러운 일 쉽게 풀어질 때 많으니까. 안데르센의 동화 '벌거벗은 임금님'에서 재봉사는 '어리석은 사람에게는 보이지 않는 옷'을 만들어 임금님에게 입힌다. 물론 거짓말이요 가짜다. 모두가 어리석지 않은 척하느라 옷이 멋지다고 말한다. 보이지도 않으면서. 임금님까지도. 보인다고 하면 어리석은 놈이 되니까. 그러나 아이가 제 말을 한다. '임금님이 벌거 벗었다'고. 우리나라에 수첩을 좋아하는 임금님이 계셨다. 어떤 사람은 가짜 임금이라고 하는 수첩 임금. 그 앞에서는 아무도 말하지 않고 수첩을 꺼내 임금님의 말씀을 받아 적기만 한다. 모두가 임금님을 따르는 척하려고. 쩨쩨한 '이명박의 꼼수 시대'를 지나니 먹먹한 '박근혜의 가짜 시대'가 찾아왔다. 부끄러워서 차마 아이들에게 보이지도 못하겠다. 그래도 아이들에게 진실을 보이고 물어야겠다.

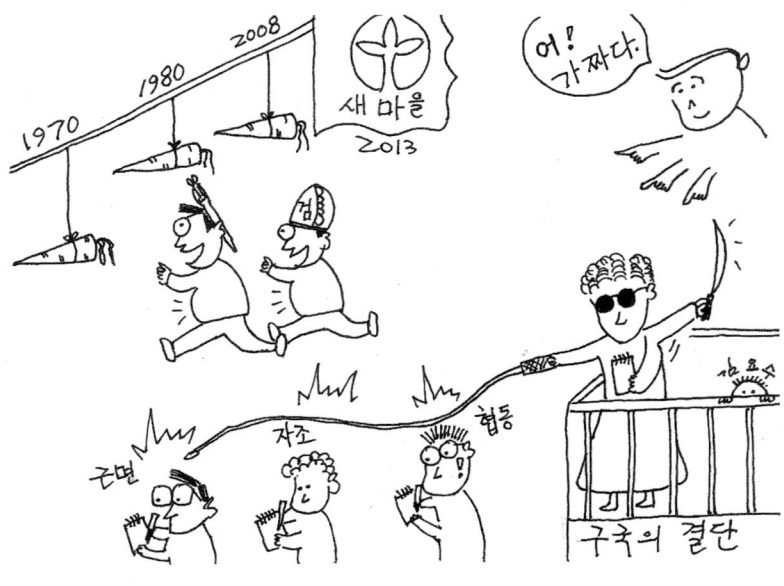

　　*을지문덕의 살수대첩: 612년 수나라가 100만 대군을 이끌고 고구려를 침범했을 때 을지문덕 장군이 살수에서 물리친 엄청난 승리.

*강감찬의 귀주대첩: 1018년 거란이 고려를 침범했을 때 강감찬 장군이 귀주에서 물리친 어마어마한 승리.

*이순신의 한산도대첩: 1592년 왜나라가 침범했을 때 이순신 장군이 바다에서 물리친 기가 막힌 승리.

*3당 합당: 쿠데타로 집권한 전두환 세력이 물러날 즈음 6월 항쟁 속에서도 전두환의 친구인 노태우가 집권에 성공했다. 그러나 민주화 요구와 군사정권 청산 요구는 계속되었고, 1988년 13대 국회의원 선거에서 집권당은 과반수 확보에 실패했다. 이에 민주정의당을 이끄는 노태우 대통령과 김영삼의 통일민주당, 김종필의 신민주공화당이 '구국의 결단'이라며 합당을 했다. 내각제 개헌 밀약이 있었는데 국민들은 '야합'이라고 불렀다. 야합(野合)은 부부가 아닌 사람끼리 들판에서 그 짓을 하는 말인데 좋지 못한 목적으로 서로 어울릴 때 쓴다. 3당 야합의 덕택인지 노태우 다음으로 김영삼은 대통령에 당선된다.

*3부 요인: 입법, 사법, 행정을 대표하는 3사람. 곧 국회의장, 대법원장, 국무총리를 3부 요인이라고 규정하며 대접했다. 마치 3권이 분리된 듯 당시의 3부 요인들은 대접을 받았으나 역할은 하지 않았다.

*유시민: 1959년 경북 경주 출생. 심인고 서울대 졸업. 16, 17대 국회의원. 44대 보건복지부 장관. 쓴 책 <부자의 경제학, 빈민의 경제학>, <거꾸로 읽는 세계사>, <청춘의 독서>, <유시민의 글쓰기 특강>, <어떻게 살 것인가>, <그가 그립다>, <후불제 민주주의>, <국가란 무엇인가>

15. 속 보인다 속 보여
- 지금은 누리고 '다음'은 없애겠다고? -

그들만이 누릴 수 있는 것이 '특권'이다. 사람들을 행복하게 만들었거나 나라를 빛낸 사람들!! 그들에게만 특별히 준다. 특권을 줄 때는 많은 사람들이 '공감'해야 한다. 공감? 남의 생각이나 느낌을 자기도 옳다고 맞장구치는 일이다. 국회에서 '특권 내려놓기' 법을 만든단다. 그러니까 그동안 국회의원들이 사람들을 행복하게 만들었거나 나라를 빛냈다고 스스로 생각해서 '특권'을 누리고 있었다.

국민들이 공감해서 특권을 누리고 있었을까? 그건 전혀 아니다. 아무튼, 그것을 내려놓겠다고 '법'을 따로 만든단다. 그런데 '지금' 국회의원은 계속 누리고 '다음' 국회의원부터 특권을 없애겠단다. 없애는 것도 아니고 살짝 줄이는 것이지만. 지금 국회의원은 사람들을 행복하게 해주고 나라를 빛내서 쏙 뺐고, 다음 국회의원은 그럴 리 없다는 뜻이겠다. 아무리 자기 배부르면 '떵호와' 시대라지만.

서로 살기 좋게 만든 것이 규칙이고, 규칙을 어기는 것이 '반칙'이다. 국회의원이 특권을 갖는 일은 '서로'가 아니라 '그들만' 살기 좋게 만드는 일이므로 규칙이 아니고, 반칙이다. 반칙? 영어 좋아하는 사람들은 '파울'이라 한다. 축구에서는 일부러 반칙을 하거나 예의에 어긋나면 '옐로카드'를 내밀어 경고를 주고, 경고 받은 사람이 다시 그런 짓을 하면 '레드카드'로 경기장 밖으로 몰아낸다. 축구에서조차도 잘못을 두 번 하면 쫓아낸다는 뜻이겠다.

'특권'을 누리는 국회의원이 엔엘엘(북방한계선)로 고시랑거린다. 그것도 두 번씩이나. 고시랑거린다? 못마땅하여 군소리를 좀스럽게 자꾸 한다는 뜻이다. '군소리'는 세 가지 뜻이 있는데 하지 아니하여도 좋을 쓸데없는 말(군말), 잠이 들었을 때 꿈결에 하는 말(잠꼬대), 몹시 앓을 때 정신없이 하는 말(헛소리)을 가리킨다. '좀스럽다'는 보잘것없이 작고 못나고 쩨쩨하고 쥐뿔같다는 뜻이다. 국회의원들이 군소리를 좀스럽게 고시랑거리는 짓은 다 지들 먹고 살자고 하는 짓이지 설마 국민들을 행복하게 해주고 나라를 빛내려는 짓일까? 그들이 잘못된 정보와 잘못된 이해력으로 그렇게 떠들면 정작 알아야 할 일들 감춰지는 경우가 많다.

칼을 차고 저울을 들어서 술 얻어먹고 여자도 얻은 사람? 감췄다. 칼과 저울은 검찰의 상징이다. 대통령 모시고 외국 갔다가 할 일 모르고 술 먹고 얼싸절싸 여자 속치마 구경하려다 들통 나서 혼자 집으로 줄행랑친 사람? 숨었다. 줄행랑은 삼십육계나 뺑소니의 다른 말인데 갑자기 몰래 달아나는 짓이다. 여자 대통령도 허수아비처럼 가짜로 만들 수 있는 댓글의 사나이? 가렸다. 남이 시키는 대로 하는 사람을 허수아비나 꼭두각시라고 하는데, 왜 '허수각시'나 '꼭두아비'라는 말은 없는지 모르겠다. 특권을 내려놓겠는데 다음부터 내려놓겠다고 어물쩍거리는 사람들? 파묻혔다. 국회의원은 국민의 대표로서 나랏일을 잘 하는지 살피는 자리다. 초등학교 사회책에 나왔다. 특권 누리는 자리라는 말은 없다.

'생활의 달인'이라는 프로그램이 있다. 열정과 노력으로 오랫동안 한 가지 일을 하여 어느 경지에 이른 사람들의 이야기다. 보기만 해도 깜짝 놀라운 기술, 물론 있다. 소박하지만 평생을 통해 최고가 되기까지 감동을 준다. '우와' 하면서 어리둥절하다가 '어쩜' 하면서 치켜세우다가 '그래'하며 고개를 끄덕인다. 그리고 그들의 삶이 존경스럽기까지 한다. 그런 사람들 자주 언론에 나와서 힘든 사람들에게 힘도 주고 보통 사람들에게 채찍질도 주면 좋겠다.

특권을 누리지 않고 반칙도 하지 않으면서 제 몫을 해내는 사람들, 어찌 견주리오마는 지질한 국회의원보다 훨씬 낫다. '지질하다'는 보잘것없고 변변하지 못하다는 뜻이다. 하는 짓이나 생각이 올바르지 못하면 '찌질하다'고 많이 쓰는데 표준어는 아니다. 참되고 올바른 달인은 높은 자리든 낮은 자리든 '완장' 찼다고 목소리 높이지 않는다. 완장? 국립국어원이 '팔띠'로 바꾼 말이다. 얼버무려 자기 잇속만 챙기는 '눈 가리고 아웅'의 달인들은 국회를 함부로 기웃거리지 말고 정말 '일상생활의 달인'으로 사시라.

개그콘서트라는 프로그램에 '달인'이라는 꼭지도 있었다. 김병만은 아무나 흉내 낼 수 없는 일을 시치미 뚝 떼고 아무렇지 않은 체 한다. 그리고 능청스럽게 웃음을 뽑아낸다. 달인만이 할 수 있는 일이다. 달인? 안타깝게도 일본에서 온 말이라고 한다. 우리말로는 명인이나 고수가 있겠다. 유홍준은 〈나의 문화유산 답사기〉에서 '인생도처유상수(人生到處有上手)'라며 '상수'라는 말을 썼다. 아무튼, 곳곳에 명인이나 고수, 상수, 그러니까 '달인'들은 텔레비전에 많이 나와서 우리에게 꿈과 감동을 주면 좋겠다. 공무원의 머리와 손발을 묶고 언론의 입을 막으면서 '행정의 달인'이라 말하는 사람은? 아, 개그콘서트!(요 대목에서 나만 느끼는 사람 있다. 촉이 뛰어난 사람도 안다.)

*엔엘엘(NLL, 북방한계선): 1953년 '김일성 전쟁'이 끝나고 대한민국과 조선민주주의인민공화국 사이에 설정된 해상경계선. 사실상 남북 해상 군사 분계선.

*칼을 차고 저울을 들어서 술 얻어먹고 여자도 얻은 사람: 김학의

*대통령 모시고 외국 갔다가 할 일 모르고 술 먹고 얼싸절싸 여자 속치마 구경하려다 들통 나서 혼자 집으로 줄행랑친 사람: 윤창중

*여자대통령도 허수아비처럼 가짜로 만들 수 있는 댓글의 사나이: 원세훈-1951년 경북 영주 출생. 서울고 서울대 졸업. 행정고시 합격. 서울 강남구청장. 서울특별시 행정부시장. 행정안전부 장관. 국정원장.

*생활의 달인: 서울방송(SBS)의 텔레비전 프로그램으로 오랫동안 한 분야에서 열정과 노력으로 일하여 '달인의 경지'에 이르게 된 사람들을 소개한다. 삶의 이야기가 진실하게 담겨있다. 개그맨 김병만은 '개그 콘서트'라는 프로그램에서 이 프로그램을 패러디하여 아주 힘든 일을 코미디로 만들어 보여주었다.

*행정의 달인: 2014년 광주광역시장에 출마한 강운태가 내건 슬로건.

16. 발등에 오줌 누는거?
- 콤플렉스를 다스려야 막장 드라마 막는다 -

 시험 기간인데 선미가 울면서 왔다. 성적이 비슷한 수지가 공부할 책을 숨겼단다. 수지는 선미가 공부를 못하게 하여 선미를 이기려고 했나 보다. 수지의 마음이 바르지 않다. 나쁜 수지. 선미엄마는 그깟 일로 우냐고 소리를 빽 질렀다. 달래주지 못하는 선미엄마의 성격이다. 얌전하고 키 작은 선미는 더 서러웠다. 선미는 괘씸한 마음이 떠나지 않아 시험을 망쳤다.

 겨울에는 계형이가 선미의 실내화를 뺏어 신고 다녀서 선미는 울었다. 선생님께 예쁨 받는 선미에게 질투가 나서 골탕 먹이려고 그랬나 보다. 계형이의 하는 짓이 나쁘다. 나쁜 계형. 선미아빠는 너도 똑같이 해주라고 부추겼다. 착하고 마음 여린 선미는 더 속상했다. 선미는 눈치 보느라 추위보다 훨씬 떨며 살았단다. 선미가 동무들의 짓거리가 싫고, 어머니, 아버지의 말씀이 생뚱맞다며 말해 주었다.

 말도 안 되는 어이없는 일이 일어나는 연속극을 사람들은 본다. 시청자들은 욕을 하면서도 끝까지 본다. '막장 드라마'라고 한다. 뜻밖에도 그러한 일은 사람 관계 속에서 자주 보인다. 선미는 연속극과 줄거리만 다를 뿐이지 제 삶이 '막장 드라마'를 겪고 있는 느낌이라 했다. 수지와 계형이는 자신도 모르게 '막장 드라마'를 찍고 있는 것이다. 선생님이나 어머니, 아버지는 짜증을 넘어 억울하고 힘겨운 막장 드라마를 이끌어가는 꼴이다. 텔레비전을 투덜대며 보면서 어쩌면 우리가 그렇게 산다. '현실은 소설보다 더 잔인하다'는 말처럼.

막장? 광산에서 갱 안에 뚫어놓은 길 가운데 막다른 곳을 말한다. '막장 드라마'는 지하 수백 미터 막장에서 목숨 걸고 땀 흘려 일하는 사람들의 이야기가 아니다. 막장이란 말이 '갈 데까지 간 참을 수 없는 상황'이란 뜻으로 바뀌었으니까. 막장에서 일하는 사람이나 식구들은 '막장 드라마'란 말을 들을 때마다 얼마나 가슴이 아플까. 입에 담기조차 싫은 일들이 되풀이되는 연속극을 보면서 사람들은 삐뚤어진 가치관을 갖게 되고, 또 그런 사람들이 많아지면서 사회가 조금씩 곪아간다. 상식도 벗어나고 인간 존엄 또한 내던져 버린다. 우리는 그것을 즐기고 있는 것이란 말인가, 슬프다. '막장 드라마'라는 말부터 '곪은 드라마'라고 바꿔 불러야 맞다.

나폴레옹은 키가 작은 것이 늘 마음에 걸렸다. 그래서 지나치게 사람들을 지배하려 했고, 공격하여 못살게 하려는 마음이 자랐다. '나폴레옹 콤플렉스'다. 수지와 계형이는 선미를 다스리려고 못살게 구는 짓거리를 했다. 수지와 계형이가 선미를 다스리지 않고 그 마음을 다스리도록 어른들이 도와주어야 한다.

기숙사 사감 선생님은 원칙을 철저하게 지키려고 하는데 그 원칙에는 자기방식이 매우 세게 들어간다. 기숙사에서 자기가 가장 높은 자리에 있으니까. '사감 콤플렉스'다. 어른들은 똑같이 해주거나 무시함으로 응어리를 풀려고 한다. 선생님이나 어머니, 아버지는 이야기를 차분하게 들어본 뒤 서로 아끼고 도와서 아이들을 더 크게 자라도록 이끌어야 한다.

제갈공명은 무엇이든 논리를 바탕으로 이성으로만 세상을 풀어내려고 했다. 그래서 상황이나 감정이 끼어들지 못했다. '제갈공명 콤플렉스'다. 선미가 제 일을 착실하게 해내면서도 미처 넓은 세상을 바라보지 못한 것은 어른들이 너그럽지 못한 세상을 꾸며서다. 어른들이 먼저 즐겁게 살고, 서로 북돋우며 살아서 모범이 되어야 한다.

콤플렉스? 지금 하는 짓이나 말 또는 느낌에 영향을 미치는 마음이다. 보통 누구보다 더 못하다는 생각이 스며있는 '열등감'쯤 되겠다. 누구하고 부딪히고 다투기를 싫어하는 '부처 콤플렉스', 무엇이든 하면 된다고 우쭐대는 '슈퍼맨 콤플렉스', 내 인생을 순간 화려하게 바꿔줄 남자를 기다리는 '신데렐라 콤플렉스', 자신을 너무 사랑해서 자신밖에 모르는 '나르시스 콤플렉스', 사랑 때문에 조국이나 식구들도 버리는 '낙랑공주 콤플렉스', 나는 늘 희생만 하고 사니 칭찬만 받으려는 '착한 사람 콤플렉스', 아버지를 무척 좋아해서 어머니마저 죽이고 싶은 '엘렉트라 콤플렉스', 어머니를 너무 사랑해서 아버지마저 질투하는 '오이디푸스 콤플렉스'. 콤플렉스의 종류를 적어보니 우리나라 정치인들 하나씩 떠오른다.

콤플렉스를 잘 다스려서 막장으로, 아니 곪은 사회로 가지 않아야 할 텐데. 선미야! 꿋꿋하게 자라라.

*나르시스: 그리스 신화에 나오는 아름다운 소년. 에코의 사랑을 받아들이지 않은 벌로 물에 비친 자기 모습을 사랑하다가 물에 빠져 죽은 뒤 수선화가 되었다.

*낙랑공주: 낙랑이란 나라에는 적이 침입하면 저절로 울리는 북[자명고-自鳴鼓]이 있었다. 고구려의 호동왕자를 사랑한 낙랑의 공주는 자명고를 몰래 찢는다. 고구려는 낙랑을 치고, 낙랑의 왕은 딸을 죽인 뒤 고

구려에 항복한다. 고려 때 김부식이 쓴 삼국사기에 나오는 이야기다.

*엘렉트라: 그리스신화에서 아가멤논의 딸 엘렉트라는 아버지에 대한 집념과 어머니에 대한 증오가 대단하다. 엘렉트라의 아버지 아가멤논은 10년 동안의 트로이전쟁을 마치고 귀국한 날 밤에 바람 난 아내와 아내의 남자에게 죽는다. 엘렉트라는 동생 오레스테스와 함께 어머니와 어머니의 남자를 죽여 복수한다.

*오이디푸스: 그리스 신화에서 태어나자마자 버려져 남의 손에서 자란 오이디푸스는 친아버지를 친아버지인 줄 모르고 죽이고, 친어머니인 줄 모르고 친어머니와 네 아이를 낳고 산다. 뒤늦게 이 사실을 안 친어머니는 자살하고, 오이디푸스는 스스로 눈을 찔러 봉사가 되고 외롭게 떠돌며 산다.

17. 재주는 곰이 넘고 돈은 되놈이
- '전기부족' 외치는 권력, 지들은 에어컨 안 켜겠지? -

겁나 덥다. 옛날처럼 부채 들고 버틴다. 나라에서 전력이 부족하다니 선풍기 틀기도 무섭다. 전기 끊어져 나라가 전쟁터처럼 될까 걱정되니까. 보통 국민들 마음은 그렇게 작디작다. 작지만 함께 걱정하는 마음 얼마나 큰가! 혼자 편하자고 문 꼭꼭 닫아 에어컨 켜고 긴 팔 옷 입는 놈들? 곳곳에 있다. '나만 아니면 돼'라고 외치고 다닌 강호동 때문일까? 설마 씨름선수 출신 코미디언이 돈 많고 권력 쥔 놈들의 사상을 지배했을까? 나만 편하면 다른 사람들이야 걱정할 필요가 없다는 요즘의 대한민국 아젠다를 이끄는 가짜 철학자나 어설픈 지도자가 있었겠지. 없나?

조금만 일해도 진땀 난다. 진땀? 몹시 애쓰거나 힘들 때 흐르는 끈끈한 땀이다. 우리나라 사람들은 일을 하면 진땀 나게 하는 부지런한 국민이다. 책상에 앉아 머리나 굴리면서 이래 볼까 저래 볼까 하지 않고, 뒷짐이나 지고 이래라저래라 하지 않는다는 뜻이 숨어있다. 할 수 없이 선풍기 틀었다. 틀면서도 어쩌면 내가 선풍기를 트는 참에 전국의 전기가 뚝 끊길까 걱정도 했다. 속 좁아서가 아니다. 하도 나라가 죽는 소리를 하고 언론들은 퍼 나르니까, 에어컨은 생각지도 못하고 선풍기만 틀어도 나라가 휘청거려 정말 죽을 것 같아서다. 잘사는 분(?)들이 조금만 아끼면 못사는 사람들은 그 '조금'으로도 겁나 넉넉하게 살 수 있다는 생각이 잠시 든다. 언제부터 나라가 시킨 일에 주눅이 들었지? 주눅은 힘을 펴지 못하고 움츠러드는 일이다. 설마 강호동이 외칠 때부터? 아니면 박 대통령 때부터? 아, 여기서 박 대통령은 중국에서 패션을 뽐낸 박근혜 대통령을 말하는 것이 아니니 '대통령모욕죄' 꺼내지 마시라.

   부채를 부칠 때는 몰랐는데 선풍기를 트니 두 손으로 일할 수 있다. 일도 많이 할 수 있으니 만든 것을 잘만 팔면 곧 강호동처럼 '나만 아니면 돼'를 외칠 수도 있고, 중국 가서 한복 입고 돌아다니며 나라를 빛낼 수도 있겠다. 돈이 많아져 사람들이 부러워하고 우러러보면 권력도 쥘 수 있겠다. 권력을 쥐면 전기가 부족하다고하니 국민이 바라지 않는 일이지만 마음대로 원자력발전소도 빵빵 세워볼까나? 이명박 전 대통령 말대로라면 원자력발전소 이거 돈이 된다는데. 돈 벌어서 땅이 부족하면 땅에 투자하고, 세금이 많으면 조세피난처에 맡기면 되듯이. 조세피난처! '조세'는 국가가 강제로 거두는 세금이고, '피난'은 전쟁처럼 재난을 피하여 멀리 옮겨가는 것이다. 가진 놈들은 세금까지도 피난을 시키는데 없는 분들은 제 몸 하나, 제 자식 하나 먹이기도 팍팍하니 언감생심 '피난'이라니. '조세피난처'라는 이름도 가진 놈들이 보았을 때 그렇지, 없는 분들이 보면 '조세도피처'인데 왜 언론들은 말하나부터 가진 놈 편에 서서 말하지? 언론들도 가졌으니까 그런가 보다.

생각이 여기까지 오니 더욱더 '화가 난다~'. 에휴, 땀에 절인 옷을 바꿔 입는다. 에어컨 틀고 싶은 마음 굴뚝같다. 비싼 돈 주고 에어컨을 사서 벽에 붙여 놓고 감상만 한다. 봐서 화가 치밀고, 놔두니 자리만 차지하고 쓸모없다. 마치 완장 찬 권력이나 재벌이나 언론처럼. 차라리 홍성담의 '출산그림'을 걸었더라면 경례라도 붙이고, 이제 시를 쓰지 않겠다는 안도현의 '연탄불'을 걸었더라면 함부로 차지 않겠다고 다짐이라도 할 텐데. 음, 박노해의 '아프리카' 사진도 좋겠다, 모래폭풍 쓸고 간 자리에 원망도 없이 씨앗 뿌리는 모습을 오래오래 생각하며 더위라도 잊게.

부채를 들었다가 선풍기를 틀었다가 해도 땀은 줄줄 흐르고 땀에는 먼지가 앉아 때가 된다. 쉬는 참에 때를 손으로 살짝 민다. 더럽다. 소리쳐도 대답 없듯 부질없는 짓이다. 강호동이가 아니니까 대답 없겠지, 아니면 내가 너무 넓은 벌판에 서 있어서 메아리가 없는 것인가. 어떤 놈들은 국회의원이랍시고 양복저고리 하나 벗는데 마치 나라를 구한 것처럼 헤헤거리는 모습이 뉴스거리라고 언론에 떡하니 나오는데, 쎄(혀) 빠지게 허리 숙였다 폈다 일해도 시원한 물 한 잔 얻어먹지 못하고 떡하니 엎어져만 있다. 일 저지른 놈들은 '원전마피아'처럼 끼리끼리 시원하게 살고, 일 당한 분들은 농사짓고도 끼니 걱정하며 가난에 갇힌다. 일하고도 빼앗긴 일본강점기가 떠오른다. 이것이 바로 덤터기로구나, 덤터기.

그나저나 이놈의 풀들은 왜 이렇게 자고 나면 뻣뻣하니 올라올까? 하도 징그러워 지엄하신 대통령 말씀을 따라 강호동처럼 외쳤다. '이노~옴! 셀프 개혁하여라!' 옆 밭에서 고추 따던 아줌마가 혼잣말한다. 그걸 들어버렸다. '별 미친놈 다 보겠네'. 이래저래 미치겠다.

*홍성담: 1955년 출생. 목포고 조선대를 나온 풍자 화가. 자기 뜻대로 세상을 살지 못하는 사람이 불쌍해서 '출산하는 그림'을 그렸다. '세월오월'이란 작품에서는 박근혜를 허수아비로 표현하기도 했는데 광주비엔날레에서 작품전시를 거부당했다.

*안도현: 1961년 경북 예천 출생. 원광대 국어국문학과 졸업. 대구매일신문에서 '낙동강'으로 시인이 되었다. 박근혜가 대통령에 당선되자 '박근혜가 대통령인 나라에서는 단 한 편도 시를 쓰지 않겠다'며 절필 선언. '너에게 묻는다'는 그의 시에 '연탄재 발로 함부로 차지 마라/ 너는 누

구에게 한 번이라도 뜨거운 사람이었느냐'는 대목은 시를 잘 모르는 사람도 외우는 대목이다. 쓴 책 <바닷가 우체국>, <전봉준>, <백석평전>, <나는 당신입니다>, <그리운 여우>, <연어>, <열흘 가는 꽃 없다고 말하지 말라>, <그 작고 하찮은 것들에 대한 애착>, <시와 연애하는 법>, <관계>

*박노해: 1957년 전남 함평 출생. 본명 박기평. 선린상고 졸업. 섬유·화학·금속·정비·운수 노동자. 1984년 100만 부쯤 팔린 그의 첫 시집 <노동의 새벽>은 노동자의 목소리가 되었고, 한국사회와 문단의 큰 소용돌이를 일으켰다. 남한사회주의노동자동맹(사노맹)을 주도하였다고 무기징역형을 선고받고 복역하다가 8년 만에 출소. 작품집 <참된 시작>, <사람만이 희망이다>, '과거를 팔아 오늘을 살지 않겠다'며 세계의 빈곤 지역과 분쟁 현장을 돌며 평화운동을 전개하는 사진가. '생명·평화·나눔'을 내건 '나눔문화' 활동. 박노해라는 이름은 '박해받는 노동자의 해방을 위하여'란 뜻이라고.

18. 윗물이 맑아야
- 태환아, 넌 진짜 화끈해. 내현아, 넌 참 똑똑해 -

　태어날 때 '응애응애'로 인사를 한다. 영어로는 '우얼우얼(waul waul)'한단다. 태어날 때 어떻게 인사했는지 기억하는 사람 없겠지만 그렇다고 김흥국처럼 '아, 응애에요'하지는 않았겠다. 말을 막 배운 아이들은 '아빠', '엄마'하고 부르는 것으로 반가움을 나타낸다. 반갑지 않으면 고개를 돌려 모른 척한다. 글을 배우면서부터는 '안녕하세요?' 한다. 안녕? 탈 없이 좋으냐는 물음이다. 입에선 술술 나오는데 어쩐지 이 말이 나는 아직도 낯설다. 회사에 나가면, '어뤤지' 좋아하는 사람들, '굿 모닝' 하거나 '좋은 아침!' 한다. 이건 입에서 구르지도 않아 껄끄럽고 억지스럽다.

　우리나라 사람들은 낯선 사람 만나면, 인사하지도 않지만 좀체 쳐다보지도 않는다. 잘 생겼거나 쭉 빠졌으면 슬쩍 쳐다보기는 한다. 아, 이름 짜한 사람은 찬찬히 본다. 간혹 산을 오르내릴 때는 낯설어도 인사하는 사람 봤다. '수고하세요'쯤 툭 던진다, 땀 흘리니까 그런가? 높은 사람이나 돈 많은 사람 만나면 말은 못하고 고개 따라 허리까지 숙인다. '예의'를 앞장 세우다 보니 인사말도 제대로 못한다. 옛날에는 '진지 잡수셨어요?' 했다. 끼니 때우기 힘들 때였으니까.

인사? 마주하거나 헤어질 때 하는 사람의 도리다. 인사만 잘해도 천 냥 빚을 갚는다는 말, 아차, 아니구나. '말 한마디에 천 냥 빚을 갚는다'구나. 인사말을 여러 가지로 해보면 어떨까, 헤아려봤다. 높은 사람 앞에서 주눅 들지 말고 '어제는 누구를 칭찬하셨나요?' 물어보고, 돈 많은 사람이더라도 어깨 쭉 펴고 '어제는 몇 끼니 드셨어요?' 묻고 싶다. 산에 오르면서는 '윗 공기는 더 맑습니까?'라고 인사하고, 내려오면서는 '산신령이 출장 가서 안 계시데요' 해보고 싶다. 잘 생기거나 쭉 빠진 사람이면 씩 웃으며 엄지손가락이라도 들어주고, 회사 문을 열면 '김태희가 온 줄 알았네'라고 던져보고 싶다. 받아만 준다면! 이제는 쩔쩔매지 않고 받아 줄 때도 되지 않았나?

앞에서 그렇게 인사말 하려면 늘 좋은 마음을 가슴에 두게 되지 않을까? 얼굴 보자마자 '거~참, 더럽게 생겼네'라고 할 수는 없는 일이니까. 마주 보고 인사말 하고 나면 뒤에서 쑥덕거릴 일도 없다. 앞에서 이야기했는데 굳이 뒤에서 '성질 참 고약하네' 할 까닭 없다. 말 붙이지 못하고 뒷소리하는 사람 있긴 하지만. 마주 보는 사람에게 좋은 말을 하려면 그 사람을 잘 살펴야 한다. '살핀다'는 관심이고 '관심'은 이해이니 오해할 일 없겠다. 인사말 하나 바꾸어도 멋진 하루가 되지 않을까?

인사는 사람을 어느 자리에 앉히고, 무슨 일을 맡긴다는 뜻도 있다. '인사는 만사(萬事)', 그러니까 사람만 잘 쓰면 일이 잘 풀린다는 말로 쓰이는데, 이 말은 옛날부터 있었던 익은말(속담)도 아니고 격언도 아니다. 인기는 있으나 머리 나쁜 어느 정치인이 '머리는 빌려 쓰면 된다'는 말에서 비롯했지 싶다. 이 말은 요즘 '인사는 망사(亡事)'로 바뀌었다. 인사를 잘못하여 망신살이 무지갯살 뻗치듯 뻗치는 것을 비꼬아 말했다.

나라에서는 '성접대'와 '성추행'을 높은 자리에 앉혔다. 감히 나랏일을 술집처럼 하려 했을까. 술에 술 탄 듯 물에 물 탄 듯. 이 익은말(속담)은 말이나 몸짓이 주책없고 또렷하지 않다는 뜻이 있다. 또 아무리 해도 본바탕은 조금도 변하지 않는 것을 말한다. 어느 과학관에선 '공무원 자녀'를 골라 뽑았다. 대한민국에 옛날의 '음서제'를 끌어오려 했을까. 음서제(蔭敍制)는 고려나 조선 때 공신이나 고관의 자녀를 시험 치르지 않고 관리로 뽑던 제도다. 어느 과학관을 빼고는 이런 일 없겠지? 사람이 주인이라는 민주의 나라, 대한민국이니까.

어느 정당은 경찰 간부를 혼꾸멍(?)낸 사람이 국민대표를 한다. '귀싸대기'는 있는데 때린 사람도 맞은 사람도 없다지만. 29만 원밖에 없어 추징금을 못 내는 죄인을 철통같이 지키는 경찰을 감히 혼내다니. 어느 정당은 여기자 앞에서 음담패설을 한 사람이 국민대표를 한다. 서부 총잡이가 죽고, 붕어빵이 타고, 처녀가 임신을 한 것에 공통점이 있다는데, 서울대학교를 안 나와서인지 사법시험 합격을 안 해봐서인지 알 수가 없다. 아무튼, 있다니, 찾아보시라. 이런 싸가지 없는 몇 사람 빼고는 이 땅에 이런 사람 없겠지? 사람으로서 당연히 갖는 인권을 중요시하는 인권의 나라, 대한민국이니까.

어쨌든 눈꼴시고 눈꼴사납고 눈꼴틀리는 일 없으려면 인사말부터 바꿔보자. '태환아, 넌 진짜 화끈해!', '내현아, 넌 참 똑똑해!'

*김흥국: 1959년 서울 출생. 1984년 '호랑나비'란 노래와 쓰러질 듯 비틀거리는 춤으로 전국을 떠들썩하게 만든 가수, 솔직하면서도 무식한 입담으로 30년째 인기를 받고 있음. 축구를 좋아하고, 유행어로 '아, 응애에요'와 '들이대'가 있음.

*김태환: 1943년 출생. 경복고 연세대 졸업. 아시아나항공 부사장. 금호피앤비화학 사장. 17, 18, 19대 국회의원(구미시을). 2013년 6월 새누리당 국회의원 3~4명과 이성한 경찰청장 등 경찰 수뇌부 여러 명이 서울 여의도 국회 앞 한 음식점에서 회식을 하는 도중 국회의원 김태환이

경찰청 간부의 태도가 마음에 들지 않는다고 뺨을 때리고 모욕적인 발언을 했다고 아시아투데이가 보도했다.

*임내현: 1952년 출생. 경기고 서울대. 대검찰청 공판송무부장. 법무연수원장. 19대 국회의원(광주 북구을). 2013년 7월 기자(남 3, 여 4)들과 술자리에서 성희롱 농담을 했다.

19. 발등 찍혔어, 발등!
- 꼼수로 이룬 성공? -

　터졌어. 큰비가 내려서 둑이 터진 것이 아니라 일이 터졌어. 사람이 주인이라는 민주도시라는 곳에서. 사람의 맘을 알아준다는 인권도시라는 곳에서. 서로 믿고 오붓하게 사는 평화도시라는 곳에서. 어디냐고? 빛고을 광주. 뭔 일이냐고? 공문서 위조! 공무원이 공문서를 위조했대. 시민들은 석 달이 지나서야 알았어. 아는 사람은 모른 척했고, 모르는 사람은 그냥 몰랐어. 왜? 잘못한 사람들(공무원)은 스스로 입을 닫았고, 알려줘야 하는 사람들(기자)마저 스스로 손을 묶었으니까.

　문서에는 사문서와 공문서가 있대. 사문서는 개인끼리 권리나 의무, 또는 사실을 증명하는 문서. 이것을 거짓으로 쓰면 벌 받아. 가짜문서를 보고 집을 샀다면? 미치고 뒤집어질 일이지. 덜 먹고 아끼고 아껴서 모은 돈 날렸다면 억울해서 날밤을 새고, 속병이 나. 술로 달래다 술병이 나기도 해. 스스로 목숨을 끊는 사람도 있어. 무섭지? 공문서는 나랏일 하는 문서. 나랏일을 하는데 가짜로 했다? 도덕과 상식과 원칙, 그 어떤 말을 들이대도 일어나서는 안 될 일이야. 그런데 일어났어.

말없이 팔꿈치를 툭 치기만 해도 얼마나 어이없는지 알겠네. 팔꿈치를 툭 쳐? 주섬주섬 말하지 않아도 호들갑 떨지 않아도 뭔 말인지 안다는 뜻이지. 아는 티를 내자면 넛지(nudge)라고 해. 말없이 끄덕끄덕? 마음을 잘 알아서 할 말이 없는 것이지. 휴, 그게 선거 때 행정달인이라며 외치고 당선된 시장의 짓이라고? 맞네, 맞어. 행정의 달인이 아니고서야 하얀 대낮에 나라의 녹을 먹는 공무원이 그런 짓을 할 수가 없지. 입에 붙어 있던 말을 꺼내어 한마디 툭 던지는데 핑계네. '달인'처럼 착착 해내었구나. 수단과 방법을 가리지 않고.

남이 가지고 있는 물건만 보고도 척척 꿰뚫어 알아내는 힘, 또 잘난 티를 내자면 스눕(snoop)이라고 해. 보고 듣기만 해도 끄덕끄덕? 무엇을 했는지 어떻게 꾸몄는지 안다는 뜻이지. 헤, 세상에나 공문서로 공무원이 사기를 쳤는데도 아무렇지도 않다고? 맞네, 맞어. 나쁜 짓이라고 느끼지 못했다니 나쁜 짓거리 한두 번 한 게 아니야. 잘못을 되풀이해서 저지르다 보면 잘못인 줄 모르거든. 그보다 약한 못된 짓은 엄청나게 많았다는 짐작을 해도 될까? 그게 늘 있던 '관행'이라고? 잘못된 짓거리가 되풀이되면 '관행'이 아니라 '폐습(나쁜 버릇)'이라고 하지. 그리고 다시는 해서는 안 되는 짓거리야.

실무자의 실수? 실무자가 아무도 모르게 혼자서 했다고? 실무자가 시장이야? 혼자서 결정하게. 그리고 공문서를 혼자만 써서 보내나? 실무자만 탁 자르면 되는 줄 아나? 꼬리 자르기지. 미안하다? 고쳤으니 괜찮다? 도둑질했다가 들통나니까 되돌려 주고 괜찮다고? 누가 그렇게 법 해석을 잘 하는고? 미안하니 용서해 주라고? 힘든 겸손을 꺼내어 그 틈에 우아 떨고 자빠졌네. 엉뚱을 끌어다 잘못을 덮으려 하네. 유니버시아드 대회에 정부 지원을 안 하는 것이 나쁘다? 그것이 지역 차별이다? 억지를 부려서라도 정부 지원을 받으면 그것이 좋은 일이고, 지역 차별이 아니겠네. 이미 지난 일을 왜 꺼내서 문제를 일으키냐고? 지난 잘못은 스리슬쩍 넘어가도 되는 일이야? 물타기군.

어, 꼬리를 자르면서 우아 떨고, 눈초리를 모아 모아서 오히려 저놈들이 잘못이라고 덮어씌워? 이거 어디서 많이 본 것 아니야? 아, 꼼수로구나, 꼼수! 쩨쩨한 수단이나 방법인 꼼수. 지난 이명박 정권 5년간 겪어 익숙한 일이군. 그걸 그렇게 배워서 이렇게 써 먹네. 나라의 넘버 투, 그러니까 국무총리가 사인을 했는데, 보지도 않았구나. 떨려서 안 봤을까, 가소로워 안 봤을까. 국무총리가 사인을 해도 보지 않는데, 시민들의 말을 들었겠어, 글을 읽었겠어?

언젠가 도둑질했는데 도로 갖다 놓으면 도둑이 아니라고 빡빡 우기던 사람도 있었는데, 그도 나랏밥을 먹었지, 아마. 때렸는데 다 나으면 때린 것, 아니야? 그럼, 한번 맞아 볼 거야? 치료해 줄 테니? '성공한 쿠데타'는 벌을 줄 수 없다고 슬그머니 말을 던진 사람, 그도 나랏밥을 먹었지, 아마. 사람들 억지로 끌어다 일 시키고 삯 떼먹어도 성공하면 땡이야? 그럼, 사람 잡아다가 돈 벌어 봐? 성공하면 봐 줄 거야? 성공했으니 괜찮아? 좋아 죽겠어?

공무원만 덤터기 쓰는 거였구나. 공무원들 억울하겠어. 그러니까 시장이 나서서 '사랑하는 동지 여러분'이라고 하지. 동지? 뜻을 같이 한 사람. 공문서 위조를 같이 한 꼴로 만드네. 멀쩡하니 있다가 갑자기 '한통 속' 되어버렸네. 이런 것을 '공범'이라고 하나? 물귀신 작전까지 꼼수 부리던 사람들과 똑같아. 공천만 하면 낙하산이 내려오는 이 땅, 낙하산 훈련장이 되어버린 이 땅 광주에 해병대 투입 한번 해? 귀신 잡으라고?

아무리 잘못을 해도 성공이 먼저네. 선생님들이 그렇게 가르쳤을까? 설마~. 다투어 꼭 이기라고, 수단과 방법을 가리지 말라고. 그런 선생님들 없을 거야. 그런데 교육감은 이를 환영한대. 교육감? 아, 교육의 우두머리. 그 사람이 꼼수로 이룩한 성공을 환영한대. 교육감도 우리가 뽑았고, 시장도 우리가 뽑았어. 이를 어쩐다? 내년까지 기다리는 수밖에 없어? 우리가 도를 닦는 수밖에 없어? 밥으로 입을 막고, 술로 눈을 가리는 어느 펜대(기자)가, 아니 요즘은 자판을 때리니, '딱딱이'라고 해야 하나, 간은 두고 다녀도 뇌는 두고 다니지 말아야 하는데, 하면서 혼잣말 하더라고.

아무튼, 도덕이 무너지면 선생도 못 알아보고, 아비도 못 알아본대.

*세계수영선수권대회 공문서 위조 사건: 광주광역시는 2012년 10월 국제수영연맹(FINA)에 세계수영선수권대회 유치의향서를 제출했다. 유치의향서 가운데 정부의 재정지원 보증 서류에 김황식 전 총리와 최광식 전 문체부 장관의 사인을 위조했다. 정부와 문체부는 2013년 4월 FINA의 현장 실사 과정에서 위조 사실을 확인했고, 광주시는 위조 서류를 파기한 뒤 일부 내용을 수정해 FINA에 최종 계획서를 제출했다. 정부는 당시 강운태 광주광역시장에 대한 검찰 고발방침을 전달했다. 광주광역시는 '실무자의 실수'라고 핑계 댔다.

*넛지(nudge): 팔꿈치로 살짝 찌르거나 가볍게 민다는 뜻을 가진 영어. '똑똑한 선택을 이끄는 힘'이라는 부제를 단 '넛지'라는 책도 있다.

*스눕(snoop): 기웃거리며 다닌다거나 살금살금 돌아다닌다는 뜻을

가진 영어. '상대를 꿰뚫어 보는 힘'이라는 부제를 단 '스눕'이란 책도 있다(샘 고슬링이 쓰고, 김선아가 번역했다).

*성공한 쿠데타는 처벌할 수 없다: 1994년쯤 광주민주운동연합 사람들은 전두환, 노태우 등 35명을 '내란 및 내란목적 살인' 혐의로 서울지검에 고소한다. 공안 검사 장윤석은 '5·18 진압 등 일련의 행위는 헌법질서를 바꾼 고도의 정치 행위로서 법적 판단의 대상이 될 수 없다'며 이른바 '성공한 쿠데타는 처벌할 수 없다'는 말을 남긴다. 그 뒤 장윤석(1950년 출생. 경복고 서울대 졸업)은 고향인 경북 영주에서 17, 18, 19대 국회의원을 지낸다. 장윤석의 말이 있은 뒤 오랫동안 패러디가 끊임없다. 도둑질했는데 도로 갖다 놓으면 도둑이 아니다, 위조지폐는 맞지만, 화폐로 인정하지 않을 수 없다, 축구에서 반칙은 했지만, 골은 인정한다, 컨닝은 했지만, 합격을 취소할 수는 없다. 도둑질은 나쁜 짓이지만 도둑질한 물건은 도둑놈의 것이다, 을사늑약은 절차상 문제가 있었지만 이에 근거한 일제 식민통치는 정당하다, 대리시험 본 건 잘못이지만 합격은 유효하다, 악법도 법이지만 불법도 법이다, 성공한 대리투표는 무효화할 수 없다, 성공한 국민경선조작은 공천장을 받는다.

20. 오리 새끼 길러 놓으면 물로 간다
- 암행어사는 시를 짓고 광주시민은 한숨짓고 -

개구리 소리 잦아들고 매미 소리 우렁차다. 여름이 막바지에 이르렀다는 뜻이다. 옛날에는 다듬이소리, 아이들 웃음소리, 글 읽는 소리, 이 세 가지를 기쁜 소리라고 했던가. 모두 사람이 살아가는 소리다. 요새는 빨래해서 또닥또닥 다듬이질할 일 없고, 이기라고만 가르치느라 아이들에게 웃음마저 빼앗았고, 시끄럽다고 난리 치니 글도 소리 내어 읽지 못한다. 나는 시원한 물가 그늘에 앉았다. 사람들은 더위 멀리한다고 이름 짜한 곳으로만 몰려다닌다. 더위 쫓는다면서 더위를 쫓아다니는지 품('폼'의 우리말) 잡으러 다니는지 모르지만. 아무튼, 동네 구석의 후미지고 으슥한 곳이라도 내 몫이 되어 좋다.

오늘은 물가 그늘에서 춘향전을 꺼내 들었다. 글씨가 큼지막해서 잘 넘어간다. 어려운 낱말은 따로 풀어놨고 소리내기 좋게 가락도 맞추었다. 있음 직한 이야기를 자연에서 끌어다가 사람 일에 붙이니 알기 쉽고, 말하는 것처럼 써진 글과 설명을 해주는 말이 갈마드니 따분할 새가 없다. '갈마들다'는 서로 번갈아든다는 뜻이다. 거기에다 깨달음이나 슬기를 버무려두어 얻어 담을 것도 많다. '이 책을 어머님께 바칩니다'고 쓴 까닭을 알겠다. '어머님'

은 남의 어머니를 높여 부를 때나 돌아가신 내 어머니께 쓴다. 살아계신 내 어머니를 '어머님'이라고 쓰지 마시라. 얼른 돌아가시라고 비는 꼴이니까.

이 도령이 춘향을 꼬드기고 사랑으로 노니는 대목은 감칠맛이 난다. 업음질을 하자며 '흐르릉 흐르릉 아웅 어루는' 대목에서는 침이 꼴딱꼴딱. 헤어지며 눈물 섞어 술잔 가득 부을 때는 눈이 그렁그렁. 만남이 그렇고 헤어짐이 그런 것이로구나. 삶을 한 번쯤 되돌아볼 때 새로 온 사또가 수청을 들라는 대목에 이르렀다. 이럴 때는 책을 잠시 덮어두고 중얼거려도 좋다. 사랑해야 세상이 보이고, 세상을 보아야 사랑한다. 그러니 사랑하자. 웃음 속에 넋두리가 있고, 넋두리 속에 웃음이 있다. 그러니 웃자. 옷이 땀에 젖어 척척한데 더운 줄 몰랐고, 매미가 그렇게 불렀는데도 들리지 않았으니 더위 따위 잊을만했다. 여기까지는.

드디어 춘향전 하이라이트. 잔칫날이다. 사또는 사람들 부르고 춘향이는 수청을 거부한다. 왜? '층암절벽 높은 바위 바람 분들' 안 무너지고, '푸른 솔과 푸른 대나무 눈이 온들' 변하지 않으니까. 광주는 바르셀로나에서 세계수영대회를 부르고, 정부는 지원을 거부한다. 왜? 공문서를 위조했으니까. 좀 쉬운 말로 공갈쳤으니까. 암행어사는 시를 짓고 광주시민들은 한숨짓는다. 금준미주천인혈(金樽美酒千人血-수영대회 유치하는 돈 수십억 원은 시민들의 피땀 어린 세금이요) 옥반가효만성고(玉盤佳肴萬姓膏-수영대회 여는 돈 수백억 원도 백성들의 피땀 어린 세금이다) 촉루낙시민루락(燭淚落時民淚落-알 수 없는 경제효과 숫자로 셀

때 서민들은 침 발라 천 원짜리 세고) 가성고처원성고(歌聲高處怨聲高-유치축하 노랫소리는 콩고물 얻어먹는 사람만 높이 부른다). 여기서 '유치'는 수준이 낮거나 서툴다는 뜻이 아니고 행사를 끌어들였다는 뜻이다.

드디어 탐관오리(貪官汚吏)는 봉고파직(封庫罷職)한다. '탐관'은 백성의 재물을 탐내어 빼앗는 관료이고, '오리'는 행실이 깨끗하지 못한 관리다. 탐관오리는 자기 잇속을 챙기려고 권력을 휘두르고, 오리고기 좋아하는 사람(?)들은 그 아래에서 눈치껏 챙겨먹는가 보다. '봉고'는 창고를 막는다니까 돈을 막는 일이고, '파직'은 악정을 행하던 수령의 직을 그만두게 하는 일이다. 창고를 막지 않으면 80년 광주를 짓밟고 넓은 이마에 '정의'를 반짝이던 놈처럼 29만 원밖에 없다면서 계속 행세를 한다. 여기서 몰랐던 대목, 그동안 봉고파직 '시킨다'고 알았는데 그게 아니다. '본관은 봉고파직하라'고 암행어사가 분부하고, 탐관오리가 스스로에게 '봉고파직이오'라고 말한다. 제 잘못을 스스로 깨달아 제 입으로 자신을 파직한다는 말이다. 거, 참, 말 된다. 지금도 이 절차가 있으면 참 좋겠다.

춘향전을 읽다가 '공문서 위조'가 어른거려 덥다. 마른장마라 그런지 더 덥다. 한줄기 소나기가 몹시 그립다. 광주 언론들은 '님을 위한 행진곡'이나 '홍어 거시기'로 인터넷이 뜨거울 때 입에 거품 물었다. 공문서 '위조'로 낯이 뜨거운데 입을 닫았다. 휴가 가셨나? 국정원 국정조사 때 휴가 떠난 국회의원들처럼. 왜 그럴까? 먹어봐야 맛을 안다고? 아, 이것이 바로 '행정의 달인'들만 한다는 시민들을 위한 더위 사냥 특강이로구나! 더우니까 열불 내서 다스리라는 이열치열(以熱治熱)? 탐관오리가 어디 따로 있겠는가? 춘향이 보고 침 질질 흘리고, 남의 주머니와 제 주머니 흘낏거려 챙기면 그게 바로!!

　*금준미주천인혈(金樽美酒千人血): 좋은 술잔에 담긴 기가 막힌 술은 수천 백성의 피요

　*옥반가효만성고(玉盤佳肴萬姓膏): 번쩍 그릇에 담긴 기가 막힌 안주들은 백성의 피눈물!

　*촉루낙시민루락(燭淚落時民淚落): 촛농 방울방울 떨어질 때마다 백성 눈물 뚝뚝 떨어지고

　*가성고처원성고(歌聲高處怨聲高): 노랫소리 높은 곳에 속 터지는 소리도 높다

21. 한강에 화풀이하시나?
이승만 박정희 티셔츠면 괜찮았을까?

머리를 숙였다. 누가? 4대강 사업을 몰아붙여 온 강물을 푸르게 (?) '녹색성장' 시킨 이명박 씨가 잘못했다고 국민 앞에 머리를 숙인 것이 아니다. 80년에 광주사람들에게 총을 쏘고 칼을 휘두르고도 비싼 그림 사 모으며 떵떵거린 전두환 씨가 잘못했다고 머리를 숙인 것도 아니다. 사납고 모질었던 왜놈들에게 목숨 걸고 나라 찾으려고 싸운 독립운동가에게 '테러리스트'라고 말한 녀석들이 머리를 숙인 것도 아니다. 끔찍하고 진저리나는 왜놈들에게 성노예로 끌려가 삶이 망가뜨려 진 사람들을 '자발적 창녀'라며 짖어댄 놈들이 머리를 숙인 것은 더욱 아니다.

전홍범 광주보훈청장에게 강운태 광주광역시장이 고개를 숙였다. 꾸~벅. 보지는 않았지만, 이 정도면 아마 허리를 90도쯤 숙였으리라. 뭔 사건 때문에 고개를 숙였는지 뒤에 나오니 서둘러 궁금해 하지 마시라. 산성 수돗물 사건, 짜고 친 총인시설 비리사건, 사기당한 갬코 사건의 경우에도 이렇게 처절하게 고개를 숙이지는 않았다. 시청이 압수수색 당하여 사과를 하고도 '시장 흔들어 무슨 득 있나'라며 떳떳했던 시장이었으니까. 공문서를 위조해서라도 세계수영대회 유치를 해 놓고 잡혀갈까 얼마나 떨었으면 금

p. 111

방 고개를 숙였을까. 아마 사기당했을 때보다 더 떨렸는지도 모른다. 그런 데다가 정부가 세계수영대회에 돈을 보태주지 않는다니 속까지 뒤집어졌겠다. 그러니 정부 쪽 사람이라면 누구의 바지라도 붙들고 싶은 그 마음 간절했겠다. 누가 눈짓만 해도 허리가 숙어지고, 누가 고갯짓만 해도 졸졸 따라가고 싶었겠다. 그런데 국가기념행사인 광복절 행사에서 광주보훈청장이 잘못을 딱 꼬집어 주었으니 이런 고맙고 황공무지할 일이 어디 있겠는가. 바로 숙이고 어서어서 따라야지.

그렇다 하더라도 이건 쫌 그렇다. 다른 것도 아니고 나라를 되찾은 날을 기뻐하며 무대에서 합창단과 '함께' 노래했다면서. 다른 사람도 아니고 아이들과 무대 위에서 '같이' 춤췄다면서. 놀 때는 좋았겠다. 무대 아래에 있던 민형배 광주광역시 광산구청장도 '벅찬 흥으로 춤추고 뛰었다'고 페이스북에서 말했으니 그 분위기 정말 엄청났겠다. 무대 위에서는 시장이, 무대 아래에서는 (구)청장이, (보훈)청장 앞에서 춤추고 뛰어다녔으니 이거 엄청난 굿이었겠다. 다른 (구)청장들은 가만 계셨을까? 이거 홍대 앞 클럽이 부러웠겠는가, 수영대회 유치 확정이 되던 바르셀로나가 아쉬웠겠는가. 그러나 하나 잊고 있었던 모양이다. 어디나 시샘하고 강짜 부리는 사람 있다는 것을. 옆집 아저씨 눈에는 아이들과 노래하고 춤추는 강 시장이 '주책바가지'로 보였던 모양이다. 어쩌면 민 청장이 더 눈꼴사나웠는지도 모른다. 아마 그 사람 내년에 어디 선거에선가 큰 자리를 노린 속셈이었는지도 모르고. 말은 크고 점잖게 '국가기념행사 취지에 맞지 않는다'고 했다. 무엇이?

감히 국가기념행사인 광복절에 양복도 군복도 아니고 티셔츠를 입고 설쳤으니 전홍범 광주보훈청장 눈에는 겁나게 거슬렸겠다. 티셔츠에 이승만, 박정희가 그려진 것도 아니고, 김구가 그려졌더라도 아심찮할 판에 '체 게바라'가 그려져 있었으니 오죽 했을까. 체 게바라는 대체 누구이기에 우리나라 사람들뿐 아니라 세계 사람들까지 옷에다 그 얼굴을 넣어서 입을까. 혹시 전홍범 광주보훈청장은 체 게바라가 누군지 모르는 것은 아닐까, 아니면 단순하게 한국 사람이 아니라는 것 때문에 광복절에 어울리지 않다고 한 것일까, 아니면 체 게바라에 대한 '외상성 신경증' 그러니까 트라우마가 있는 것은 아닐까. 무릇 국가기념행사라 하면 일본 강점기 때 다카키 마사오(한국이름 박정희)처럼 혈서를 쓰지 않더라도 충성을 맹세했어야 했나, '충~성!'하고 크게 소리 지르면서.

미리 뭔 옷 입는지, 무슨 노래 부르는지, 사전검열이 필요했는지도 모르겠다. 마치 유신 시대처럼. 박정희의 정수장학금을 받고 박정희 정권의 틀을 잡고 박정희 정권에서 출세하여 지금 대통령 비서실장이 된 김기춘도 있는데 사전검열쯤이야. 그리고 강운태 시장도 참 그렇다. 아이들과 함께 노래하고 춤출 거면 아이들에게도 티셔츠 한 벌씩 사주지, 몇 푼이나 든다고 아이들에게 티셔츠 값을 받고 그랬을까. 세계수영대회 유치하러 바르셀로나 함께 간 사람들에게는 엄청나게 해 줬더구만. 아이들이 아무리 투표권이 없다고 입을 싹 씻나 그래? 통 큰 줄 알았더니, 쪼잔하게.

*산성 수돗물 사건: 2012년에 광주광역시 시민 중 66%인 80만 명에게 수돗물을 공급하는 용연정수장에서 화학약품인 응집제(PAC)를 10배 이상 투입해 산성 수돗물이 공급된 사고. 사나흘이 지나서야 강운태 시장이 사과하고 재발 방지를 약속했으나 '소 잃고 외양간 고치는 꼴'이라고 시민들이 혀를 참. 수억 원 어치의 물을 버렸고, 수십만 명이 불편했으나 아무도 책임지지 않음.

*총인시설 비리사건: 2011년 하수오염처리시설인 총인처리시설 입찰비리는 광주시 개청 이래 최악의 뇌물사건으로 불린다. 공무원, 교수, 업체 관계자 등 28명이 서로 뒷돈을 주고받아 법의 판결을 받았다. 재판부는 '국민의 막대한 혈세가 투입되는 공공 공사에서 유리한 수주 결과를 얻으려고 학연, 지연 등 동원 가능한 모든 인맥과 정보를 동원해 계획적이고도 조직적으로 로비가 벌어진 점에서 비난 가능성이 높다'고 말했다.

*갬코 사기사건: 강운태 광주광역시장 시절 3차원 입체영상 변환 기술을 미국에서 도입하는 과정에 한미 합작 투자법인 '갬코(GAMCO·문화콘텐츠 투자 법인)'가 투자금 등 모두 106억 원을 사기 당한 사건.

*아심찮하다: 괜찮은데 뭔가 마음에 걸리고, 고맙기는 한데 미안하기도 하다는 모호한 감정을 나타내는 전라도 말.

*체 게바라: 의대를 졸업했으나 사회의 병을 고치는 혁명의 아이콘. 피델·라울 카스트로 형제랑 쿠바에서 바티스타 정권을 무너뜨리고 혁명을 성공시켰다. 제국주의를 몰아내고 라틴아메리카를 하나로 통합하려는 꿈을 가지고 있었다. 볼리비아 혁명 당시 볼리비아 정부군에 사로잡혀 총살당했다(39살). 별 하나가 그려진 베레모를 쓰고, 짙은 눈썹에 먼 곳을 바라보며 덥수룩한 머리를 한 사진이 널리 알려졌다.

*김기춘: 1939년 경남 거제 출생. 경남고 서울대 졸업. 25살에 검사가 되었고 박정희의 유신헌법을 만들어 영구집권을 도왔다. 검찰총장(1988~1990년)과 법무부 장관(1991~1992년), 15, 16, 17대 경남 거제 국회의원. 노무현 대통령 탄핵심판 소추위원을 지냈다. 1975년 재일교포 유학생 간첩 조작사건을 만들었고, 1992년 김영삼 대통령 후보를 지원하는 초원복집 사건('우리가 남이가' 사건)을 불법 도청 사건으로 몰아 법을 피했다. 2015년 이명박 정부 때 자원외교 비리 사건으로 자살한 성완종의 금품제공 명단에 있었으나 무혐의 처분을 받았다. 박정희의 딸인 박근혜 대통령 비서실장을 지냈다. 마음에 들지 않는 문화계 사람들에게 불이익을 주는 '블랙 리스트'에 간여한 일 등으로 재판에 넘겨졌다.

22. 배운 도둑질
- 국정원, '유신 시대'로 되받아치기 -

"국정원, 정확한 명칭 국가정보원, 국정원은 국가의 안보를 지키라는 것이지 한 정권을 위해 일하라는 것이 아니다. 내가 낸 나랏돈으로 월급을 받으며, 지키라는 나라는 안 지키고 나라 지키려 목숨 바친 사람을 모욕하고, 민주화를 기리는 사람까지 죽이고 싶다고 댓글을 달았다. 하루 1건 정보보고 해야 하기에 신문을 보고 베껴 올리고, 할 일이 없으니 앞장서서 민주주의를 훼손한다. 나라의 근본이나 흔들면서 1조 원의 세금을 쓰며 범죄행위나 하는 국정원 해체하라. 국정원 없어도 나라 안보에 아무 이상 없다"

이렇게 굽힘 없고 거침없이 말한 사람은? 서화숙! 한국일보 기자다. 살아있는 언론인이 있어 국정원이 하는 일과 쓰는 돈을 꼼꼼하게 밝혔다. 나치가 누구냐? 그들만의 공화국을 만드는데 방해가 된다고 유대인, 가톨릭, 민주투사를 잡아다 죽였다. 잔인한 방법으로 생체실험도 했다. 나치만 특별하다며 생명과 존엄을 훼손하는 그런 행위가 다시는 일어나지 않도록 독일에서는 나치를 표방만 해도 처벌한단다.

"원세훈 전 국정원장이 말한 '마지막 공직생활이라는 각오' 앞에는 '부서장들은 이 정권하고 밖에 더 하겠어요?'라는 말이 있다. 원세훈은 2010년 지방선거를 앞두고 야권 후보들의 당선을 막아야 한다면서, 당선되고 나면 '그땐 판사도 아마 적이 돼서… 다 똑같은 놈들일 텐데'라고 말했다. 2011년 원세훈은 '인터넷 종북좌파 세력을 다 잡아 우리가 청소해야 한다'고도 말했다. 2012년 원세훈은 '종북좌파들의 진보정권 세우려는 시도를 저지해야 한다'고도 했다"

이렇게 발표한 곳은 검찰, 그 어마어마하고 무시무시하다는 검찰이다. 검찰은 원세훈을 '구체적 근거 없이 무차별적으로 종북 딱지를 붙이는 신종 매카시즘'이라고 비판도 했고, '적이 아닌 국민을 상대로 여론심리전을 편 반헌법적 행위에 대해 엄중한 처벌이 필요하다'라고도 덧붙였다. 그래서 원세훈은 엄중한 처벌을 받을까? 우리나라 법은 그럴 수 있으나 그 법을 해석하는 분(?)들은 그렇지 않을 수 있다. 법 해석은 '엿장수 맘대로'니까.

댓글 달기가 '대북심리전'이라던 원세훈 님, 당황하셨어요? '도망 안 간다'고 말하며 풀어달라고 떼쓰는 원세훈 님을 보고 저도 많이 당황했어요. 골목길에서 아이들이 놀이하는 것도 아닌데. 간첩 잡으려고 미끼로 댓글 썼는데 국정원 직원이 걸려서 많이 놀라셨죠? 어떤 도움도 받지 않았고, 선거에 활용한 적도 없다고 했는데, 검찰 조사 결과 종북좌파 '청소'와 진보정권 '저지'가 나와서 저도 많이 놀랐습니다. 니 지금 나랑 장난 똥 때리니? 방첩업무와 심리전을 적이 아니라 국민에게 하니? 감방 신입이, 너 지금 뭐하니, 이래 가지고 밥 빌어먹고 살겠니? 이건 아니 되는 것 같으니, 다른 방법을 생각해 보자. 알겠니?(개그콘서트에서 개그우먼 이수지 님이 조선족 말투를 흉내 내는 말이다, 웃기려고) 아, 감방에 가만있으면 밥은 공짜로 먹겠구나.

이렇게 몰리던 국정원, 드디어 되받아치기를 했다. 그런데 되받아치는 무기가 유신 시대 때 쓰던 거다. 내란예비음모죄. 유신? 국가재건을 위해 '구국의 결단(?)'을 내려 그들만의 공화국을 만들고 방해가 되는 민주투사를 가두거나 잡아다 죽였다. 아무리 유신의 따님이 대통령이 되었고, 유신으로 칭칭 감싼 김기춘 님이 비서실장이라고, 이러면 막 나가자는 것 아닌가? '내란'은 정권을 차지할 목적으로 벌이는 큰 싸움판인데, 정권 얻으려고 대통령 선거 출마한 일을 내란이라고 말하는 것은 아니겠지. '예비'는 미리 갖추거나 마련하는 것인데, 딱 특정 정권을 지키려고 국정원이 한 일이 바로 예비음모구만. 여기서 '음모'는 거시기에 난 털이 아니라 몰래 흉악한 일을 꾸미는 일인데, 그거 혹시 원세훈이 한 일 아니야? 이거 뒤바뀐 것 아니야? 하기야 국민과 적도 구별 못 하는데.

그래도 내란예비음모죄는 통할 것이다. 느낌 아니까(이 말은 개그콘서트에서 개그우먼 김지민이 높낮이를 조절하며 하는 말투다, 웃기려고). 국가기간시설 파괴와 인명살상 방안 모의, 이렇게 검찰이 중간수사발표라고 슬슬 흘리면, 와우, 이게 웬 떡이냐? 하면서 방송, 종편, 조중동(조선일보 중앙일보 동아일보를 싸잡아서 부르는 말)은 밤낮없이 나팔 불겠지. 색색으로 화려하게 간첩조직도 크게 만들고, 간첩으로 의심되는 사람들 친척, 이웃들 인터뷰하고. '어머, 그렇게 착한 사람이 그런 줄 몰랐어요'. '겉만 보고는 알 수 없다니까요'. 그리고 서너 달 동안 떠들다가 불꽃놀이 화약이라도 발견되면 이걸로 원자력발전소를 폭발하려 했다든가, 부산 촛불 집회에 나타난 박근혜 대통령 지지자의 선원용 신호총도 요인암살을 하려던 것을 빼앗아 왔다든가. 의심과 추측 속에서 국민들은 덜덜 떨며 눈도 마주치지 못하고 서로를 의심하게 되겠지. 거치적거리던 몇 솎아내고, 촛불 끄고, 시끄럽던 입들도 막아 가라앉히고. 상상력이 풍부했나? 아니다. 개그콘서트가 현실에 찾아와 적용되는 경우다.

그러고 나면 어이없는 일이 생겨도 묻힌다. 전·월세를 못 내겠으면 은행에서 빚을 내서 집을 사라든가. 말도 안 되는 일들 또 되풀이된다. 조현오처럼. 조현오? 높은 자리에서 더 높은 사람에게 잘 보이려고 헛소리하다가 잡혀갔다. 그런데 무죄를 선고해 달라고 빌었다. 짠하게 보이려고 그랬을까? 아니다. 국민통합을 위해서 무죄를 선고해 달라면서 빌었다. 여기서 나는 '비굴'이란 말이 떠올랐다. 비굴? 용기나 줏대가 없이 남에게 쉽게 굽히는 일을 말한다. 자기가 무죄를 받으면 국민통합이 이루어진다고 생각하는가보다. 이 또한 개그콘서트에나 나올법한 이야기다. 어쩌면 저들은 대한민국을 온통 개그콘서트 장으로 만들고 싶은 모양이다. 그런데 웃을 수 없는 노릇이다. 현실은 힘 있는 놈들이 이끄는 쪽으로 흐르기에 십상이니까.

*서화숙: 1960년 강원도 화천 출생. 숭의여고 한국외국어대 졸업. 한국일보 기자. 시원시원한 논리와 말솜씨로 이른바 부정과 불의를 시원하게 혼 내주는 사람. 쓴 책 <민낯의 시대>, <누가 민주국가의 적인가>, <행복한 실천>, <나야 뭉치 도깨비야>, <뭐 하니 뭉치 도깨비야>

*이수지: 1985년 경북 영천 출생. 예일여고 인덕대 졸업. 2012년부터 KBS 코미디언. 중국 연변 말투로 보이스피싱 흉내를 아주 잘 냄.

*김지민: 1984년 강원도 동해 출생. 북평여고 수원여대 졸업. 2006년부터 KBS 코미디언. 유행어 '느낌 아니까'.

*조현오: 1955년 부산 출생. 부산고 고려대 졸업. 경찰청장(2010~2012년). 노무현 대통령이 거액의 차명계좌가 발견되어 뛰어내렸다고 말했다가 법정 구속. 천안함 침몰 때 죽은 병사들의 유족들에게는 '소 돼지처럼 울부짖는다'고 말했다.

23. 자라 보고 놀란 가슴
- 독재 사슬에서 위로 받고 희망 찾는 사람도 있었나보다 -

한가위. 사람들과 부대끼며 살면서도 알 수 없는 그리움이 생기는 날이다. 꽉꽉한 살림에도 왠지 넉넉함을 느끼기도 한다. 초라한 삶이지만 불쑥 고마움도 떠오른다. 그리움이 시키는 대로 전화하고 만난다. 옛이야기로 웃고 떠든다. 넉넉함이 이끄는 대로 선물을 보내고 주머니에서 돈을 꺼내 나눈다. 더 잘 살자는 말도 잊지 않는다. 고마움을 따라 몸을 낮추고 마음을 푼다. 세상이 모두 귀하고 아름다울 뿐이다. 그 날이 한가위다. 예쁜 배우 한가인 아니다.

글씨를 쓰다가 '어, 할아버지 글씨와 닮았네' 못 속이는 핏줄 앞에 할아버지의 하얀 한복과 중절모가 스친다. 팥죽을 먹다가 '어, 아버님과 입맛이 똑같네' 두세 그릇 담아 같이 일하는 사람들과 나눈다, 아버님이 하셨던 것처럼. 생각이 막히자 몸을 움직여 방바닥을 훔치고 가구를 닦는다, '어, 어머님도 그러셨는데'. 가만있으면 아무것도 할 수 없지만 시작하면 실마리가 풀린다고 말씀하시던 어머님이 떠오른다. 조상들이 문득문득 떠오르는 날도 한가위의 한 대목이다.

박근혜 대통령이라고 다를까? 한가위가 되면 얼마나 아버님(박정희)이 그립고, 얼마나 어머님(육영수)의 은혜가 생각날까. 그 압박과 설움의 일제강점기 때 일본 임금에게 혈서를 써서 충성을 맹세해서라도 제 앞길을 헤쳐 나갔고, 남로당과 빨갱이의 가시밭길에서도 탱크를 끌고 나와 저항의 국민들을 짓밟고 자신의 길을 열었고, 거세게 앞길을 막던 민주의 항쟁 속에서도 유신헌법과 국가보안법으로 뚫고 나와 자신의 야욕을 완성했다. 그렇게 대한민국을 자신의 가문으로 만들고, 청와대를 사유화했다. 청산되지 못했던 일제강점기의 역사와 친일의 후손들이 버티고 도와준 일은 행운이었는지도 모른다. 박근혜 대통령도 온갖 시련(?)을 극복하고 우뚝 선 아버님이 몹시 그리우리라. 그 지긋지긋한 가난에 허덕이던 아이들을 육영재단으로 키웠고, 부일장학회를 가져다가(뺏었다는 주장이 많음) 정수장학회를 만들어 유능한 인재의 성장을 도왔다. 국민이 아닌 백성들이 통탄하고 한탄할 때마다 어머님은 목련과 한복으로 그들을 달래었다. 독재의 사슬에서 위로 받고 희망을 찾았던 사람들이 있어서 다행이었는지도 모른다. 백성을 토닥거려 쓰다듬은 어머님이 몹시 고마우리라.

　아이가 짓궂은 장난을 친다. 짜증이 나니 '이놈 시끼'하고 소리친다. 아이가 공부를 하다 해찰을 한다. 답답해지니 '커서 뭐가 되려고'하며 중얼거린다. 아이가 사춘기가 되어 밖으로 돈다. 어쩔 수 없으니 '하라는 공부는 안 하고' 하면서 혼잣말을 한다. 어렸을 때의 나를 쏙 빼닮았다. 아이에게 이렇게 투덜거릴 때마다 '아버지는 이럴 때 어떻게 하셨을까'를 떠올린다. 아이가 밥투정을 한다. 짜증 나니 '주는 대로 먹어'하고 윽박지른다. 아이가 친구와 다투고 들어온다. 화가 나니 '왜 사이좋게 못 지내' 하며 버럭 한다. 아이가 제 갈 길을 못 찾고 방황한다. 어쩌지 못하고 '몸이나 튼튼해라' 하며 달랜다. 역시 나를 닮았다. 아이에게 이런 말을 툭 던질 때마다 '어머니는 이럴 때 어떻게 하셨을까'를 떠올린다. 대한민국 보통 국민들의 삶이다. 박근혜 대통령도 부모가 하는 일을 보고 배웠을 것이며 부모를 닮았을 것이다.

전기가 들어오지 않을 때 켜야 할 촛불을 사람들이 들었다. 작지만 모이니까 꽤 된다. 박근혜 대통령의 눈으로 보면 불을 내려는 짓궂은 장난처럼 보이기도 하고, 살다가 해찰을 하는 듯 보일지도 모른다. 아니면 지난 이명박 정부에서도 그랬던 것처럼 백성들이 사춘기가 왔다고 생각했을지도 모르고. 그 시절엔 완장 찬 권력(?)들이 따르니 있을 수 없는 일이고, 있더라도 알아서 정리(?)를 했던 일이다. 국민들이 왜 촛불을 들었는지가 중요하지 않다. 그냥 짜증이 나고 답답하고 어쩔 수가 없다. 박근혜 대통령 역시 '위대하신 박정희 아버님은 이럴 때 어떻게 하셨을까'가 떠오르지 않을까? 긴급조치, 내란음모? 뭐, 안 그렇다면 다행이고.

대한민국이 아니라 가업(?)인 집안일을 하면서 내 사람을 쓰는데 언론들이 사람을 잘 썼네, 못 썼네, 말이 많다. 곳곳에서 말이 터지니까 듣기도 싫다. 밥투정하는 아이처럼 보이기도 하고, 밥그릇 싸움하는 어른처럼 보이기도 한다. 아니면 늘 그러는 것처럼 백성들끼리 자리다툼 하는 것인지도 모른다. 나랏일이 아니고 바로 '내 일'인데 그들이 왜 떠드는지 알 수가 없다. 그냥 짜증 나고 화가 나고 어쩌지 못하겠다. 차분하신 육영수 어머님은 이럴 때 어떻게 하셨을까? 품 안의 자식, 구관이 명관? 뭐, 간혹 젊고 정의로운 사람의 등용을 생각한다면 다행이고.

한가위라고 무덤가에서 쑥 자란 풀을 모처럼 베며 푸념한다. 아버님 닮아 팥죽 좋아하고, 어머님 닮아 몸으로 때우고 있다고. 돌아오는 길 라디오에서 "누가 거짓 폭로를 했는지 밝혀져야 한다. 나쁜 세력이 있고, 나쁜 세력의 실체는 밝혀질 것"이라는 말이 흘러나온다. 국정원 선거개입 사건을 거짓 폭로라고 하고, 나쁜 세력의 실체를 밝히겠다는 줄 알고 '드디어 정의가 오는구나' 했다. "내 생에 가장 많은 일을 했다"라고도 덧붙인다. '많은 일'이 좋은 일이었는지 나쁜 일이었는지 수식어는 없다. 그런데 이 말은 국정원 대선개입 사건에 관련된 검찰의 말이 아니라 세계수영선수권대회를 유치한 강운태 광주광역시장의 말이었다. '거짓 폭로와 나쁜 세력'은 공문서 위조를 밝힌 일을 가리키고, '내 생에 가장 많은 일'은 무얼 뜻하는지 알 수는 없으나 자기 자랑임은 뚜렷했다. 한가위에 둥실 달이 뜨면 빌어야겠다. 제발 내 자식들은 나를 닮지 말고, 정의를 닮았으면 좋겠다고. 내가 그만큼 못났다는 고백이다.

*한가인: 본명은 김현주. 배화여고, 경희대 졸업. 영화 <건축학 개론>, <말죽거리 잔혹사>, 드라마 <해를 품은 달>, <애정의 조건>에 나온 배우. 배우 연정훈과 혼인했다.

*세계수영선수권대회를 광주로 유치할 때 공문서를 위조한 서류가 드러났는데 누가 지시했는지는 밝혀지지 않았다. 80년 광주에서 5·18민주항쟁 때 시민들에게 발포 명령을 누가 했는지 밝혀지지 않았듯이. 시민들은 다만 짐작했다.

24. 북 치고 장구 치고
- 눈 가리고 입 막으니 눈치는 겁나 봐진다 -

　도배, 집을 옮긴 지 7년 되었다는 철식이가 도배를 한단다. 바깥 세상 돌아가는 꼴이 재미없어 방안 일에 마음 붙인단다. 커버린 아이가 해바라기와 구름이 있는 벽을 더는 좋아하지 않아서, 꿈을 크게 꾸라고 푸른빛을 띤 벽지를 골랐단다. 혼자 하니까 등을 기대던 빈 벽을 먼저 도배하고, 살림을 옮긴단다. 책도 하나씩 훑어보고, 쓰지 않는 것은 버리거나 나눠주니 정리도 된단다. 나도 짐을 이리저리 옮겨주고 뭣 좀 얻었다. 방 한 칸 도배에 사흘 잡았는데 벌써 열흘째라고 한다. 지난 것을 보며 돌아보고, 어떤 마음으로 어떻게 살아야 되는지 도배하면서 배운다며, 가을은 도배하기 좋은 때라고 너스레를 떤다. '도배나 해볼까'하고 먹은 마음이 철식이에게 깨달음을 이끌었다. 철식이는 짐을 줄였지만 푸짐한 가을맞이했다.

　떠남, 막내를 대학에 보낸 광철이 형은 쉬는 날만 되면 형수 손을 잡고 집을 나간단다. 책상에서만 얻어 배웠는데 이제 몸으로 느껴보고 싶단다. 아이들 키우느라 허겁지겁 지냈으니 다리 튼튼할 때 걸어 다녀보겠단다. 처음엔 알려진 곳(관광지)만 다녔는데 요즘은 행복하게 사는 사람들을 찾아다닌단다. 집에 돌아오면 정작 가득해야 할 웃음은 없고 살림만 가득하니, 살림도 줄이고 집도 줄인 뒤 기쁨으로 채워보겠단다. 그래서 나도 같이 다니자고 꼬드긴다. 한두 번 다니다가 지치겠거니 했던 형수도 재미 들려 벌써 한 달째라고 한다. 다른 사람들의 삶을 엿보며 무엇을 나누고 어떻게 쌓아야 하는지 걸으면서 배운다며, 가을은 걸어 다니기 좋은 때라고 신나서 말한다. '걸어나 볼까'하고 먹은 마음이 광철이 형에게 해야 할 일을 가르쳤다. 광철이 형은 살림을 줄였지만 넉넉한 가을을 보냈다.

가을, 하고 싶은 일도 많고 해야 할 일도 많다. 많아도 참 많다. 올해 마음먹은 일이 잘 되는지 살피고, 내년부터는 무엇을 할 것인지 다듬는다. 덜 한 일이 있으면 힘을 쏟고, 더 할 일은 새겨둔다. 누가 시키지 않아도 내 살림이니까. 허리 펴서 이웃은 어떻게 사는지 둘러보고, 고개 들어 나라는 잘 돌아가는지도 짚어본다. 안타까우면 마음 보태어 손을 내밀고, 아심찮하면 갈 길을 다시 더듬고 찾는다. 언론이 말하고 시키지 않아도 내 일이니까. 으레 책 읽기 좋은 때라고 하는데 책 읽기와 배움은 언제나 하는 것이니 새삼스럽지 않다.

때, 모든 일은 때가 있다고 사람들은 자주 말한다. 해가 뜨면 눈을 뜨고, 날이 지면 잠자리에 든다. 때가 되면 저절로 생각하게 되고 때가 이르면 스스로 하게 된다. 그 '때'를 일찍 알게 하려고 서둘러 가르치고, 그 '때'에 앞서려고 억지로 집어넣는다. 서두른다고 해를 뜨게 할 수 없고, 억지 쓴다고 깜깜하게 만들 수 없다. 지나온 날은 있으나 지나온 날 속에서 허우적거릴 수 없고, 앞날은 있으나 오지도 않은 앞날에 풍덩 담글 수 없다. 때를 기다리며 지금을 부지런히 살고, 때에 맞추어 온 힘을 다한다. 그것이 때를 아는 일이다. 산중무일력(山中無日歷), 둘레의 산이 푸르렀다 누레졌다만 볼 수 있는 깊은 산 속에는 달력이 없다. 스스로 몸을 갈고, 마음을 닦으면 때가 이른다. 수류거(隨流去), 그때 흐름을 따른다.

자기검열, 도배하는 철식이나 걷는 광철이 형은 때가 왔음을 느끼고 스스로 그 일을 한다. 2002년 대통령 선거 때 '살림살이는 좀 나아지셨습니까?' 했던 권영길 후보. '나아지는 살림살이' 라는 모임을 꾸렸다. 10년 전 대통령 후보 시절에 '살림살이 나아졌냐'고 외쳤던 구호를 말로 떠돌게 하지 않고, 직접 살펴보겠다는 뜻이겠다. 평등·평화·통일에 작은 힘들을 모아보겠단다. 요즘 말로 하면 살다가 '자기검열'을 해보는 일이다. 알뜰하고 살뜰한 자기검열이다. 그들은 이 가을에 새로운 길을 찾았다. 틀림없이 더 나아지는 삶이 되리라. 작은 실천이라도 시작해야 길이 열리니까.

엉뚱·생뚱. 엉뚱한 자기검열도 있다. 광주디자인비엔날레에서 작품을 철거했다가 다시 설치했다. 왜? '2015 광주유니버시아드 대회 남북동시 입장 기원 단일기 디자인'을 했는데 거기에서 북한 인공기가 떠오르기 때문이란다. 음마, 남북동시 입장을 기원하는 디자인이니 당연히 남과 북을 생각했을 텐데. 남한만 생각한단 말인가. 설마 '동시(同時, same time)'를 '동시(童詩)'라고 생각한 건 아니겠지? 이웃과 떡을 나누어 먹는다면서 내 몫만 챙기겠다는 것인가? 생뚱한 자기검열도 있다. 공무원들이 광복절 행사에서 자유분방한 청소년들의 역동적 퍼포먼스를 하라고 했다.

그래서 광복절 행사에 참여했던 광주시립소년소녀합창단이 체게바라 얼굴이 새겨진 티셔츠를 입었다. 공무원들은 광주시립소년소녀합창단 지휘자를 징계위원회에 회부했다가 철회했다. 공무원들의 우두머리인 광주광역시장이 무대에 함께 올라가서 어울리며 춤을 췄던 행사인데 그 일로 지휘자는 그만두었다.

예술에서 창조를 빼면 표절이고, 문화에서 어울림을 죽이면 자위행위다. '창조'를 주야장천(晝夜長川) 외치고 '어울림'을 좋아하는 강운태 광주광역시장이 할 일은 아니다. 다카키 마사오(박정희의 일본 이름)의 딸이라도 해서는 안 된다. 눈 가리고 입 막으니 이 글을 쓰는데도 눈치는 겁나 봐진다.

*권영길: 1941년 출생. 경남고 서울대 졸업. 서울신문 기자. 민주노동당 원내 대표. 17대, 18대 국회의원. 유행어 '살림살이 나아지셨습니까?'

25. 개떡같이 주무르다
- 일본 주장 '따붙이기', '민족 말살의 사명을 띤' 보수 -

"따라 한다. 일팔육구(1869), 일구오사(1954)! 헨리 마티스!" 중학교 때 미술 선생님은 교실에 들어서자마자 이 말을 십 분쯤 되풀이하셨다. 일주일에 한 번 들었던 미술 시간이었는데도 30년이 지난 지금까지 헨리 마티스가 태어나고 죽은 년도를 잊지 않는다. 자꾸 되풀이하니 이 나쁜 머리에도 새겨졌다. 나쁜 머리에 꼭 알아야 할 것을 새겨준 미술 선생님이 고맙다. 초등학교 때 '우리는 민족중흥의 역사적 사명을 띠고 이 땅에 태어난' 국민교육헌장과 '새벽종이 울렸네 새아침이 밝았네'의 새마을 노래를 외우지 않았다고 화장실 청소시킨 사람도 있었는데.

미술 교과서에 '숲'이라는 헨리 마티스의 그림이 나왔는데 나도 그릴 수 있는 것처럼 단순했다. 아직도 미술에는 까막눈이지만 한참 뒤에야 헨리 마티스가 미술계에서 큰 발자취를 남긴 사람이라는 것을 알았다. 헨리 마티스 이전 그림들은 사물을 사진처럼 똑같이 그리는 사실주의였는데 헨리 마티스가 사물을 그릴 때 테두리를 두르고 단순화를 시켰다. 야수파(포비슴)라고 한다. 강렬한 색채를 썼던 야수파는 뒤에 인상파를 만들고 추상파로 발전한다. 야수파를 배운 뒤에 자기만의 그림으로 만들어 인상파가 되고, 함께 어울려서 추상파로 발전시킨 좋은 보기이다. 일본을 섬겼던 친일파들이 독재를 만나 보수파로 진보(?)했다고 우쭐거리는 사람들도 있는데.

그 무렵 네덜란드에는 몬드리안이 있었다. 수평선과 수직선을 그리고 3원색과 3무채색만으로 그림을 그렸다. 내가 보기에는 그림이라기보다는 무늬다. 3원색은 흔히 다른 색들을 섞어도 만들어지지 않는 빨강, 파랑, 노랑을 말하고, 3무채색은 하얀색, 검정색, 회색을 말한다. '신조형주의'라고 불리는 몬드리안의 무늬 같은 그림은 지금도 옷이나 가방, 잡지에서 자주 볼 수 있다. 보기에 좋으니 굳이 따라 하라고 시키지 않아도 사람들은 따라 한다.

초등학교 미술 시간에는 신문지나 색종이를 찢거나 오려 붙여서 그림을 만든 적이 있다. 콜라주라고 한다. 콜라주는 '풀로 붙인다'는 뜻인데 입체파인 피카소가 시작했다고 한다. 그림을 잘 그리는 아이들과 달리 아무렇게나 붙여도 되고 모양이 대충만 나와도 되니까 미술 시간이 재미있었다. 선생님도 딱히 나무라지 않았고 아이들도 놀려대지 않았다. 재미있는 일은 억지로 시키지 않아도 사람들은 스스로 한다.

어렸을 때 인쇄소에서 아르바이트를 한 적 있다. 지금은 컴퓨터로 글씨를 친 뒤 인쇄를 하는데 그때는 '청타'로 글씨를 한 자씩 쳤다. 삽화는 따로 그려 넣든지 그림을 오려서 붙인 뒤 인쇄를 했다. 표준말인지는 모르겠지만 삽화 붙이는 것을 '따붙이기'라고 했다. 콜라주의 우리말쯤 되겠다.

p. 131

국어책에 흥부 이야기가 나올 때 흥부 옷 그림을 보고 깜짝 놀랐다. 흥부 옷이 콜라주처럼 짜깁기 되어있었다. 몬드리안이 마티스와 같은 시대에 활동했으니 19세기인데 '따붙이기'한 흥부 옷은 창작연대를 알 수는 없으나 조선 시대 떠돌던 이야기였으니 그보다 앞서겠다는 생각이 들었다. 아, 우리나라 사람들은 피카소가 콜라주를 만들기 전에 이미 '따붙이기'로 옷까지 해서 입을 정도였으니 얼마나 대단한가. 무구정광 다라니경(티끌 없이 맑고 빛나는 다라니경)이라는 세계에서 가장 오래되었다는 인쇄 기술뿐 아니라 디자인 세계에서도 세계에서 가장 앞섰음이 틀림없다!! 수업 시간에 그 놀라운 발견을 하고 혼자 헤헤거렸다. 선생님이 분필을 던진 줄도 모르고 웃었고, 급기야 칠판닦이까지 날아들었다. 역사의 위대함(?)을 발견한 순간, 나는 무채색이라는 하얀 분필가루를 머리카락에 뒤집어썼다. 클.

친일의 양복을 입고 독재를 '따붙이기'한 보수가 우리 아이들이 배우는 교과서에 일본의 주장을 '콜라주' 했단다. 우리 아이들이 배우는 우리 역사책에 일본의 주장을 실었단 뜻이다. '민족중흥의 역사적 사명'을 띤 사람들이 민족말살의 살육을 벌인 일본을 '따붙이기' 했단다. 이것을 어처구니없다고 해야 하나, 어리석다고 해야 하나. 아무튼 '흥부 옷' 같은 박근혜 정부다. 참, 피카소가 콜라주를 만든 까닭이 있단다. 누구든지 마땅히 해야 할 〈바른 일〉에서 비껴가면 쌀쌀하게 비웃어주고, 그 비웃음이 널리 널리 퍼졌으면 해서란다. 그러니까 콜라주를 보면 쌀쌀한 비웃음이 나오는지 모른다. 날씨도 쌀쌀해지는데 너도나도 콜라주나 해 봅시다.

26. 허울 좋은 도둑놈
- 불량의 역사 돌고 도니 국민들 돌아버리겠네 -

아리 아리랑 스리 스리랑
아라리가 났네
아리랑 고개로 날 넘겨주소.

　밀양아리랑은 이렇게 비롯한다. 밀양부사의 딸 아랑은 맵시도 고운데 마음까지 어질어 많은 사람들이 애틋함을 품었다. 지금으로 말하면 배우 김태희나 가수 수지쯤 되었나 보다. 그때 관아에서 일하던 젊은이가 아랑을 본 뒤 그리움을 누르지 못하고 아랑의 침모(針母, 남의 집에서 바느질을 해 주고 품삯을 받는 여자)를 꾀어 아랑을 불러내었다. 달구경 하던 아랑에게 젊은이는 갑작스런 사랑 고백을 했으나 아랑은 흐트러짐 없이 몰상식한 젊은이를 꾸짖었다. 뜻을 이루지 못한 젊은이의 짝사랑은 눈 깜짝할 사이에 미움으로 바뀌어 그만 아랑을 죽이고 만다. 사람들은 아랑의 죽음을 슬퍼하여 '아랑아랑'했다는 이야기다.

정든 님이 오시는데 인사를 못해
행주치마 입에 물고 입만 벙긋.

밀양아리랑에는 갑갑하고 숨이 막히는 이런 대목이 있다. 지금 '송전탑 공사'로 떠들썩한 밀양은 여느 시골처럼 주로 할머니 할아버지가 산다. 어린이는 물론이고 사람 보기도 드문 마을이다. 그곳에 3천 명이 넘는 경찰이 들이닥쳤다. 1만 8천여 명이 사는 마을이니, 주민 6명에 경찰 1명꼴이다. 그렇다면 밀양은 대한민국에서 가장 질서가 잡히고 안전하고 편안한 마을이 됐는지도 모른다. 경찰이 물샐 틈 없이 지키고 있으니까. 거기에 취재를 하거나 도움을 주려는 사람들까지 하면 거의 잔칫집처럼 북적북적 하겠다. 그런데 밀양에서는 고기를 삶고 전을 부쳐 먹는 것이 아니라 '주먹밥'을 먹는단다. 어느 할머니는 전쟁 때 피난 갈 때보다 더 자주 주먹밥을 먹는다고 말했다. 그 마음 알겠다. 1980년 5·18 광주항쟁 때의 주먹밥, 그 느낌 아니까.

날 좀 보소 날 좀 보소 날 좀 보소
동지섣달 꽃 본 듯이 날 좀 보소,

밀양아리랑에는 견디기 어렵게 애가 타는 이런 대목도 있다. 밀양아리랑은 세마치장단이어서 빠르고 씩씩하고 가쁘다. 서양 음악으로 치면 4분의 6박자나 8분의 9박자쯤 되겠다. 세마치는 대장간에서 쇠를 불릴 때에 세 사람이 돌아가며 망치보다 약간 작은 '마치'를 들고 크게 치는 일이다. 여기서 마치는 영어에서 '행진하다(march)'나 '3월(March)'이라는 뜻이 아니라 우리말 '마치(두드릴 때 쓰는 망치보다 작은 도구)'를 말한다. 지금 밀양은 세마치를 두드리고 있다. 그만큼 일이 바싹 닥쳐서 몹시 급하다는 뜻이다. 말을 들어주는 일은 놔두더라도 쳐다봐주기라도 해

달라는 소리다. 밀양은 지금 늙은 마을 사람 6명에 젊은 경찰 1명 꼴로 통제를 해달라가 아니라 보아주고 들어달라는 이야기다. 정치인들이 좋아하는 말로 하자면 밀양을 억지로 눌러서 '통치'하라가 아니라 이해를 조정하여 사람답게 살도록 '정치'를 하라는 뜻이다.

> 저 건너 대숲은 의의한데 아랑의 설운 넋이 애달프다
> 아랑의 굳은 절개 죽음으로 씻었고
> 고결한 높은 지조 천추에 빛난다,

밀양아리랑에는 세월의 자국을 더듬어 달래고, 뒷날 무엇이 옳은지를 돌아보는 이런 대목도 있다. '의의(猗猗)하다'는 바람소리가 부드럽다는 뜻이겠고, '천추(千秋)'는 오래고 긴 세월을 일컫겠다. 댓바람 소리는 지금도 부드러워서 아랑의 설움이 더욱 애달프고, 높은 지조는 오랜 세월이 지나도 빛이 난다. 아무리 정치가 국민을 위한다고 떠들면서 법의 잣대를 휘둘러도 양심과 역사는 속일 수가 없겠지. 어, 그게 아니구나. '불량한 정치'는 언론을 구슬리고 윽박질러서 깨끗한 척 양심으로 탈바꿈하는구나. 탈바꿈이란 말을 동물 세계에서 쓸 때는 '변태'라고 한다. 우리 역사도 '불량한 교학사와 불량한 이명희'에게 맡겨서 '창조의 새 역사'로 탈바꿈하려 한다. 곧 변태의 역사를 만든다는 뜻이겠다. 변태의 정치가 변태의 역사를 만든다. '새 역사 창조'라는 말을 단골 구호로 외쳤던 유신 시대(박정희 정권) 또한 탈바꿈(변태)의 정치를 일삼았고, 요즘 시대(박근혜 정권)에는 '창조경제'란 단골 구호로 탈바꿈(변태)의 역사를 일삼는다.

거기에 양심의 탈을 쓴 '불량한 언론'과 '불량한 학자'가 무성하게(?) '교학사와 이명희'를 치켜세운다. 하기야 정부는 우리나라를 침탈했거나 생체실험을 했거나 독도가 자기네 땅이라 우긴 왜놈에게도 훈장을 줬다고 하니까 이런 일쯤이야. 이렇게 하면 삼박자가 딱딱 맞아떨어지는 것인가? 끝에다 도돌이표를 달아놓으면 불량의 역사가 되풀이되고, 거꾸로 흐른 역사가 다시 돌고 돌겠구나. 돌고 도니 국민들은 아주 돌아버리겠다.

헤겔이 이렇게 말했단다. '세계사에서 중요한 인물과 역사는 두 번 되풀이 되는 경향이 있다'고. 우리나라도 그런가? 그러니까 마르크스가 여기에 덧붙여야 한다고 했단다. '중요한 인물과 역사는 두 번 되풀이 되는 경향이 있는데, 첫 번째는 비극으로 두 번째는 코미디로'. 우리나라 역사가 그렇게 흐르고 있나? 그래도 밀양아리랑에서 불리지 말았으면 하는 대목이 있다.

다 틀렸네 다 틀렸네 다 틀렸네
가마타고 시집가기 다 틀렸네
(당나귀타고 장가가기 다 틀렸네).

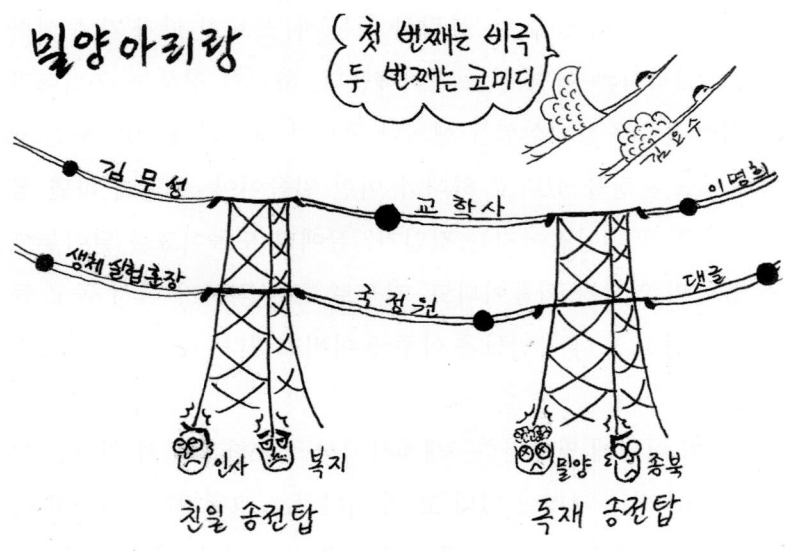

*김태희: 1980년 출생. 울산여고 서울대 졸업. 드라마 <아이리스>, <마이 프린세스>, <구미호외전>, <장옥정, 사랑에 살다>, 영화 <중천>, <싸움>, <그랑프리>에 나온 배우. 가수 비와 혼인했다.

*수지: 1994년 출생. 서울공연예술고 졸업. 노래 그룹 '미쓰 에이' 멤버. 노래 <남자 없이 잘 살아>, 드라마 <함부로 애틋하게>, 영화 <건축학 개론>에 출연하여 '국민 첫사랑'이라 불리게 됨.

*밀양 송전탑 사건: 한국전력은 765킬로볼트(kV)의 고압 송전선과 송전탑을 밀양에 세운다고 하였다. 2008년 밀양 사람은 인체 유해(백혈병)한 시설이라며 반대 운동을 했고, 반핵(원자력발전소)을 외치는 사람들을 비롯해 국민들의 관심이 집중된 사건. 2012년 이치우 씨는 반대하다가 분신하여 죽었고, 2013년 권 씨가 자살을 기도했다. 고압선의 전자파

가 백혈병 등 뇌종양을 일으키는 문제와 송전을 하려면 송전탑이 필요하다는 주장이 맞선 일이다. 드러난 까닭은 보도가 되지만 드러나지 않은 까닭은 보도되지 않았다. 정치인들은 해결하지 못했다.

*교학사와 이명희: 교학사의 국사 교과서는 일제강점기와 독재정권을 미화했다. 일제강점기가 우리나라를 근대화시켰다며 일제 식민지를 정당화 시킨 대목이 그 보기이다. 대표 집필자 공주대 이명희 교수는 1960년 경북 문경 출생, 동아고 서울대 역사교육과, 쓰쿠바 대학 졸업. 반 전교조 활동을 한 이명희 교수는 2005년 교육방송(EBS) 사장에 지원했으나 탈락했다.

*헤겔: 1770년에 독일에서 태어나 1831년 콜레라로 죽었다. 술과 친구를 좋아했고, 대립 뒤 통일(정, 반, 합)된다는 변증법을 말했다. 부패관료를 싫어해 나폴레옹 승리를 환영하기도 했고, <정신현상학>을 썼다.

*마르크스: 1818년에 독일에서 태어나 1883년 영국에 묻혔다. 싸움과 음주, 금지된 무기를 갖거나 고성방가로 한때를 보냈으나 한 번도 출석하지 않고 예나 대학에서 철학박사를 받기도 했다. 헤겔모임에서는 '사상의 창고'나 '이념의 황소대가리'라는 별명을 얻었다. '세계의 노동자들이여, 단결하라'는 공산당 선언을 했고, 엥겔스와 가깝게 지냈다.

27. 대감 죽은 데는 안 가도
- 가짜는 가짜임이 밝혀져도 뻔뻔하게 버티고 -

 '방귀쟁이 며느리'라는 동화가 있다. 참 고운 아가씨가 시집을 갔는데 방귀를 못 뀌어 뽀얗던 얼굴이 누렇게 변했다. 어여쁜 며느리가 걱정되어 시아버지가 물으니 방귀 때문이란다. 실컷 방귀를 뀌라 하자 며느리가 말했다. 시아버지한테는 가마솥을 붙들고 있으라 하고, 시어머니한테는 문고리를 잡으라 하고 며느리는 방귀를 뿡뿡 뀌어버렸다. 방귀를 멈추고 나니 시아버지도 시어머니도 날아가고 없었다. 엄청난 방귀였나 보다. 가마솥과 시아버지, 문고리와 시어머니도 날려버린 방귀였으니.

 문고리, 문을 걸어 잠그거나 여닫는 손잡이다. 이 손잡이가 없으면 드나들기가 몹시 힘들다. 아마 권력에도 이런 문고리가 있어 화장실도 안 가고 문고리를 꽉 쥐고 있는 사람도 있나 보다. 그러니까 '문고리 권력'이란 말이 생겼겠다. 권력을 만나게 해 주고 (맛나게 해주는지도 모른다) 권력에 정보를 주는 역할이 아닐까. 조선 시대에는 임금의 시중을 들거나 숙직을 맡아보던 벼슬인 환관쯤 되겠다. 요망 떨어서도 안 되고 요물처럼 굴어서도 안 되니 아마 불알 떼버린 남자들을 두었겠다. 요망(妖妄)은 방정맞고 조심스럽지 않은 것이며, 요물(妖物)은 잇속을 챙기려고 나쁜 꾀를 부리는 사람이다. 요즘 말로 들었다 놨다 하는 사람.

　임금이 한갓 백성을 알 리 없고 백성이 임금을 함부로덤부로 만날 수 없으니, 문고리 권력에 줄을 대려고 문전성시(門前成市) 이루었겠다. '문전성시'는 문 앞에 바로 저잣거리가 생긴다는 말이다. 자기 집 앞에 저잣거리(시장)가 생길 정도라니 어마어마하겠다. 문 앞에 사람들이 모여 말을 해대면 그것은 '여론'이다. 그런데 문고리 권력 앞에 어떤 사람들이 모이고, 그 무리들은 무슨 말을 씨부렁거려 여론을 만들었을까? 알랑방귀? 뭐, 초등학생쯤도 짚어볼 수 있는 일이다. 그 여론으로 '갑'이 옳다고 하면 '을'은 쫄쫄이 되고, 그 노닥거림으로 백성을 몰아붙이면 백성이 어디 산목숨이겠는가? '쫄쫄이'는 채신없이 까불기만 하는 속 좁은 사람을 일컫는다.

　고대 그리스에는 도덕과 실천을 바탕으로 묻고 찾기를 즐겨하던 소크라테스가 있었다. 그는 쇠퇴한 민주주의와 황폐해진 사회에서 여론에 휘둘려 독배를 마신다. 쇠퇴한 그리스 민주주의 여론이 도덕과 실천의 소크라테스를 죽였다. 죄목이 신성모독과 청년현혹인데, 요즘 말로 바꾸면 소크라테스는 '국기문란'과 '내란음모'를 한 셈이다.

　왕위계승 문제로 백년전쟁을 하던 프랑스에는 전쟁을 승리로 이끈 잔 다르크가 있었다. 권력을 잡으려고 영국을 돕던 프랑스 사람들은 그녀를 영국에 팔아넘겼고, 그녀는 이교도로 몰려 불에 타 죽었다. 권력을 움켜쥐려던 프랑스 기득권 여론은 나라를 구한 잔 다르크를 마녀로 몰았다. 잔 다르크는 프랑스 땅에서 영국군을 완전히 몰아내는 데 이바지했는데 '이단의 마녀'란 죄목을 뒤집어썼다. 요즘 말로 하면 잔 다르크는 '엔엘엘(NLL)을 포기'하였고, '혼외자식'인 셈이다.

1950년 미국에서는 전쟁 뒤 주도권(헤게모니)을 잡으려는 보수 강경파 매카시가, 없어서 밝히지 못한 '공산주의자'라는 여론을 만들었다. 수년 동안 반대파를 공산주의자로 몰아 공격했고, 예술계·언론계까지도 퍼져서 많은 사람이 일자리를 잃었다. 권력을 잡으려는 매카시의 울부짖음에 굶주린 승냥이 같은 여론은 눈엣가시만 보이면 공산주의자로 몰았다. 사람들은 여론재판의 공포에 떨었고, '블랙리스트'는 삶을 망가뜨렸다. 요즘 대한민국의 말로 치면 매카시는 '종북'을 외친 셈이다.

잘못된 여론의 무서운 결과들이다. 강운태 시장이 이끄는 광주광역시는 3D 영상변환(이른바 잼코 사기사건)에 투자한 70만 달러를 돌려받겠다고 소송한단다. 강운태 시장은 끄떡하면 '행복한 시민을 위하여'라고 말한다. '행복한 시민을 위하여' 속았으니까 '행복한 시민을 위하여' 돌려받으려 하는 것이겠지. 그런데 "잼코 투자를 통해 세계적인 기술력을 확보하는 등 문화콘텐츠 활성화에 나름대로 기여했다"고 말했다. 속았는데 기여해서 당황하셨어요? 강운태 시장이 외치는 말로 하자면 '광주가 창조의 중심도시'라서 창조의 생각을 떠올린 셈인가?

간혹 여론은 가짜를 내세워 진짜를 물고 늘어진다. 물고 늘어지다가 진짜가 움찔하면 싸움을 일으킨다. 가짜는 진짜인 척해야 하기에 목숨 걸고 달려들고, 진짜는 상대가 가짜니까 얕잡아 보거나 '어찌 감히'만 외치다가 가짜에게 물리고 뜯긴다. 가짜는 가짜임이 밝혀져도 뻔뻔하게 버티고, 진짜는 이미 물리고 뜯겨 아프고 그 자국은 오래 남는다. 가짜는 사회를 후퇴시키고 역사를 뒷걸음질 치게 만들어 정의를 없애려 한다. 그런 사회는 후진 사회다. 뒤떨어진 사회란 뜻이다. '후진 사회'라고 느꼈어도 할 수 없다. 크게 다르지 않으니까. 가짜 여론에서 문고리 권력의 냄새가 난다. 참, '방귀쟁이 며느리'란 동화에서 며느리 방귀에 날아가 버린 시아버지와 시어머니는 닷새만인지 엿새만인지 돌아온다. 시아버지와 시어머니는 며느리를 내쫓기로 결심하는데…….

*함부로덤부로: '함부로'를 세게(강조) 하는 말.

*엔엘엘(NLL, Northern Limit Line, 북방한계선) 포기 사건: 김일성전쟁이 끝나고, 정전협정을 반대하는 이승만 정부가 서해안에서 북한을 공격하려 하자 유엔사령부는 황해도를 공격할 수 없도록 1953년에 '서해북방한계선'을 만들었다. 지금은 대한민국과 조선민주주의인민공화국(북한) 사이에 만든 남북 해상 군사 분계선을 말한다. 18대 대통령 선거(박근혜 51.6%, 문재인 48%)를 앞두고, 정문헌 새누리당 의원(1966년 강원 고성 출생. 경복고 위스콘신 졸업. 17대, 19대 국회의원)은 2007년 남북정상회담(노무현, 김정일)에서 노무현 대통령이 북방한계선을 포기했다는 발언을 했다고 주장했으나 검찰은 김정일 위원장이 했다고 확인했다. 새누리당 국회의원 윤상현은 '포기 발언'은 없었다고 고백했다. 중요 외교문서를 집권당의 힘으로 공개하여 '외교후진국'이란 말이 들렸다. 2013년 국방부는 노무현 대통령이 북방한계선 수호 원칙 승인 사실을 확인했다. 대통령 선거는 이미 끝난 뒤였다.

*채동욱 혼외자식 사건: 채동욱(1959년 서울 출생. 세종고와 서울대 졸업. 1982년 24회 사법시험 합격)은 박근혜 정부 때인 2013년 검찰총장이 되어 국가정보원 대선개입 사건을 지휘하다가 혼외자식 논란으로 5개월 만에 사퇴했다.

*끈떡하다: '아무 생각 없이 자주'란 뜻으로 쓰이는 전라도 말.

28. 방귀 뀐 놈이
― 감추고 덮으려니 뒤죽박죽 엉망진창 ―

'생태탕'으로 이름 짜한 집 갔다. 차림표에 생태탕은 살짝 가려졌고 추어탕이 쓰윽 올라왔다. 후쿠시마 원자력발전소 폭발 사건 때문에 생태탕을 누가 찾지 않으니까. 가을바람 불자 추어탕으로 얼른 바꿨으리라. 추어탕에서 추(鰍)는 '미꾸라지 추'니까, '가을 추(秋)'로 오해 마시라. 바람이 살짝만 불어도 서민들은 풀처럼 눕는다. 힘이 없으니까. 김수영 시인은 그걸 봤나 보다. 서민을 풀에 빗대어 풀은 '바람보다 더 빨리 눕고 바람보다 더 빨리 운다'고 노래했으니까. 옆에서 생태탕 잡수는 어르신이 그런다. 나는 60 넘었으니 먹어도 돼. 나쁜 방사능이 10년 쌓인대. 10년 뒤엔 이래 죽으나 저래 죽으나 죽을 테니까. 값이 싸진 회도 실컷 먹고, 좋아하는 생선도 맘대로 먹을 라네. 젊으니까 약 오르지? 젊어서 약 오르기는 처음이다.

원자력발전소가 폭발했으나 후쿠시마가 안전하다고 아베 신조 일본 총리가 떠들었다. 일본은 2020년 도쿄올림픽까지 유치했지만 아베 신조의 그 말을 누가 믿나? 사람들은 알아서 후쿠시마 피하고 생선 멀리한다. 광우병 파동의 미국산 소고기처럼. 그 느낌 아니까. 나는 배 볼록 나온다고 요새 고기 먹는 일도 뜸한데 이제 푸성귀나 부지런히 먹어야 할 판이다. 산에 들에 저절로 나서 자라는 풀을 '푸새'라 하고, 밭에서 사람들이 몸으로 가꾸는 채소는 '남새'라 하는데, 이 둘을 한꺼번에 싸잡아 부르는 말이 푸성귀다.

신라 시대 이후로 한반도에 여왕님 나셨다. 공약에 있던 국민연금 살짝 숨기고 교학사의 '이명희 교과서' 쓰윽 올렸다. 국정원 댓글 때문에 속이 시끄러우니까 딴청 피우겠다는 건가. 날이 흐려지면 눈치 빠른 욕심꾸러기들은 미리 눕는다. 아부쟁이들은 발목까지 발밑까지 눕는다. 김수영 시인은 놓치지 않았다. 바람보다 늦게 누워도 바람보다 먼저 일어나 '빌붙고', 바람보다 늦게 울어도 바람보다 먼저 씩 웃으며 '알랑거리는' 그들이 보였을까.

국정감사에서 국사편찬위원장 유영익 어르신이 그런다. '어르신'은 어른의 높임말이다. 유영익을 어르신이라 부르기는 좀 근다. 그냥 영감탱이 정도? 아무튼, 유영익은, 이승만은 세종대왕과 맞먹는 유전자를 가졌어(이승만이 성경에 나오는 모세와 견줄 만하다고 한 적도 있다). 후진국 독재는 불가피하다네. 뭐 이딴 말들을 늘어놨다. 박근혜 정부의 평균연령은 61살이라서 10년 뒤가 중요하지 않을 테니까. 일자리가 없어 값이 싸진 학자나 언론인을 실컷 부려서 좋아하는 사리사욕(私利私慾)이나 맘대로 챙길 모양인가 보다. 늙으면 입은 닫고 지갑은 열어야 한다는 저잣거리 말이 가슴을 "탁" 친 일도 처음이다.

유영익 영감탱이를 국사편찬위원장으로 모실(?) 때 김행 청와대 대변인은 "역사를 올바르게 정립하는 역할에 적임이어서 발탁했다"고 말했다. 김세연 의원(새누리당, 부산 금정)은 늙고(고령), 한밤중(심야)이라서 헛소리(실언)했다며 유영익을 감쌌다. 갑작스럽게 역사를 올바르게 정립하는 '역할'은 젊고 늙음에 따라 달라지고, 한낮과 한밤중에 따라 대한민국 역사는 정립이 달라지는 '고무줄 역사'가 되고 말았다. 적임(適任)은 그 일에 알맞음을 말한다. 그들은 국사편찬위원장 자리가 헛소리하는 자리라고 알았음이 틀림없다.

생선 한 토막을 먹더라도 배고픈 국민들은 후쿠시마에 떨고, 일자리 없는 젊은이는 아베 신조의 역사관에 약 오른다. 나라 믿고 맡긴 국민연금은 날아가서 늙음을 걱정하며 벌벌 떨고 있는데 유영익 영감탱이는 아베 신조의 일본 역사관을 배우라며 떠벌린다. 그렇게 해서라도 제 배 채우려 곳곳에 그때의 영감탱이들(?) 앉혀놓고 국민들에게 받들라고 한다. 적으로부터 국민을 지켜야하는 군 사이버사령부마저도 하릴없이 컴퓨터에 댓글 다는 시대에 갑옷 입고 칼 찬 여왕님의 기사들은 언제까지 우쭐거릴 수 있을까? 여기서 기사는 운전사가 아니라 말을 탄 무사를 말한다.

그런데 여기서 그치지 않는다. 자리를 탐하고 재물을 빼앗는 탐관오리가 떳떳하게 돌아다니니 그것이 옳은 줄 알고 따르려는 자들이 뭉게뭉게 늘어난다. 스스로 민주와 인권, 평화의 도시라는 광주광역시까지도! 총인시설담합비리도 설렁설렁, 갬코 사기사건도 어물쩍, 세계수영선수권대회 공문서위조사건도 스리슬쩍, 나라는 뒤죽박죽, 지역은 엉망진창이다. 감추려니 둘러대고, 거짓말을 덮으려니 양심도 버리고 성을 낸다. 그러니까 제2 새마을운동 하자고 하는 걸까?

　　*후쿠시마 원자력발전소 폭발 사건: 2011년 3월 일본에서 규모 9.0의 지진에 이은 커다란 쓰나미로 후쿠시마 원자력발전소에서 수소폭발 했고, 방사능이 나왔다. 2만여 명이 희생되었고, 17만여 명이 피난 생활을 이어간다. 이로 해서 바닷물이 오염되었다. 우리나라와 일본은 바다를 함께 쓴다.

　　*김수영: 1921년~1968년. 선린상업학교와 도쿄상과대학을 다녔고, 만주에서 교원 생활과 연극운동. 한국전쟁 때 북한군으로 징집되었다가 거제 포로수용소에서 석방. 미군 통역과 평화신문사에서 근무. 작품 <어느 날 고궁을 나오면서>, <후란넬저고리>, <풀>. 시인이 죽은 뒤 작품집

<거대한 뿌리>, <달의 행로를 밟을지라도>, <시여, 침을 뱉어라>. 살아있을 때는 각광받지 못했지만, 억압과 좌절을 딛고 현실참여시로 1980년대까지 강력한 영향을 미친 시인.

*아베 신조: 1954년 정치 세습 가문에서 태어난 일본의 정치인. 집권을 하고 디플레이션을 이기려는 '아베노믹스'를 펼친 극우 정치가.

*유영익: 1936년 출생. 서울고, 서울대 정치학과, 하버드대 졸업. 휴스턴대 교수, 고려대 교수, 한림대 부총장을 지냈고, <이승만의 삶과 꿈>, <젊은 날의 이승만>, <이승만 연구>, <이승만 대통령 재평가>, <건국 대통령 이승만>을 썼다. 아들의 한국국적 포기, 뉴라이트 성향으로 문제가 되었고, 박근혜 정부에서 국사편찬위원장이 되었다.

*새마을운동: 1970년 박정희 군사독재가 '근면, 자조, 협동'을 내세우며 생활 태도를 혁신하고, 경제 사회 문화에서 생활환경을 바꾸려는 사회혁신운동. 관(官) 주도로 했던 새마을운동을 1980년에는 전두환 군사독재가 '새마을운동중앙본부'를 세워 민(民) 주도의 형태로 바꾸었고, 1998년 '새마을운동중앙회'를 만들어 이어왔다. 박정희의 딸 박근혜가 집권하면서 제2 새마을운동을 앞세웠다. 1956년 북한의 김일성이 했던 '천리마운동'에 견주어진다. 천리마운동에는 '새벽별 보기 운동', '천 삽 뜨고 허리 한 번 펴기 운동'이 있다.

29. 도로 아미타불이라
- 딱 하루에 남은 생 결정, 미치고 팔짝 뛸 하루 -

"딱 하루, 오늘 딱 하루로 당신의 남은 평생이 결정됩니다" 이런 말을 들었다면 어찌하겠는가?

뭔 귀신 씨 나락 까먹는 소리야, 말도 안 돼! 버럭 화를 낼 건가? 웃음 주는 이경규처럼?
 허, 참, 별 웃긴 놈 다 보겠네. 째려보고 모른 척 할 건가? 무시무시(無視)한 박근혜처럼?
 에이, 그럴 리가 없지. 절레절레 고개를 흔들 건가? 기댈 데 없고 힘없는 서민처럼?
 오, 그래, 그렇다면 한 번 곰곰 생각해 볼까? 펜이나 만지작대는 손병두처럼?

딱 하루로 인생이 휘둘린다는 것이 기가 막히고 코가 막힌다. 어처구니없고 어이없다. 이런 일에는 대체 무슨 그림씨(형용사)를 갖다 붙여야할 지도 모르겠다. 옆집 할아버지한테 불쑥 물었더니, 코 꿰는 거지, 소처럼. 땅 뒤짐하고 사는 양반(?)들은 대답이 단출하지만, 울림은 크다. 소처럼 평생 코 꿰는 거다. 그런데 우리는 사람이지 소가 아니다. 몸으로 움직이지 않고 머리만 빙

빙 돌려 깨달을 수 없고, 책상에 앉아 펜만 빙빙 돌려 떠벌릴 수 없는, 바로 사람이다!

딱 하루만으로!
없을 것 같고 있어서도 안 되는 일, 대한민국에 버젓이 있다. '수능'이다. 본디 이름은 대학수학능력시험. 옛 이름은 학력고사, 예비고사. 길고 긴 인생에서 19살, 그 1년이 남은 삶을 판가름한다. 미칠 노릇이다. 1년 가운데 명절인 설날과 한가위와 어깨를 나란히 하는 날이다. 설날과 한가위는 해마다 비슷한 모양으로 오기라도 한다. 19살 수능은 정말 딱 한 번이다. 옛날 명절이던 대보름, 단오, 동짓날 정도는 '쨉'도 안 된다. 어른들은 술 먹어서 간이 오그라들고, 가난한 사람들은 추워서 살 떨리는데 대한민국의 19살은 술과 추위와 관계없이 오그라들고 떨리는 그날, 올해는 일주일 남았다.

딱 하루 때문에 비상(非常)한 관심으로 비법(秘法)을 찾는다. '비상하다'는 흔하지 않은 것이고 '비법'은 알려지지 않은 것이다. 19살 수능은 딱 한 번이 있고 비법은 널리 알려졌다. 이참에 은밀한 얘기 알려드릴까? 쉿, 수험생 수가 갈수록 줄어들어 2020년이 지나면 대학이 '어서 오십시오'할 거래. 먹고 살기 힘드니까 아이 키우기 힘들고, 아이 키우기 힘드니까 낳지 않고, 낳지 않으니까 수험생이 줄고, 수험생이 줄면 학과가 줄어들거나 대학이 없어지고, 그러면 일자리 잃는 교수들 많겠네. 먹고 살기 힘든데 교수가 실직한다고 해서 당황하셨어요?

비법 둘, 살아가는데 거리낌 없을 만 한 성적(?)을 가진 아이에게 불쑥 물었더니, 지방 국립대를 왜 가요? 나와도 갈 곳이 없는데. 차라리 4년 동안 하고 싶은 일에 매달리면 전문가라도 되어서 더 낫겠죠? 아시면서. 몰랐어요? 부모의 잣대로 우리 시대를 살 수 없잖아요. 앞에서 1%가 아니면 공부를 죽자사자할 까닭 없고, 제 하고 싶은 일 하겠다는 것이다. 곧 대학가는 일을 내던지고 일찌감치 제 갈 길 가겠다는 아이들, 부모들의 생각보다 대학을 포기한 그 숫자 많단다. 괜찮게 공부하는 내 아이가 대학을 가지 않겠다고 해도 당황하지 마세요. 그것이 어쩌면 그토록 바라는 성공과 효도를 한꺼번에 가져올지도 모르니까.

가장 똑똑한 비법, 성공한 사람들이 대놓고 가르쳐주는 비법, 좋아하는 일 하도록 북돋아 주시라. 어려워도 찾아내고 힘들어도 즐거워할 테니. 좋아서 하면 신이 나고, 시켜서 하면 짜증 나니까. 해봐서 아시면서. 그래도 내 아이는 앞에서 1%에 꼭 넣으시겠다고? 그러면 신바람 나는 공부법을 알려주든지 왜 공부해야 하는가를 보여주어야죠. 못하겠으니 남에게 맡기시겠다? 남에게 맡기려면 돈을 많이 벌어야죠. 힘들지 않게 많이 벌려면 좋은 대학 나와야 한다고? 좋은 대학 들어가고 나오려면 모질게 공부해야 한다고? 이게 뭐야. 딱 맞는 비법 가르쳐주니 자기 편할 대로 핑계만 대네. 성공한 사람들이 만든 비법이 무슨 삐비껍딱이야, 핑계 대며 둘러 엎게?

애써서 민주화 만들어놓으니 편하게 지내다가 차라리 유신이 좋았다고? 혼자 편한 세상 다 살고 나이 들었으니 괜찮아? 국정원 댓글로 꽁꽁 묶고, 군 사이버 사령부 댓글로 쏘아 봐? 자식들의 행복이 갈기갈기 찢기는 것을 보게 만들고, 대한민국을 엄동설한(嚴冬雪寒)으로 만들어놔야 좋겠어? 아무튼, 서울에는 '쓴소리' 비법을 먼저 듣는 박원순 시장이라도 있어서 좋겠다. '행복한 창조'의 비법으로 6급 공무원이 책임지는 광주광역시는 어찌하오리까?

*이경규: 1960년 부산 출생. 부산동성고 동국대 졸업한 개그맨. 진행한 TV 프로그램 <힐링 캠프>, <느낌표>, <몰래카메라>

*손병두: 1941년 출생. 경복고 서울대 졸업. 삼성그룹 이사, 서강대 총장, KBS 이사장, 박정희기념재단 이사장, 박근혜 대통령이 취임한 뒤 박

정희 추도식에서 '간첩이 날뛰는 세상보다 차라리 유신 시대가 더 좋았다'고 말해 박정희 쿠데타와 독재를 그리워했다.

*쨉: 권투 겨루기(경기)에서 상대에게 가벼운 주먹을 툭툭 날리는 일. 으레 '가벼워 아무것도 아니다'는 뜻에 쓴다.

*삐비껍딱: '삐비'는 무덤처럼 해가 잘 드는 곳에 자라는 벼과의 식물. '껍딱'은 껍질의 전라도 말. 삐비껍딱은 '버려지는 하찮은 물건'이란 뜻으로 쓰이는 전라도 말이다.

*엄동설한(嚴冬雪寒): 눈 내리는 깊은 겨울의 매우 심한 추위. 한겨울.

*행복한 창조의 비법으로 6급 공무원이 책임지는 광주광역시: 강운태 광주광역시장이 자주 쓰던 말은 '행복한 창조 도시'이고, 강운태 시장은 세계수영선수권대회 유치하려고 공문서를 위조한 책임을 광주광역시의 6급 공무원에게 돌렸다.

30. 억지 춘향
– '언제 한잔?' 기약 없는 양해각서, 함부로 사진 찍지 마라 –

언제부턴가 지방자치단체장이나 광역자치단체장이 코 큰 사람들과 서류 들고 사진 찍는 일이 널리 퍼졌다. 이른바 엠오유(MOU, memorandum of understanding)를 맺는 것이다. 엠오유는 흔히 '양해각서'라 한다. '양해(諒解)'는 서로의 사정을 잘 헤아려 너그러이 받아들인다는 말이고, '각서(覺書)'는 약속을 지키겠다는 다짐이다. 그러니까 '양해각서'는 너와 내가 사정을 두루 살펴서 아니까 네가 뭘 준다면 나도 뭘 주겠다는 뜻쯤이겠다. 꼭 법의 규제를 받거나 제도에 얽매이는 일은 아니다. 다시 말해서 약속을 지켜도 그만, 안 지켜도 그만인 말 그대로 '양해'하는 '각서'다.

우리는 좋은 사람을 만나면 으레 '언제 한잔합시다'라고 인사한다. 날 받아서 꼭 술을 마시겠다는 것이 아니고, 만나서 반갑기는 한데 지금은 틈이 없으니 다음에 만나자는 뜻이다. 그냥 인사말이다. 나중에 만나자고 전화하거나 어쩌다 또 만날 때 그렇게 하자는 것이다. 딱히 일부러 만나기도 그렇고, 그렇다고 마주치기 껄끄러운 사람도 아니라는 뜻이 숨어있다. 투자양해각서도 하도 많이 하니까 우리가 으레 말하는 '언제 한잔'이 되어버리고 말았다. 투자양해각서가 실제 투자로 일어지는 일이 열 번 가운데 세 번쯤(30%)이라니까.

그런데 왜 지방자치단체장이나 광역자치단체장이 이런 종이 들고 사진 찍기를 좋아할까? 어렸을 때 찍은 사진이 없어 사진에 한 맺힌 것은 아닐 테고, 여기저기 얼굴 팔려고 안달복달하는 것(?)은 더욱 아닐 텐데. 그렇다고 다른 생각을 가진 경쟁자를 검찰에 세우거나 삭발하게 만들고, 혼자만 영국 여왕님의 꽃마차를 타는 것이 샘나서 영어로 된 곳에 사인하는 것일까? 아니면 초원복집에서 '우리가 남이가'하면서 의기투합(意氣投合)했던 기춘오빠(박근혜 대통령 비서실장), 홍원오빠(박근혜 정부 국무총리), 진태오빠(검찰총장 후보자)가 척척 알아서 하니까 일 없어 사진이라도 찍는 것일까?

이런 일 있었단다. '강에 녹조가 꼈다는 것은 강물이 맑아졌다'고 얼토당토않은 말을 했던 대통령이 전남 영광 대마산업단지 기공식에서 신재생에너지 녹색성장을 부르짖으며 그곳을 '전기차 특수 클러스터'로 만들겠다고 했단다. '클러스터'란 말은 비슷하지만 다른 기능이 있는 기업을 서로 도움이 되도록 한 곳에 모아놓은 지역을 말한다. 클러스터처럼 어렵고 헷갈리게 말해야 시골 사람들 못 알아먹는다. 그곳에는 경상남도지사를 했던 혁규아저씨가 회장 하던 회사가 있었고, 그 회사에는 중견 텔런트와 정치권의 이름 짜한 사람들이 임직원으로 있었고 초기투자도 했단다. 전라남도(도지사 박준영)는 엠오유를 맺고, 영광군은 기반시설을 11억 원어치나 해 주었단다. 그래서 전기차 특수 클러스터가 들어왔다고? 아니, 들어오지 않았으니까 입에 거품 무는 거지.

들어오지 않았는데 책임지는 사람 아무도 없다. '언제 한잔'이니까.

　전 대통령, 전라남도지사, 영광군수, 전 경남도지사가 힘을 싣고, 중견 텔런트와 이름 짜한 인사들이 불쏘시개가 되었으니 돈 벌어보려는 사람들 어찌 투자하지 않았으랴. 거기다가 아주 높은 배당금 준다고 하지, 투자자를 끌어들이면 수당도 주니 누구나 귀가 솔깃했겠다. 솔깃한 사람이 무려 4천 명에 가깝고, 액수도 7백억 원에 가깝다고 하니 이거 그냥 장난 아니다. 엄청난 사기다. 알고 보니 뭐도 없고 뭐도 없는 깡통. 지난 대통령이 보잉 747에서 747정책을 만들었다는 소문이 있더니, 초원복집에서 나으리들께서 의기투합이라도 하셨나?

　아무튼 엠오유 했다고 함부로 투자하지 마시라. 지방자치단체장이나 광역자치단체장이 종이 들고 사진 찍었다고 곧 무조건 대박 날 거라고 생각하지 마시라. 먹고 튀어 버리는 이른바 '먹튀'도 있고, 어영부영 스리슬쩍 사라지는 일 비일비재(非一非再)하니까. 참, 엠오유 맺은 액수를 마치 치적이라도 되는 양 들고 사진 찍은 사람이 또 표 찍어 달라고 하면? 그냥 '미친놈' 하고 톡 쏘면 된다. '치적 노름'이니까. 문득 그 웃음엣소리가 떠오르네. 뜨거운 탕에 몸담그던 아비가 '어, 참 시원하다'면서 아들보고 들어오라니까 아들이 시원한 줄 알고 들어갔다가 후다닥 튀어나오면서 하는 말. 아시죠? '세상에 믿을 놈 하나도 없네'.

*다른 생각을 가진 경쟁자를 검찰에 세우거나 삭발하게 만든 사건: 대통령 선거 기간에 이정희 통합진보당 대통령 후보는 박근혜 후보에게 '당신을 떨어뜨리러 나왔다'고 말했고, 대통령에 당선된 박근혜는 유럽 출장 중에 통합진보당에 대한 정당해산심판 청구의 건을 전자 결재했다. 대한민국 정부가 정당에 대한 해산심판을 청구하는 일은 헌정 사상 처음이었다. 통합진보당 국회의원들은 삭발을 했고, 2013년 통합진보당은 해산되었다.

*혼자만 영국 여왕님의 꽃마차를 탄 사건: 2013년 박근혜 대통령은 영국을 방문하여 버킹엄궁에서 잤고, 엘리자베스 2세 여왕과 함께 꽃마차를 탔다.

*'우리가 남이가' 사건: 1992년 12월 11일 부산광역시의 복어 요릿집 '초원복국'에서 제14대 대통령 선거 1주일을 앞두고 김영삼 후보를 당선시키려고 지역감정을 부추기자고 모의한 일이 통일국민당 정주영 후보 관계자들의 도청으로 드러난 사건. 김기춘(40대 법무부 장관), 김영

환(부산직할시장), 박일용(부산지방경찰청장), 이규삼(국가안전기획부 부산지부장), 우명수(부산직할시 교육감), 정경식(부산지방검찰청 검사장), 박남수(부산상공회의소장) 등이 모여 정주영 통일국민당 후보, 김대중 민주당 후보 등 야당 후보들을 비방하는 내용을 퍼뜨리자면서 '민간에서 지역감정을 부추겨야 된다' 그러지 못하면 '영도다리에 빠져 죽자'고 말했다. 이런 대화 속에 나온 말이 '우리가 남이가'다. 관권선거의 부도덕성이 드러났지만, 김영삼 후보 측은 이 사건을 '음모'라면서 주거침입에 의한 도청이 비열하다고 떼를 썼고, 주류 언론은 이를 부각시켰다. 경상도 지역의 지역감정은 더욱 자극되어 통일국민당이 오히려 여론의 역풍을 맞았고, 영남은 김영삼 후보로 결집했다. 김영삼은 14대 대통령에 당선되었다.

*'강에 녹조가 떴다는 것은 강물이 맑아졌다'고 얼토당토않은 말을 한 대통령: 이명박

*김혁규: 1939년 경남 합천 출생. 부산대학교 졸업. 27, 29, 30대 경상남도지사. 17대 국회의원(비례대표, 열린우리당)

*영광 대마산업단지 사기사건: 이명박 전 대통령과 김혁규 전 경남지사가 뒷배를 봐주는 것처럼 홍보해 투자자를 모집하여 687억 원을 사기친 사건. 2013년 전기자동차와 관련된 기술력과 자본금이 없으면서 전남 영광 대마산업단지에 터를 잡은 사기꾼들은 이명박 전 대통령의 사진과 국무총리 후보로 거론됐던 김혁규 전 경남지사를 이용하였는데 박준영 전라남도지사는 투자협약을 맺었고, 친환경 에너지 박람회장에서 사기꾼 회사의 부스를 찾아 힘을 보태줬다.

31. 부르는 게 값
- 우리는 먼 사이니 '네 꿈'만 이루라 -

슬픈 마을이 좋은가, 기쁜 마을이 좋은가를 물으면 거의 다 기쁜 마을이 좋다고 할 거다. 옛날에는 담벼락 앞에 서서 고개를 쭉 빼고 '철~수야, 놀~자'를 불렀다. 동무들과 어울려 재밌게 놀려고. 어렸을 때 그 느낌 아는 사람은 마흔 넘은 사람이다. 요새는 골목에서 친구를 불러내지 않고 손전화기로 톡톡 끝내니까. 일거리 많은 집안의 어머니는 부지깽이 들고 못 놀게 했다. '우리 철수 바뻐. 너는 언제나 철들래?' 하면서. 좀 부드러운 집에서는 '이것마저 끝내야 하니 좀 있다가 놀아라' 했다.

아, 여기서 '철수'란 이름은 어느 정치인을 말하는 것이 아니라 옛날 교과서에 나온 이름이라서 쓴 것이니 오해 마시라. 그렇다고 아무리 불러도 대답이 없는데 '근혜야, 놀~자'를 가져다 쓸 수는 없는 일 아닌가. '근혜'란 이름은 교과서에 나오지도 않았고. 또 모르겠다, 외국에 가서는 외국말을 잘한다고 언론의 칭송이 자자하니까 영어나 프랑스 말, 중국말로 하면 알아듣고 놀아줄지도. 아무튼, 우리말로 부르면 도통 못 알아듣는다. 지난 이명박 대통령 때는 '어륀지'라는 말이라도 쫙 퍼트렸는데 말이다. 나랑 말을 하려면 국민들이 '하잉 헬로'나 '옹숑숑 꽁숑숑', '쏼라쏼라'를 알아서 배우라는 깊은 뜻(?)인가. 이른바 '셀프'!

　누구를 '부른다'는 들뜸이고, 누구의 목소리를 '듣는다'는 설렘이다. 누구를 부른다는 가까운 사이고, 가깝지 않더라도 부르면 가깝게 느낀다. 듣지 않으면 홀로 지르는 먼 '외침'이고, 아무리 불러도 그냥 멀 뿐이다. 산에 올라 대답 없는 '야호' 외쳐 보았잖은가. 보통 할 말이 있을 때 부르는데 딱히 할 말이 없어도 부르고 싶은 사람도 있다. 그윽하게 '희정아~' 하거나 콧소리 내며 '무현이 아저씨~'하고 부르면 살짝 웃음(미소)도 지어지고, 술 안 마셔도 일이 술술 풀린다. 아랫배에 힘주고 '야!'하고 소리를 꽥 질러서 부르면 '왜?'하고 사납게 달려든다. 거칠게 부르면 싸납게('사납게'의 센말) 답한다는 뜻이다. 이마에 두세 줄 긋고 눈꼬리 치켜 올리면 웃음기는 싹 가시고 일은 꽉꽉 막힌다. 참, 요새 사람 부를 때 함부로 '-씨'는 붙이지 마시라. 가까이에서 알랑거리는 사람에게 엄청 혼날지도 모르니까.

　간혹 부르지 않아야 할 '복'을 부르는 사람도 있다. 1992년 김영삼 대통령 후보를 당선시키려고 '우리가 남이가'란 지역감정을 불러일으킨 초원'복'집에 대통령 비서실장과 국무총리와 검찰총장을 불렀다. 그들은 서로 가까워 '내 꿈'이 이루어지는 나라를 불렀고, 우리는 그들과 멀었지만 그들의 꿈 그러니까 '네 꿈'이 이루어지는 나라를 만들어주었다. '내 꿈'을 이루신 분은 깔끔하고 얌전하게 한'복'을 차려입고 여왕의 황금마차에 오르려다가 황금마차 앞에서 '꽈당'으로 눈길을 불렀고, 영국 국민들을 향해 '공공시장 개방'을 외쳐 손뼉을 불렀다. 스스로 보수라고 부르는 사람들이 '종북'에 도돌이표 달아 소리쳐 불러서 보'복'을 감싼다. 아마도 '복'받은 사람임을 온 세상에 밝히려는 뜻이겠지. 그런데 그 복을 아무나 불러서는 안 되니 조심하시라. 적어도 춘천의 국민대표(국회의원) 김진태 아저씨쯤 되어야 한다. 진태 아저씨는 박근혜 대통령이 프랑스를 방문했을 때 '합법적인 대통령이 아니다'고 팻말을 든 사람들에게 '대가를 치르게 하겠다'고 해서 세상의 눈들을 모조리 불렀다. 프랑스에까지 대고 '대가'를 운운할 수 있는 사람은 진태 아저씨처럼 공안검사쯤 지낸 사람이어야 하는가 보다.

간혹 잘못 부르는 일도 있다. 5·16쿠데타라고 부르는데 '박정희 쿠데타'라고 불러야 한다. 그래야 역사를 배우는 아이들이 '전두환 쿠데타'와 잘 구별할 수 있다. 3·15부정선거라고 하는데 '이승만 부정선거'라고 불러야 한다. 대통령 자리에서 물러난 엄청난 사건인데 누가 저지른 일인지 모르고, 지금 일어난 사건과 헷갈리니까. 국정원 정치개입 사건이 아니고 '박근혜 부정선거'라고 부르는 것이 마땅하다. 그렇다고 감히 '칠푼이 부정선거'라고 부를 수는 없지 않은가. 고려 때도 만적의 난, 조선 때도 홍경래의 난, 이렇게 우두머리의 이름을 붙여서 부르니까.

광주광역시에서도 그렇다. 갬코사건이라 하면 무슨 사건인지 모른다. 물론 모르게 '물타기' 하려는 것이겠지만. 남을 속이는 일을 '사기'라고 부르니까, '갬코사기사건'이라 불러야 한다. 윤창중 성추행 사건이라고 하면 그냥 동네 잡범 수준이 되어버리니 격을 올려서 '청와대 대변인 윤창중 성추행 사건'이라 불러야 하지 않을까. 청와대 대변인을 예의 없이 잡범으로 취급할 수는 없으니까.

제대로 알려면 잘 불러야 한다. 얼렁뚱땅 부르면 흐리터분해진다. '흐리터분하다'는 성질이나 행동이 답답할 정도로 똑똑하지 못하고 흐리다는 뜻이다. 짧게 말해 답답하고 흐리다. 재밌게 살려면 어울리는 사람 불러야지 대충 부르면 흐리멍덩해진다. '흐리멍덩하다'는 옳고 그름을 나누지 못할 뿐 아니라 정신이 맑지 못하여 하는 일이 또렷하지 못하고 흐릿하다는 뜻이다. 짧게 말해 앞뒤 가리지 못한다.

너를 불러서 들뜨고 내가 불려서 설레는 세상, 부르면 만나고 만나면 행복해야, 사람 사는 맛이다. 흘러간 세월이나 부르고 앉아 있으면 누가 행복을 떠먹여 주겠는가. 대한민국에서는 누구를 불러야 즐거울꼬? 또 광주에서도!

*부지깽이: 아궁이에 불을 땔 때, 땔감이 잘 타도록 들추거나 밀어 넣는데 쓰는 기다란 막대기

*박근혜: 영국이나 프랑스 중국에 갔을 때 그 나라 말을 잘했고, 묻는 말에 대답도 잘했다고 언론에 나왔는데 우리나라에서 우리말을 할 때 받아 적어보면 도통 무슨 말인지 알아먹기 힘들고 묻는 말에 엉뚱한 대답을 하기 일쑤였던 대통령. '박근혜 씨'라고 불렀다가 된통 혼난 사람도 있다. 대통령을 감히 '~씨'라고 불렀다면서. 한번은 영국을 가서 한복을 곱게 차려입고 여왕이 타던 황금마차를 타려다가 꽈당 넘어졌다. 박근혜의 청와대는 우리나라 언론들에게 이 사실을 쓰지 말라고 사정했으나 다른 나라 언론은 이 사실을 알렸고, 결국 우리나라 사람들도 알게 되었다. 사람들은 '꽈당 외교'라고 불렀다.

*어륀지: 2007년 대통령에 당선된 이명박은 인수위원장에 이경숙 전 숙명여대 총장을 임명했다. 이경숙은 1943년 서울에서 태어나 숙명여대, 캔자스대, 사우스캐롤라이나대를 다녔고, 11대 국회의원(전국구)을 지냈다. 한국의 교육이 잘못되었으니 뜯어고쳐야 한다면서 "미국에 가서 '오렌지' 하면 아무도 못 알아들으니 '어륀지'라고 가르쳐야 한다"고 말했다. 졸지에 '오렌지'라고 말하거나 가르친 사람들은 바보가 되었고, '어륀지'는 대한민국에서 우아를 떨었다.

32. 귀신 씻나락
- 날마다 닦고 바르게 써라, 주둥아리와 손발 그리고 거시기 -

　밤이 기다려진다. 밤만 되면 거시기 팽팽하게 땅기는 갓 혼례 치른 신랑도 아닌데. 왁자하게 담 넘어 들려오는 이웃의 웃음소리가 들리던 골목은 사라졌고, 쨍그랑거리는 옆집의 속내를 귀동냥하던 고샅도 없어졌지만, 오늘은 밤이슬 맞으며 골목길 따라 고샅 걷는다. 하늘 높이 가을 달이 싱긋거려 보는 재미가 쏠쏠하니까. 가슴 펼 일 없어 어깨 처지고, 꿋꿋하게 버틸 일 없어 고개 숙이며 살지만, 저 가을 달이 나타나면 고개라도 번쩍 들고 어깨라도 한번 쫙 편다. 쌀쌀해서 옷 여미다가도 언제 또 이래 보랴 싶어 휘휘 저어본다. 보는 사람 없으니 활개라도 쳐 봐야지.

　혼자 보다가 달이 질까 아까워 현주를 불렀다. 야, 달이 저렇게 고울 수도 있구나. 얼른 오라 해서 후다닥 왔더니 뭔 청승을 떨고 있소? 술이나 한잔합시다. '청승'은 외롭고 가여워서 초라한 것을 말할 텐데 녀석이 헛다리짚었다. 나는 외롭거나 가엽지 않으니까. 속이 시끌사끌하면 달빛도 어지럽고, 먹고 살기 바쁘면 달 찌그러지듯 맘도 찌그러지는 것이다요. 정말로 달이 좋아 부른 것인데 끊이지 않고 딴소리다. 달이 고와 보이는 일은 맘이 곱다는 뜻인데 억지로 곱게 보려는 형 마음이 짠하기만 하요. 볼품없는 살림살이 때문에 녀석의 말을 가로막지 못했다. 진짜 달이 좋았는데.

　답답함 싹 바꾸는 넉살을 떨며 자기가 '마이더스의 손'이라며 기어코 손을 끌고 포장마차로 간다. 영국여왕이 내주신 황금마차는 아니지만 포장마차 이름은 '황금마차'. 철로 만든 막대기에 비닐을 두른 문이 있어 밀치다가 그것도 문이라고 문턱이 있다. 문턱에 살짝 걸려 꽈당, 누가 영국에서 했던 시늉은 다 낸다. 이 정도면 거의 대통령급 몸짓 아닌가? 혹시나 비닐 창 사이로 달을 받아 술잔에 담을 수 있을까 해서 모퉁이에 자리 잡았다. 이 정도면 거의 이태백급 풍류 아닌가? 시베리아에 살아보지는 않았지만 그 정도의 겨울바람이 맘대로 싸돌아다니는 황금포장마차.

　잔속에 달은 차지 않고 가로등과 술집 불빛만 아른거린다. 흥 돋우라고 음악은 꽝꽝거리는데 오히려 흥은 가라앉는다. 형! 마음이 짜~안 바뀌지요? 재밌게 살아야지, 달이나 보며 어슬렁거려야 쓰겠소? 현주는 신났다. 마이더스의 손, 그러니까 만졌다 하면 대박을 터트리고, 뱉었다 하면 아우성을 치는 사람 이야기에 열을 올린다. 그리스 신화에 손으로 만졌다 하면 황금으로 바뀐다는 신의 손. 처음엔 언저리에 '손' 씨 성을 가진 엄청난 사람 이야기인줄 알고 귀를 기울였다. 혹시나 살짝 끼어 빨대 대고 빨고 싶은 마음으로, 촌놈 쫑긋거렸다.

　찬찬히 알고 보니 '마이너스 박' 이야기다. 뭐든 거꾸로 돌려놓고, 뭐든 얼어붙게 만든다는. 멀쩡히 잘 흐르는 강을 냅다 들이파고 가둬 버린 '이명0'을 말하는 것인지, 입만 열면 꼼짝달싹 못하게 얼려버리는 '0근혜'를 말하는지 나는 관심 없었다. 녀석은 박박거리고 내 눈은 그저 달만 보았다. 간혹 흥이 깨질까 눈은 마주쳐 주었다. 눈 마주쳐야 마음을 읽고 알아주니까. 괜스레 현주의 흥을 깼다가 거친 소리 듣고 집에 가서 귀 씻을 일 생길 테니까. 현주는 못마땅하게 신이 났고, 달은 신나게 못마땅했다.

달을 흘낏거리다 견지망월(見指望月)에서 멈춘다. 달이 나를 보라 가리키는데 후레자식은 손가락만 보며 호들갑을 떤다. 아니구나, 내가 달을 보라고 가리켰구나. 달이 나를 보라 했어도 큰 상관은 없는 일이지만. 어차피 술자리니까. '엔엘엘 포기'에서 '사초폐기'라는 어마어마한 말을 만들어 가며 역사까지 뒤엎는 일에 게거품을 물다가 돌아가신 아버님 이야기를 꺼낸다. 얼근해졌다는 말이다. 아버님이 늘 말씀하셨지. 날마다 닦고 바르게 써야 할 세 가지가 있는데 그것이 바로 주둥아리하고 손발하고 거시기라고. 그래서 아무리 술을 먹어도 자기 전에 이부터 닦는다며 주머니에서 조그마한 칫솔을 들고 나댔다. 칫솔이 달을 가려 흠칫 놀랐다. 칫솔 끝에서 골똘한 달이 나를 보고 있다.

현주도 목에 얹혔던 말을 마구 던진다. 엊그저께 말발 세우라고 우리가 대표(국회의원) 뽑아 국회에 떡 보냈더니 우리 대표의 뒷덜미를 잡고 질질 끌었다는고먼, 허허 참, 그것은 우리가 질질 끌려간 것, 아니요? 현주 말의 뒷덜미를 아버님의 가르침이 잡아챘다가 다시 아버님의 또 다른 가르침이 사초 폐기의 목덜미를 잡아챈다. 잡아채는 손모가지에 숨이 멈추고 캑캑거린다. 말은 듣지 않고 서로 씨부렁거리기만 했다. 불콰해지니 표현은 진해졌고

(?), 말이 지나치나 했더니, 대뜸 화를 낸다. 아, 글쎄. 왜노므시키 대장이 우리한테 대놓고 어리석다 해서 부아가 나는데 왜 느닷없이 국민대표 뒷덜미를 잡느냐고? 이름이 아베여서 아비 모시듯 하는 것인가요? 이름이 어매(어미)였다면 업고 돌아다녔겠네.

대한민국의 일에 분노하고 슬퍼하는 취기는 정작 이 마을의 잘못된 일은 모른다. 살림이 어려운 이 지역 언론들이 입을 다물어서 알 수도 없겠지만, 불의를 불의라고 말하지 못하는 대한민국 언론, 사기를 사기라고 말하지 못하는 광주 언론. 틀림없이 달이 고와서 나선 발걸음인데 아비를 아비라고 부르지 못한 홍길동처럼 쓸쓸하게 달을 보며 돌아왔다.

*안현주: 대한민국을 사랑하고, 정의를 사랑하는 두 아이의 아빠. 그의 아내 또한 정의를 사랑한다고 적겠다고 했더니 현주 아내가 그런다. '개~뿔!'

*국회의원 뒷덜미: 2013년 11월 박근혜 대통령의 국회연설을 하러 국회에 갔다. 국회 앞에 버스 3대를 주차하여 길을 막자 강기정 국회의원이 버스를 발로 찼다.

그때 이야기를 민주당 노영민 국회의원이 이렇게 말했다. "아침부터 국회 본청 앞에 대형버스 3대가 앞을 가로막았고 의원들은 항의했다. 헌정사상 본청 앞을 대형버스로 막아놓은 적은 없었다. 박 대통령 연설이 끝나고도 버스가 빠지지 않았다. 민주당 의원들은 국회 본청 앞 계단에서 규탄대회를 하기로 했는데 버스 때문에 나가기가 힘들었다. 강기정 의원은 버스가 열려있는 것을 보고 (버스 안에 있는) 그 사람 들으라고 발로 버스 문을 찼다. 세게 차지는 않았다. 차면서 '차 안 빼?' 그랬다. 갑자기 차 안에 있던 괴청년이 뛰어나와 강기정 의원의 뒷덜미와 허리를 잡았다. 제가 '강기정 국회의원이다. 놔라'고 했다. '국회의원이면 다야? 왜 발로 차?' 이랬다. 그리고 이렇게 뒷덜미를 잡고 있었던 상황이 3분 이상 갔다. 그 주변에 있던 당직자들까지 몰려와 국회의원이라고 계속 그 사람에게 얘기했다. 그래서 국회의원인 줄 몰랐다는 청와대 말은 순전한 거짓말이다. 괴청년이 강 의원의 목을 잡은 손을 뜯어내려고 저도 시도했지만 안 됐다. 괴청년이 안 놔주려고 오히려 더 힘을 가하더라. 그러면서 강 의원 뒤통수가 흔들리면서 괴청년 입에 부딪혀 상처가 났다. 강 의원은 한 번도 그 사람 얼굴을 볼 수조차 없었다. 결국, 자기가 뒷덜미를 잡고 끌다가 자기 입술에 강 의원 뒤통수가 부딪힌 것이다"

민주당 서영교 국회의원은 이렇게 말했다. "언론에 강 의원과 청와대 경호원들 간의 몸싸움이라고 자꾸 보도되고 있는데, 이 사건은 일방적으로 강 의원이 폭행을 당한 사건이다. 강 의원이 잡힌 뒷덜미를 뿌리치려고 발버둥 치니까 또 다른 괴청년들이 달려와 강 의원의 양팔을 잡아챘다. 그래서 우리가 '손놔라, 국회의원이다'고 했지만 절대 놓지 않았다. 그 괴청년이 강 의원의 목덜미를 잡은 채 쥐고 흔들다가 자신의 얼굴 입술에 부딪히는 것을 분명히 목격했다. 목덜미를 잡은 괴청년은 자기 신분을 끝까지 밝히지 않았다. 노 의원은 뒷덜미를 잡힌 상황이 3분 정도라고 했지만 제가 보기에는 5분도 넘게 목을 잡고 질질 끌었다.

*대한민국은 어리석은 국가: 2013년 11월 일본의 아베 총리는 '중국은 어처구니없는 나라지만 아직 이성적인 외교게임이 가능한 반면 대한민국은 그냥 어리석은 국가'라고 말했다. 아베의 측근들은 한술 더 떠 "대한민국이 일본 기업들에 강제징용 배상금을 청구하면 일본은 금융 공격으로 대한민국 기업과 경제를 무너뜨려야 한다"면서 '신(新) 정한론(征韓論)'을 들먹였다.

*정한론: 1800년대 후반 일본 메이지 유신 때 어려움에 빠진 한국과 외교 관계를 명분으로 내세우며 한국을 정벌해야 한다는 근대 일본의 한반도 침략론.

33. 꽁지 빠진 수탉
- 꽈당 외교에 바쁘실 터, 언제 신부님 강론까지 챙기셨대? -

옛날에 박 초시가 살았다. 초시(初試)는 고려 시대 끄트머리에 나랏일 할 사람을 뽑는 과거(科擧)의 첫 단계 시험을 말하는데 첫 시험만 합격한 뒤 벼슬을 얻지 못하고 집에서 머무는 사람을 가리키기도 했다. 이래저래 나이만 든 박 초시는 동네를 어슬렁거리다가 남의 일에 감 놔라 배 놔라 끼어들며 심심을 달랬다. 아내와 자식들의 쓰라린 삶은 몰라도 초시라고 비아냥거리는 일에는 뒷짐만 지지 않았다. 이웃에는 박 초시의 잔소리가 죽을 만큼 싫은 심리적 경쟁상대 이 생원이 살았다. 생원(生員)은 조선 시대 생원 시험에 합격한 사람을 말하는데 나중에는 벼슬 없는 선비한테 그냥 붙여주는 이름이었다.

어느 날, 이 생원은 박 초시에게 문밖을 나서려면 허락을 받으라고 악을 바락바락 질렀다. 내 집 문을 나서는데 허락을 받으라니 어처구니없었겠다. 요즘 말로 하면 '방공식별구역'을 알렸다. 우리나라 하늘에 우리나라 비행기를 띄우는데 중국은 자기들의 허락을 받으라고 한다. 박 초시는 그동안 마루를 내려설 때마다 벼슬아치 흉내를 내느라 헛기침을 크흠크흠 했는데 옆집 쪽발이네는 잘도 알아먹었다. 쪽발이네는 박 초시를 구슬려 얻어먹을 콩이 있으니까 벼슬아치 대접을 해준 것이다. 얻을 먹을 콩이 없는 이 생원은 당연히 박 초시를 무시했고, 박 초시는 투덜거렸다.

박 초시는 더운 여름을 견딜 때 쩝 하려고 마당에서 개를 키웠다. 꼬리를 잘 흔드는 노란 개는 흔히 '황구'라고 부르는데 요즘 말로 하면 펫 독(pet dog)이다. 녀석은 귀여워 쓰다듬어주면 서슴없이 박 초시의 아내를 '누님'이라고도 불렀다. 박 초시는 '예쁘다 예쁘다' 해 주니까 개 주제에 사람과 혈육인 척 '누님'이라 부르는 노란 개를 '더는 참을 수 없는 상황'이라 규정했다. 황구는 뭘 잘못했냐며 멍멍 짖으면서 '기다릴 만큼 기다렸다'고 말했다. 이웃들은 아, 드디어 박 초시가 황구를 어떻게 하려나 보다, 여기저기서 늙은 군인들이 떨리는 손으로 다시 군복을 챙겨 입고 가스통과 각목을 들고 나타나겠구나, 혹시 군복 입은 늙은 군인들이 이어도 하늘까지 날아올라 군셈을 드러내지 않을까, 생각했다. 늙은 군인들은 군복을 입고 가스통과 각목까지는 들었으나 이어도 하늘은 가지 못했다. 군복 입은 늙은 군인들은 길에서 카퍼레이드를 하며 떵떵거리고 위협은 했으나 오래 하지는 못했다. 늙었으니까.

알고 보니 황구는 방공식별구역 때문에 짖은 것이 아니라 사랑하는 하얀 개와 함께 살고 싶어 짖은 것이었고, 늙은 군인들도 방공식별구역 때문에 가스통과 각목을 든 것이 아니라 생계를 위한 일당 때문이었다고 밝혀졌다. 황구는 사랑을 나눌 사람이 필요했고, 자기를 지켜주는 주인이 필요했다. 황구는 이른바 가드 독(guard dog)으로 변신했다. 노란 개는 누가 봐도 노래서 '복날용'

이란 것을 한눈에 알 수 있는데 하얀 개는 겉이 하해서 오늘같이 눈이 많이 오는 날에는 개가 아닌 듯 보이기도 했지만 개는 개였다.

  하얀 개는 집을 잘 지키라고 준 밥, 요즘 말로 업무추진비를 다른 개들 사귀는 데 쓰고 사기진작과 경조사에 나눠 주었다며 너그럽게 말했는데 정작 그 많은 돈을 어디에 썼는지는 밝히지 않았다. 아마 그런 것을 밝히고 나면 마을의 옳고 그름을 판단해주는 자리(헌법재판소장)에서 떨어져 버린 (이)동흡이처럼 될까 두려웠을까. 미리 배워 익혀 다시는 똑같은 잘못을 저지르지 않으려는 것을 '학습 효과'라고 하는데 하얀 개는 학습효과를 성품이나 도덕을 감추는 데 썼고, 동흡은 그 돈을 신용카드결제와 자녀 유학비로 썼다.

  양반 흉내나 내면서 에헴거리는 박 초시를 아랫집 아베는 '어리석다'고 얕보지를 않나, 건방진 이 생원은 '방공식별구역'을 떠들며 나다닐 때는 신고를 하라고 하지 않나. '민족중흥의 역사적 사명을 띠고 이 땅에 태어난' 박 초시 체면이 말씀이 아니시다. 그래서 발끈하여 엄청난 말씀을 하시었다, '용납하거나 묵과하지 않겠다'고! 역시 박 초시다운 한 방을 날렸으나 용납하거나 묵과하지 않는 방법은 말하지 않았다. 동네 사람들은 '뻥카'라고 비웃었다.

  용납(容納)은 '남의 뜻을 받아들인다'고, 묵과(黙過)는 '잘못을 그대로 넘긴다'는 뜻이니, 남의 뜻을 받아들이지도 않고 잘못을 그대로 넘기지도 않겠다는 말이다. 이제 이 생원이든 쪽발이네든 죽을 날을 받아놓은 것이나 다름없다고 박 초시네 황구는 말했다. 유신 2년째인 1974년 2차 인혁당 사건이 생겼고, 1975년 형이 확정된 뒤 하루도 지나지 않아 8명을 죽인 일이 있었으니까. 또한 '민족중흥'은 용납하지 않아야 이루고, '역사적 사명'은 묵과하지 않아야 드러나는 것일 테니까.

방공식별구역 때문에 떠들썩한 박 초시와 이 생원 사이에 어느 신부님이 나타나셔서 '국정원 선거개입'을 단호하지만, 거침없이 말씀하셨다. 박 초시는 꽈당외교와 철도개방외교에 바쁜 척하면서도 신부님 강론까지 꼼꼼하게 챙겨 빈틈없는 보살핌이라는 칭송을 받았다. 신부님의 말이 떨어지기 무섭게 '신부 옷을 입은 혁명전사'라며 잡아들여야 한다며 황구가 외쳤다. 황구는 워치독(watchdog, 감시견)으로 변신했다. 황구는 '한 명의 신부를 포섭하는 것이 한 개 사단 병력을 늘리는 것보다 낫다'는 레닌의 말까지 명언이라며 끌어왔다. 레닌은 러시아 공산당을 창설했고, 소련(소비에트 연합, 옛 러시아) 최초의 국가원수가 된 사람이다. 공산당을 찬양·고무하여 국가보안법 7조를 어긴 워치독 때문에 박 초시는 당황했지만, 박 초시는 황구를 용납하고 묵과했다. 동네 사람들은 개를 많이 키우는 박 초시 마당을 보고 말했다. "개판이군".

*방공식별구역 사건: 1950년대에 나라마다 자기 나라의 하늘(영공)을 방공식별구역이라 설정하고, 다른 나라 항공기의 무단 침범에 대비했다. 중국은 2013년 이어도가 있는 우리나라 하늘을 자국의 방공식별구역으로 지정했고, 우리나라도 보름 뒤에 방공식별구역을 확대했다.

*군복가스통 사건: 군인이 아니면서 군복을 입는 일은 불법이었다. 제

대한 늙은 군인들이 군복을 입고 가스통과 각목으로 무장을 했다. 시민들은 가스통에 위협을 당하는 거리가 무서웠으나 경찰은 막지 않았다.

*대통령누님 사건: 새누리당 윤상현 국회의원은 박근혜 대통령을 '누님'이라고 불렀다.

*이동흡 갈쿠리 사건: 이동흡 헌법재판관이 헌법재판소장 후보가 되면서 그가 6년 동안 한 달에 4백여만 원씩 쓴 특정업무경비가 문제가 되었다. 특정업무경비는 기관의 수사·감사·예산·조사 등 특정업무수행에 소요되는 경비인데 이동흡은 자녀유학비 등 개인용도로 사용하였다고 서영교 국회의원이 내역을 밝혔다.

*철도개방외교: 박근혜 대통령이 프랑스에서 '도시 철도 등 정부 공공조달 시장을 개방하겠다'고 말할 때 국무회의에서는 비공개로 이 안건을 통과시켰다. 이 일로 철도 민영화 논란이 다시 촉발되었다.

34. 똥 싼 년이 핑계 없을까
- 꼬리를 톡 자르고 한복 빼입은 도마뱀일지도 -

 일어서서 무릎을 살짝 구부렸다 폈다 하세요. 아니 대통령처럼 딱딱하게 하지 말고, 나비가 나불대듯이. 그러면서 걸음을 사푼사푼 앞으로 갔다 뒤로 갔다 하세요. 아니 국회의원들처럼 착한 척 시늉만 내지 말고, 고양이처럼 사뿐거리면서. 몸이 잘 따라가면 이제 팔을 위아래로 흔들흔들 가볍게. 아니지, 팔을 흔드는 데만 정신을 쏟으면 무릎 구부리고 걸음 떼는 것이 멋쩍잖아요. 다시 해 보실 게요. 하나둘, 하나둘. 되지요? 그럼 무릎과 걸음을 하면서 팔을 크게 휘두르세요. 엇갈리게도 내젓고요. 이 춤의 고갱이는 허리를 씰룩쌜룩하는 것인데 거기까지는 어렵겠지요? 춤 선생의 부드러운 몸짓은 늘 눈길을 빼앗는다.

 구운 보리에 참기름을 친 듯한 목소리로 김건모가 '핑계'라는 노래를 불렀다. 반주 없이 '지금도 이해할 수 없는 그 얘기로, 넌 핑계를 대고 있어~'하며 시작하는 그 노래. 그때 옆에 바짝 붙어서 허리를 하늘거리며 춤을 추는 춤꾼이 있었다. 김건모보다는 그 춤꾼의 움직임에 온통 눈길을 빼앗긴 적 있다. 선녀가 나풀거리는 것 같기도 하고, 찌는 더위를 씻어내는 바람에 몸이 빨려 들어가는 것 같기도 했다. 그 춤 속엔 초등학교 때 너무 고와서 떠올리기만 해도 설레던 여학생이 묻어 있었고, 고등학교 때 먼발치에서 애간장만 태우던 여학생도 스며있었다. 춤꾼은 이른바 짙은 그리고 커다란 '김구안경'을 썼는데 나중엔 김건모도 똑같은 걸 썼고 동네방네 사람들도 썼다. 눈빛을 마주하고는 핑계를 댈 수 없으니 짙은 안경을 썼을지도 모른다. 박정희쿠데타를 일으킨 사람도 그 안경을 썼지, 아마.

그 춤에 빠진, 아니 그 춤꾼에 푹 빠진 것은 1993년이었다. 그 해가 비롯하자마자 청주에선가 우암상가 아파트가 무너져, 별일이 다 있네, 했던 그해. 미국에서 빌 클린턴이 대통령이 되고 한국에선 김영삼이 대통령이 되었다. 군사독재를 달려온 열차가 힘들었는지 철길에서 벗어나 옆으로 누워버리고, 낙하산도 아닌 항공기가 야산에 착륙하여 부서지고, 여객선이 사람을 지나치게 많이 태우고 잠수함도 아니면서 물속으로 들어갔다. 짙은 독재의 끝은 그렇게 곳곳에서 춤을 추듯 허물어졌다. 높은 자리를 차지하려면 가진 것을 까발려야 하는 공직자 재산 공개가 시작됐고, 허리 숙이며 일구던 논밭을 떠난 농민들이 여의도에서 허리를 편 뒤 새 쫓던 소리를 보태 함성을 질렀지만 우루과이 라운드는 타결됐다. 대전 사람들은 엑스포에 들뜨고, 대한민국은 금융실명제에 들썩거렸다. 고등학생들마저 새로운 대학수학능력시험에 어리둥절했던 바로 그 해가 1993년이었다.

곳곳에서 핑계 댈 일 참 많았겠다. 그래선지 김건모는 '입장 바꿔 생각을 해'보고 '니가 나라면 웃을 수 있'냐며 밤낮없이 '핑계'를 불렀고, 자기들 대신 핑계를 불러 주어선지 대한민국 사람들은 좋아서 춤을 췄고, 대한민국에는 '핑계'가 가득 차 넘실댔다. 나도 '핑계' 삼아 덩달아 몸을 들썩였지만, 그 춤꾼을 보면 떠오르는 사연 때문에 애잔함만 차곡차곡 쌓였다. 질풍노도(疾風怒濤)의 청소년 시기가 지나버려서 일탈(逸脫)을 꿈꿀 수도 없었다. 일탈은 본디의 목적이나 규범, 조직에서 벗어나는 것을 말하는데 탈선(脫線)의 다른 말이다. 나는 도마뱀이 아니어서 꼬리 자르기를 하고 도망칠 수도 없었고, 그렇다고 몸담고 사는 세상에서 발뺌할 수도 없었다.

20년이 지난 지금, 핑계의 새로운 버전이 나왔다. 김건모가 투에니원(2NE1)과 새로 부른 핑계가 아니다. 그렇다고 자우림이 부른 '일탈'은 더욱 아니다. 요즘 핑계의 다른 말로 만들어버린 〈일탈〉이다. 배울 만큼 배웠다고 거들먹거리고, 알 만큼 안다고 거드럭거렸던 사람들이 잘못된 일만 터지면 '개인의 일탈'이라고 떠들썩하다, 정치판에서든, 학자판에서든. 그러면 중국의 '방공식별구역'도 개인의 일탈이고, 아베가 말한 '어리석은 대한민국'도 개인의 일탈이고, 그 아베를 '각하'라 깍듯이 부른 황우여도 개인의 일탈일까? 청소년도 아니고 도마뱀은 더욱 아닌 사람임이 틀림없는데도.

아니다, 몸이나 마음이 덜 자란 질풍노도의 청소년인데 어른인 척 잘 꾸민 가짜인지도 모른다. 꼬리를 톡 자르고 한복을 쫙 빼입은 도마뱀일지도 모른다. 꼬리를 잘라버려서 몸을 가누지 못하고 꽈당 넘어졌겠지. 뭔 일만 터지면 도마뱀이라 발이 달려서 발뺌을 하나? 영화 '바람(Wish, 2009)'에서 나온 말 떠오른다, 소리 내서 읽어야 할 대목이다. 그라믄 안 돼, 발만 빼고 그라믄 안 돼, 몸 빼야지!

*김건모: 1968년 출생. <잘못된 만남>, <핑계>, <서울의 달> 등 수많은 히트곡을 낸 가수.

*우루과이 라운드: 1993년 관세 및 무역에 관한 일반협정(GATT), 나라들이 서로 이익을 얻으려는 무역교섭. 이 협상으로 대한민국은 농업의 개방을 확대했다.

*투애니원(2NE1): 박봄, 박산다라, 공민지, 씨엘로 구성된 가수 그룹. <I don't care>, <내가 제일 잘 나가> 등의 히트곡이 있다.

*황우여: 1947년 인천 출생, 서울고등법원 판사, 15 16 17 18 19대 국회의원(한나라당 새누리당), 교육부 장관, 사회부총리.

35. 눈 가리고 아웅
- 남 속이는데 가장 얕은수는 눈을 가리는 것 -

"전하, 장 마님과 양 대감이 '감히' 그럴 수는 없는 것이옵니다. 가만두어서는 아니 될 것이옵니다" 옛날 임금 곁에는 이렇게 '감히'를 아뢰는 환관이 있었다. 환관은 내시라고도 하는데 임금의 시중을 드는 벼슬아치였다. 거세된 사람이어서 집중력이 좋았으리라. 만약에 그 집중력을 학문에 써먹었다면 강진에 유배 온 정약용을 넘어서고, 발명에 애를 썼다면 밤조차 낮으로 바꾸어버린 에디슨은 아무것도 아니리라. 그런데 그 좋은 집중력을 개인의 출세나 욕심에 쓰면 백성들은 뼈가 으스러지게 아프다. 꼭 옛날 이야기만은 아니다.

궁궐에서만 그러지 않았다. "사또, 북쪽 나라의 장 사또가 실각했다 하는데 '어찌' 그럴 수가 있을깝쇼? 여자관계가 얽히고설켰다고도 하고, 몰래 감춰둔 돈이 나왔다고도 합니다. 참 알 수 없는 것이 인생이옵니다" 옛날 사또 옆에도 이렇게 어림으로 떠도는 '어찌'를 아뢰어 사또를 톡톡 건드는 이방이 있었다. 알쏭달쏭한 소리에 귀가 쫑긋거려 백성의 바른 소리는 들리지 않고, 불끈 솟는 말초신경에 백성의 억울함은 보이지 않았으리라. 그렇게 사또와 속닥일 수 있는 자리를 옳은 일에 썼다면 백성들의 아픔을 기쁨으로 바꾸는 암행어사가 부러웠겠는가. 그런데 그 좋은 자리를 제 배 속을 채우는 데 쓰면 백성들은 살이 떨어지게 아프다. 꼭 조선 시대 지방 이야기만은 아니다.

관아에서만 그러지 않았다. "나으리, 소작농의 아이들이 제 뒤태를 보고 놀리는데 너무 '버릇'이 없사옵니다. 가짜 양반을 모시고 있다느니, 일도 못 한 낙하산이라느니, 골목에서 떠들썩하옵니다" 옛날 담장 높은 집에도 이렇게 '버릇'을 앞세워 제 뜻을 기어이 이루는 똘마니가 있었다. 영감마님이야 뭐 아랫것들까지 신경 쓰는 것이 귀찮으니 일을 못 하면 스스로 잘하도록 '셀프 개혁하라'하면 그만이었겠다. 똘마니는 모여 있는 아이들에게 물대포를 쏘아 못 놀게 하거나 해산명령을 내려 겁을 주거나 아이들의 직위를 해제시켰다. 그래야 알랑거리는 소작농에게는 많이 거두는 논밭을 주어 콩고물을 얻고, 삼월이 사월이에게는 눈 찡긋거리며 팥고물을 나누어 주어 낙하산임을 감추었다. 콩고물이든 팥고물이든 모두가 소작농의 피와 땀이 스며있는데. 꼭 그 옛날 양반집에서만은 아니다.

마당에서만 그러지 않았다. "서방님~, 글쎄 개울 건너 (김)문수 서방이 저한테 경제민주화 타령만 하다가 경제를 다 죽였다고 타박을 하면서 살짝 눈길을 주고, 천주골 혼례도 치르지 않은 총각들이 '종북'으로 몰았다며 대놓고 제 손을 잡아당기려 했답니다. 감히 저를 어찌 해보려는 버릇을 고쳐주옵소서~엉" 섣달 그믐달 떴을 때, 옛날 사랑방에서는 코맹맹이 소리로 '감히'와 '어찌'와 '버릇'을 한꺼번에 들고 설치는 매월이도 있었다. "내 이놈들을 용납하거나 묵과하지 않겠다. 내 몸에는 내 아버님의 피가 흐르는데 아직도 그것을 모르는 놈들이 있단 말이냐" 가만있다가 이렇게 큰소리 한 번씩 빵 쳐 주어야 이불 속이 즐거웠다. 나머지야 뭐 알아서 할 테니까. 꼭 그 옛날 사랑방에서만은 아니다.

남을 속이는 데 가장 얕은수는 눈을 가리는 일이다. 눈을 가리는 수 가운데에서도 가장 얕은수는 자기 눈을 가리는 것이다. 자, 스스로 눈을 가린 뒤 뒷짐을 지고 우뚝 서서 '용납하거나 묵과하지 않겠다'고 소리를 질러 보시라. 키득거리는 소리가 들리면 그래도 좀 낫다. 두 번째 손가락을 머리 위에서 빙빙 돌리는 것은 보이지 않으니까. 좀 나은 수는 남의 눈을 가리고 '셀프 개혁하여라'고 소리를 질러 보시라. 쯧쯧쯧 하는 소리가 들리면 그래도 좀 낫다. 등 뒤에서 손가락질하는 것은 보이지 않으니까.

그럼 얕은수 가운데 가장 쓸 만한 것은 무얼까? 금방 아시고만, 똑똑하시네. 너도나도 아닌 가장 힘 있는 사람의 눈을 가리는 것이다. 환관은 임금의 눈을 가려야 임금 노릇을 하고, 이방은 사또의 눈을 가려야 사또 노릇을 한다. 똘마니는 양반의 눈을 가려야 양반질을 하고, 매월이는 서방의 눈을 가려야, 서방질을 한다. 쓰고 보니 거시기한 말이네. 그리고 속임수의 핵심! 늘 하회탈을 쓰고 있어야 한다. 늘 웃는 모습이니까. 아, 참! 탈 쓰는 것이 불편하면 속이지 말고.

　　*북쪽 나라의 장 사또: 장성택 전 북한 노동당 행정부장의 처형 뉴스가 있었다.

　　*셀프 개혁: 2013년 7월 박근혜 대통령은 수석비서관 회의에서 각종 의혹과 공방의 한 가운데 있는 국가정보원에 대해 '이번 일을 계기로 국정원 개혁에 박차를 가하고 개혁안을 스스로 마련해 주기를 바란다'고 말했다. 언론들은 '셀프 개혁'이라며, 이게 가능하느냐고 갸우뚱했다.

　　*천주교 신부 종북 사건: 박근혜 대통령 시절, 국가정보원의 대통령선거 개입 의혹을 철저하게 수사하자는 천주교 정의구현사제단의 시국미사에 대해 윤상현 새누리당 원내수석부대표는 '비겁하게 제대 뒤에 숨지 말고 당당하게 사제복을 벗고 말하라'고 호통을 쳤다. 이정현 청와대 수석은 감히 '국민이 뽑은 대통령의 사퇴를 촉구'한다고 역정을 냈다. 국방부는 '입장 자료'를, 통일부 대변인은 '성명'을 발표했는데 천주교 신부들을 종북 세력이나 반국가세력으로 몰아붙였다. 시국미사 강론에서 박창신 신부는 '이 땅에 정의도 희망도 없다'고 말했다.

36. 참빗으로 서캐 훑듯
- 북한 권력서열을 외우게 만드는 '종북'언론 -

밥통, 그러니까 위(胃)에 딱 붙어서 오래된 적혈구나 혈소판을 없애는 것이 '지라'다. 지랄이 아니라 지라! 지랄은 마구 떠들썩하게 굴면서도 옳고 그름을 가리지 못하고 막됨을 말하니 소리를 잘 내야 한다. '지랄'이 아니라 '지라'다. 지라를 말하려다가 혀가 미끄러져 지랄이라고 툭 튀어나오면 큰일 날 수도 있다. 여러 사람에게 웃음을 안겨주기는 하겠지만, 무지몽매(無知蒙昧, 아는 것이 없고 사리에 어둡다)가 드러나 남의 웃음거리가 되기도 할 테니까.

박정희의 유신 때엔 막걸리 마시다가 '그것도 대통령이야?'라고 말했다가 긴급조치로 잡혀갔고, 택시를 타고 가다가도 '세상 참 더럽군'했다가 바로 끌려갔다는 전설 같은 역사가 있다. 지금은 독재를 뿌리치고 민주화(?)가 되어서 막걸리 마시다가, 택시 타고 가다가 고문으로 이름 짜한 남영동으로 끌려갔다는 사람은 없다. 다만 박근혜 대통령을 '박근혜 씨'로 말했다가 위아래도 모르는 버릇없는 놈이라고 특정 부류의 사람들에게 말로 몰매를 맞고, 북한의 연평도 포격이나 천안함을 입에 올렸다가 특정 부류의 사람들에게 '종북'으로 몰리기는 한다. 어느 때보다 입조심을 할 때다. 민주화가 되었으니까?!

 아무튼, 밥통과 지라를 한데 묶어서 비위(脾胃)라고 부른다. 이 비위라는 말은 음식물을 삭여 내는 일 아니면 아니꼽고 싫은 것을 견디는 마음을 일컫는다. 음식물이 삭을 때 나는 냄새는 '비위가 상한다'고 말한다. 밥통과 지라가 썩으니 살 수가 없는 것이겠다. '비위짱이 뒤틀린다'고 말하는 것이 훨씬 세다. 남에게 아첨하고 아부하는 것은 '비위를 맞춘다'고 말한다. 썩는 냄새도 꾹 참고 빌붙는다는 뜻이겠다. 이 아첨이나 아부에 맞는 우리말에 '따리'가 있다. 썩은 내도 참으며 알랑거리는 것을 '따리 붙이다'고 하고, 썩은 내를 잘도 참는 사람은 '따리꾼'이라고 한다.

 사람들이 호래자식이라고 할지 모르지만 먹고 사는 데 힘을 쏟다 보면 아버님 어머님 제사도 깜빡할 때가 있다. 으레 '호로자식'이라고 하지만 말모이(사전)에서는 호래자식이 맞다. 배운 데가 없이 막되게 자라 버릇없는 놈을 일컫는다.

 그런데 우리나라 특정 언론들이 며칠 사이에 김정일 사망 2주기를 떠들어댔다. 옛날로 말하면 대서특필(大書特筆). 설마 김정일 제사를 지내라고 압력을 넣는 것일까. 이승만·윤보선·박정희·최규하·김대중·노무현, 우리나라 돌아가신 대통령의 제사에도 저렇게 호들갑은 떨지 않았다. 거기에다 잘 보이지도 않은 사진을 들이대며 어찌나 북한 권력서열을 되풀이하던지, 우리나라 장관 이름은 몰라도 죽었다는 북한의 장성택이나 김경희·최룡해·김영남은 뚜렷하다. 김정은의 건성건성 한 손뼉과 뻐딱한 자세도

머리에 쏙 박혔다. 포털사이트에서조차 김정일의 제사는 사라지지 않고 머물러 있다. 텔레비전 없이 사는데도 이런다. 무슨 꿍꿍이가 있는 것이 틀림없다.

특정 언론들이 북한 권력을 잘 알아뒀다가 따리 붙으려는 속셈인가, 아니면 대놓고 '종북'을 외쳐서 만일의 사태(?)에 대비하는 것인가. 이른바 보험 드는 일 말이다. 내년 6월 선거가 아직 여섯 달은 남았으니까. 이거 틀림없이 북한을 찬양·고무하는 국가보안법 위반 행위이다. 얼른 어버이연합과 참전용사들은 군복을 입고 김정일 사망 2주기를 집중 보도하는 언론을 고발해야 하고, 가스통을 들고 특정 언론사 앞에서 시위를 해야 하며, 검찰은 수사를 해야 한다.

일본 놈들이 우리나라를 쳐들어와서 온갖 것을 빼앗았는데 그 탄압의 끝은 우리 이름과 노래를 빼앗은 일이었다. 지금 우리 군대에서는 아리랑을 부르지 못하게 한다. 아마 일본 제국주의 침탈을 꾀하는 앞잡이가 우리 군대에 침투해 있음이 틀림없다. 서둘러서 일본침략 음모를 발본색원(拔本塞源)하여 우리 군대를 지켜야 한다. 그렇지 않으면 아베는 끊임없이 우리를 어리석다고 할 것이다.

북한에서는 평등을 부르짖고, 청와대 관계자는 북한의 가장 큰 사회불안 요인이 빈부격차라고 했다. 그래서 그랬나? 코레일에서는 4,213명을 직위 해제했다. 직위 해제는 신분은 그대로 두되 직위를 주지 않는 일이다. 그러니까 직위를 없애 평등하게 만든 것이다. 아마 북한의 평등이론에 푹 빠진 끄나풀이 코레일 안에 있음이 틀림없다. 청와대에서 빈부격차를 내세워 쑤시고, 코레일에서는 직위해제를 시켜 평등하게 만든 '종북'세력을 샅샅이 뒤져 우리 철도를 지켜야 한다. 그렇지 않으면 끊임없이 따리꾼들이 들끓을 것이다.

*김정일 2주기 방송사건: 종편을 비롯한 우리나라 일부 언론은 김정일 사망 2주기 때 평양체육관에서 열린 중앙추모대회 등을 대서특필했고, 북한의 서열 등을 분석하는 토론을 되풀이했다.

*군대 아리랑 금지 사건: 2013년 국방부는 '밀양아리랑' 등 민요와 '우리의 소원' 등 평화나 통일을 염원하는 노래를 금지곡으로 분류했다.

*코레일 직위해제 사건: 2013년 전국철도노동조합은 철도민영화에 반대하는 파업을 했고, 코레일은 파업 참가자 4,213명을 직위 해제했다. 직위 해제된 직원들은 기본급만 받고 수당을 받지 못한다.

37. 여럿의 말은 쇠도 녹인다
- 엔간하게 살더라도 옳음에 '예'하자 -

"할머니! 언제 일어나서 다 장만하셨데?"
"햇귀 보고 일어났지"

햇귀? 해가 솟을 때의 빛이다. 지금은 '햇귀'란 말은 잊히고 '새벽'이나 '동틀 녘'이란 말을 더 쓰지만 할머니들 입에는 살아있다. 햇귀, 들을수록 부드럽고 말할수록 감긴다. 오늘은 음력 11월 24일, 요즘은 아침 7시 20분이 되어야 햇귀를 본다. 새벽에 일어나 밥을 안치고 또닥또닥 양파, 감자 썰어서 된장국을 올려놓고 나면 월봉산에 햇귀가 노을처럼 붉게 젖어 든다. 햇귀는 노을보다 짧아 눈을 살짝 감았다 뜨면 사라지고 만다.

하루의 시작이 반짝이듯, 올 한 해도 번쩍하더니 이미 끝이다. 올해의 첫 적바림을 뒤적였다. 적바림? 이 말도 잊혔는데 요즘은 '메모'란 말을 더 쓴다. 지난 적바림에는 박기영의 '시작'이란 노랫말에 내 다짐이 입혀있다. "2013년, 오직 너만을 생각하겠어. 이게 바로 사랑이겠지. 처음 본 순간 나는 느꼈어. 내가 기다리던 해가 바로 너란 걸. 난 네게 말하고 싶어. 모든 것을 네게 주고 싶다고. 니가 나의 전부라는 걸" 올해의 끄트머리에 서서 올해의 첫 적바림을 보니 야무진 꿈(?)이었다는 것을 알겠다.

며칠 남지 않은 2013년을 어떻게 마무리할까? 안타깝다. 그렇지만 올해 잘 버텼다. 곧 새해가 또 온다니 몹시 부끄러울 뿐이다. 무엇을 마무리 짓고, 어떤 일을 가닥 친다는 것은 아주 어렵다. 멋지지는 못하더라도 그럴싸하기라도 해야 하는데. 불길처럼 활활 들끓게 만들던 소설이 싱겁게 끝나면, 어쩐지 똥 싸고 밑을 닦지 않은 듯 찝찝하다. 두근두근 가슴을 바싹 죄던 영화가 터무니없이 끝나면 콧등 잡고 코 풀었는데 걸쭉한 콧물이 옷에 묻어있는 듯 짜증 나고 속상하다.

1987년, 배창호 감독이 만든 '기쁜 우리 젊은 날'이란 영화가 있었다. 황신혜를 애틋하게 짝사랑하던 안성기, 이혼하고 돌아온 황신혜와 알콩달콩 연애하다가 혼인한다. 그리고 둘의 아이를 낳다가 황신혜가 죽는다는 엔간한 이야기인데 마지막을 어떻게 할 것인가 무척 궁금했다. '엔간하다'는 평범하다의 우리말이다. 마지막 장면을 보지 않고 영화관을 나왔다. 나름대로 마지막 장면을 그려보고 다시 영화를 보고, 그러기를 일곱 차례. 마지막 장면은 전혀 생각지도 못하게 끝났다. 아, 이렇게 만드니까 엔간한 이야기가 가슴에 척 박히는구나, 20년이 지났는데도 아직까지.

2013년, 양우석 감독이 만든 영화 '변호인'. 박카스를 들었던 송강호 변호사가 돈을 번 뒤에는 델몬트를 들고 더 많이 벌려고 뛰어다니다가 가난할 때 밥값 신세를 진 국밥집에 밥값 갚으러 갔다. 변호사는 그 밥값 때문에 정의를 깨닫고, 불의에 맞서 정의를 변호한다. 하지만 거센 불의는 그마저도 죄인으로 옭아맨다는 엔간한 이야긴데. 저럴 수가, 심장이 들끓어 토악질이 나오려 하고, 욕지기가 가슴을 옥죌 때, 영화가 끝날 시간, 감독은 어떻게 마무리를 지을까. 그 무렵 부산에는 142명의 변호사가 있었는데, 99명의 변호사가 죄인으로 몰린 그를 변호하고자 나섰다. 그리고 영화는 99명의 변호사 이름이 차례대로 불리면서 끝난다. 불의에 젖어 살던 사람들이 정의 앞에 '예' 하면서 일어선다.

느닷없는 말에 우리는 얼얼할 때? 있다. 2003년 '다모'라는 드라마에서, "너도 아프냐? 나도 아프다"는 말은 이웃이 아프면 나도 아프다는 사실을 깨닫게 했다. 이 말은 그 드라마를 보지 않은 사람, 기억에서 멀어진 사람들의 입에 아직도 남아있다. 그것은 느닷없는 말이 아니라 쌓였던 아픔이 입으로 터져 나온 것이다.

갑작스런 몸짓에 우리는 아릴 때? 있다. 2013년 '안녕들 하십니까'라는 고려대 대자보는 나만 잘 살려고 발버둥 치다가 모두 안녕하지 못한다는 것을 알게 했다. 이 말은 대자보를 읽지 않은 사람부터 이 땅의 청소년들에게까지 누구나 '안녕하시냐'는 물음을 품게 했다. 이것은 갑작스런 몸짓이 아니라 팽개쳐 둔 우리의 안녕을 우뚝 세웠다.

2013년을 엔간하게 살았더라도 '안녕하시냐'고 적바림해 둔다. 2014년 햇귀를 맞이하면서 엔간하게 살더라도 옳음에 '예' 하자고 적바림해 둔다. 박기영의 '시작' 노랫말이다. "나의 마음을 너에게 보여주기가 이렇게 어려운 줄 몰랐어. 이젠 혼자라고 생각하지 마. 너를 사랑하는 내가 있잖아"

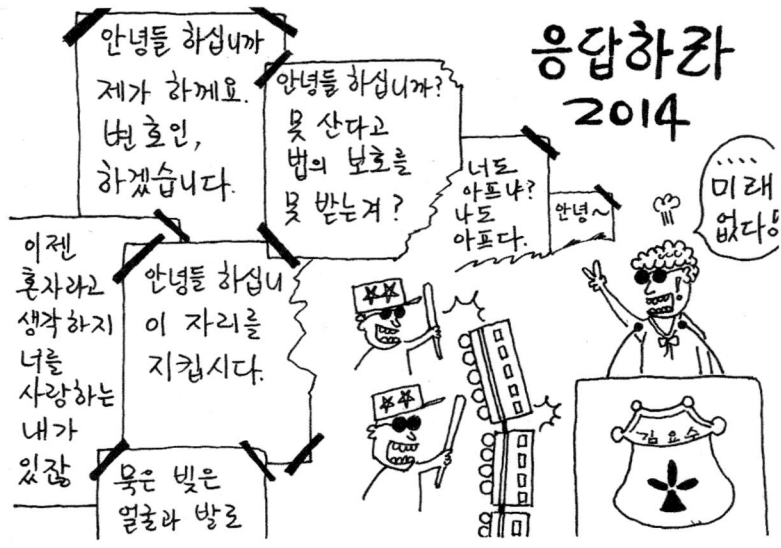

*영화 '기쁜 우리 젊은 날': 1987년 배창호 감독 작품, 황신혜 안성기 주연.

*영화 '변호인': 2013년 양우석 감독 작품, 출연 송강호 김영애 오달수 곽도원 임시완.

*드라마 '다모': MBC 14부작 드라마, 연출 이재규, 극본 정형수, 출연 하지원 이서진 김민준 권오중 이문식.

*대자보 '안녕들하십니까': 2013년 고려대 경영학과 주현우는 철도 민영화, 대통령 선거 불법 개입, 밀양 주민 자살 등 사회문제를 '안녕들하십니까'라는 제목으로 학내에 대자보를 붙였다. 그 뒤 전국에 있는 대학교와 거리에까지 자발적 대자보 붙이기가 운동처럼 번졌다.

38. 도랑 새우 무엇 하나
- 말띠라고 국민 입에 재갈 물리네 -

 해는 날마다 뜨지만, 사람들은 한 해가 바뀔 때 떠오르는 해를 따로 모신다. 그 해를 보며 새해에 꼭 해보고 싶은 일을 다짐한다. 간혹 꼭 이루게 해달라고 해에게 비는 사람도 있다. '다짐'과 '비손'은 마음가짐이 다르다. 다짐은 스스로를 다그치고 닦아세워서 하고자 하는 바에 더 가까이 다가간다. 비손은 애쓰려는 마음보다 기대려는 마음이 더 세다.

 사람들이 새해맞이 해돋이를 보며 비나리를 하려고 해 뜨는 곳을 찾아다닌 것은 그리 오래되지 않았다. 옛날에는 해돋이를 보고 비는 일도 드물었고, 빌더라도 앞산에서 빌었다. 오래된 신문기사를 보면 먹고살 만해진 1990년대 이후에 사람들이 해돋이가 멋있는 곳으로 비나리 하러 찾아다녔다. 비나리? '비나리 하다'는 앞길이 훤하도록 비는 말이고, '비나리치다'는 남의 마음을 사거나 잘 보이려고 알랑거린다는 뜻이니 잘 나누어 써야 한다. '뱃사람들은 비나리 하고, 아부꾼들은 비나리친다'처럼 쓴다.

 다짐이 됐든 비손이 됐든 새해를 맞아 마음을 한번 다잡아보는 때를 갖는 일은 틀림없이 좋다. 새해를 맞이하며 젊은이들을 가르치는 선생(교수)들은 '전미개오(轉迷開悟)'란 말을 꺼냈다. 구를 전, 홀릴 미, 열 개, 깨달을 오. 사람을 홀려서 피로움에 시달리게 하려는 마음에서 벗어나 깨달으라는 말이겠다. 시민들에게 던진 말은 아닐 테고, 그러면 설마 정치인? 국민들의 평안만 생각한다는 정치인들에게 '사람을 홀리지 마라'고?

새해를 맞아 나라를 지킨 조상들의 묏등을 찾아 '열어주신 길, 우직하게 가겠다'고 다짐한 사람(2014년 안철수의 현충원 참배)도 있고, '소통으로 시민을 모시는 마부가 되겠다'고 다짐한 사람(2014년 박원순 서울시장 신년사)도 있다. 정치 쪽에서 이름 짜한 사람들이 새해가 되면 묏등을 찾아다니거나, 한해의 일을 시작한다고 멍석을 까는 일도 그리 오래되지는 않았다.

어떤 사람은 '국정원 대선개입 특검'이란 현수막을 걸고 몸에 불을 붙여 죽었다. 자기의 뜻을 밝히며 죽음으로 말하는 일은 정말 어마어마한 다짐이고 비손이다. 그런데 경찰은 '빚 독촉' 때문에 자살했다고 말했다. 공권력은 언젠가 '턱 치니 억 하고 죽었다'(박종철)고 한 적도 있고, 어떤 죽음에 유서를 대신 썼다(강기훈)고 한 적도 있긴 하다.

어떤 사람은 '개혁이 혁명보다 어렵다'고 말하고, 박근혜 대통령은 '잘못된 유언비어를 바로 잡지 않으면 국민의 혼란만 가중된다'고 말했다. 개혁이 혁명보다 어려우니 쿠데타를 일으키겠다는 것인지, 유언비어를 잡으면 국민이 혼란하지 않다는 것인지 내 머리의 혼란이 가중된다. 군대를 동원하여 권력욕을 채운 뒤 거짓말로 둘러대고, 저항하는 국민을 획일화시킨 일 또한 그리 오래되지 않았다. 유언비어(流言蜚語)는 아무 까닭 없이 널리 퍼진 소문, 우리말로는 터무니없는 뜬소문쯤 되겠다. '흐를 류, 말씀 언, 강구벌레 비, 말씀 어'로 되어 있는데, 강구벌레는 바퀴벌레의 옛날 말이니 떠도는 바퀴벌레 말씀이란 뜻인지도 모른다. 바퀴벌레가 말을 하는지는 모르겠지만.

  1972년에 박정희는 죽을 때까지 대통령을 하려고 유신헌법을 만든다. 그리고 죽을 때까지 대통령을 했다. 그 유신헌법에는 국민의 자유와 권리를 빼앗을 수 있는 '긴급조치'를 집어넣었다. 1974년에 긴급조치 9호를 발표하는데 거기에 '유언비어 및 학생 정치관여를 불허'한다는 대목이 있다. 어느 말까지가 유언비어이고, 몇 살까지가 학생인지, 무슨 말이 정치관여인지의 규정은 없었다. 다만 그들을 의심하고 흉보는 말은 유언비어이고, 그들의 마음을 거슬리는 젊은이는 학생이고, 그들의 귀에 거슬리는 말은 정치관여로 규정했다. 아무튼, 긴급조치 9호 때문에 국민들은 함부로 말하지 못했다. 국민들의 입에 재갈을 물린 박정희는 1976년 새해를 맞아 '영일만에서 석유를 발견했다'고 함부로 말했다. 말하는 것이 언론인데 망나니 칼이 어디로 튈지 몰라 언론조차 숨을 죽이느라 '영일만에서 석유가 나왔다'고 보도했다. 사람들은 싸워야 할 때 입을 다문 언론을 배신자라고 했는데 그리 오래된 이야기가 아니다.

  말(馬)을 부리려고 아가리에 가로로 물리는 막대기를 재갈이라 한다. 올해가 말띠 해니까 유언비어를 까닭으로 내세워 재갈을 물리려 하는지 모른다. 소를 부릴 때는 코청을 꿰뚫고 나무 고리를 끼는 코뚜레를 한다. 코청은 두 콧구멍 사이를 막고 있는 얇은 막을 말한다. 귀청이란 우리말도 있는데 우리는 으레 고막이라고 한다. 지금은 말이나 소를 부릴 일이 없어 재갈이나 코뚜레 할 일이 없는데 그 쓰임새가 필요한 사람이 있나 보다. 긴급조치 9호로 잡혀가고 두들겨 맞고 피 흘린 국민 많았다. 그때 국민을 잡아가고 때리고 피 흘리게 만든 사람들이 박근혜 정부가 들어서면서 도로 그 자리에 가서 앉은 사람들 있다. 그리 오래되지 않았다는 이야기다.

나만 잘되겠다는 다짐은 원칙을 흩뜨리고 망가뜨린다. 내 편만 잘되라는 비손은 기준이 틀어지고, 상식을 무너뜨린다. 흩뜨려진 원칙은 부도덕을 낳고, 망가진 원칙은 불의를 낳는다. 틀어진 기준은 불법을 낳고 무너진 상식은 불신을 낳는다. 부도덕과 불법이 끼어든다는 것은 무능하다는 증거다. 어지럽게 춤을 추는 불의와 불신은 끔찍함이 벌어진다. 새해는 대한민국 사람들이 대한민국을 유능한 시대로 이끌 것이라 믿는다.

*'오래 살면 도랑 새우 무엇하는가를 보겠다'는 익은말(속담)이 있다. 너무 도리에 어긋나는 일이라 어이없다는 뜻이다. 도랑은 매우 좁고 작은 개울을 말한다. 으레 '또랑'이라고 하는데 말모이(사전)에서는 도랑이 맞다.

*올해의 사자성어: 으르렁거리는 사자와 관련된 말이 아니다. 젊은이들을 가르치는 선생(교수)들은 한 해가 질 때 그 해를 돌아보며 넉 자로 된 한문을 '올해의 사자성어'라는 말로 발표한다. 2001년부터다.

*국정원 대선개입 규탄 분신 사건: 2013년 12월 박근혜 정권 퇴진과 국정원 선거개입 특검을 주장한 남자가 서울역 고가도로에서 분신을 했다.

*턱 치니 억 하고 죽은 사건: 1987년 서울대학교 언어학과를 다니던 박종철은 치안본부 대공수사단 남영동 분실에 끌려갔다. 전두환 공화국 말기에 물고문을 받다가 사망했는데 경찰은 책상을 '턱' 치니 박종철이 '억' 하고 죽었다고 발표했다. 시민들은 '6월 항쟁'으로 저항했다.

*유서대필 조작 사건: 1991년 '노태우 퇴진'을 외치며 분신하여 죽은 김기설의 유서를 대필하고 자살을 방조했다며 검찰은 강기훈을 기소했다. 이 사건은 증거 없이 필적 감정과 정황만으로 기소한 대표적 인권침해 사례로 한국판 드레퓌스 사건이라 불린다. 강기훈은 2009년 재심을 통해 무죄로 확정되었으나 삶이 엉망이 된 뒤였다. 드레퓌스 사건은 1894년 프랑스 육군 군법 회의가 드레퓌스 대위에게 독일로 넘겨질 비밀 서류의 필체와 그의 필체가 비슷하다며 반역죄로 종신형을 선고한 사건인데 재판 내용은 '국가 안보'라는 이름으로 감췄다.

39. 억지가 반벌충이?
- 역사는 왜 적는가? 더 올바르고 나은 삶 위해 -

고등학교를 들어가는 시험인 연합고사를 본 뒤였다.

하루는 그 무서운 '13일의 금요일(Friday the 13th)'이라는 영화를 보았고, 하루는 눈 오는 운동장에서 그 떨리는 '속옷 차림 축구'를 했다. 중학교 과정이 다 끝나서 선생님들은 시간을 때우기도 하고, 우리를 씩씩하고 굳센 사람으로 키우고 싶은 마음도 있었으리라. 해병대 출신 체육선생의 입김이 많이 미쳤겠지만. 어느 날은 메스꺼운 '금연 다큐멘터리'를 보았고, 어느 날은 산토끼가 없는 뒷산에 올라 생뚱스레 '토끼몰이'를 하기도 했다. 선생님들은 우리의 몸이 튼튼하기를 바라고, 추억을 만들어주려는 마음도 있었으리라. 교회 장로 일을 하시는 나이든 교감 선생이 흘낏 흘낏 눈길을 보냈지만.

옛날에는 짐승을 잡을 때 덫이나 올가미를 놓고, 몰이를 했다. 몰이를 하지 않을 때는 짐승을 살살 꼬드기는 미끼를 함께 놓았다. 미끼는 짐승의 콧방울을 벌름거리게 하고, 눈구멍을 희번덕거리게 하는 것을 써야 한다. 먹고 싶어서 창자가 열두 번쯤은 확 뒤집어지도록. 덫이나 올가미는 짐승을 꾀어 잡는 연장이다. '덫'에는 '남을 헐뜯고 어려움에 빠뜨리려는 약삭빠른 꾀'라는 뜻도 들어있고, '올가미'에는 '사람이 걸려들게 만든 되바라진 꾀'라는 뜻도 들어있다. 연장이란 말이 거북하게 들려 따지고 싶겠지만 '도구'라는 우리말이다. 연장은 물론 남자의 거시기를 말하기도 한다. 덫이나 올가미라는 '연장'은 짐승을 잡는 데 쓰지만, 덫이나 올가미라는 '말'은 사람을 잡는데 쓴다.

'약삭빠르다'는 눈치가 빠르고 잇속에 재빠르다는 뜻인데 〈약삭빠른 강아지 밤눈 어둡다〉처럼 쓰인다. 약삭빠르게 굴면 도리어 그르쳐 때를 놓친다는 익은말(속담)이다. '되바라지다'는 쉽게 밑바닥이 드러나 보이는 것을 말하는데 '남을 너그럽게 감싸지 못하고 적으로 삼는다'는 뜻도 있다. 건방지다와 이웃하는 말이다. '건방진 놈'이라 하면 사람들이 벌컥 화를 내고, '되바라진 놈'이라 하면 살짝 언짢아하기만 한다. 보통 심하게 짜증 날 때 '건방진 놈'이라 쓰고, 조금 거슬릴 때 '되바라진 놈'이라 쓴다. 약삭빠른 놈을 만났을 때 화가 치밀더라도 더 부드러운 하루를 보내려면 '건방지다'는 말보다 '되바라지다'는 말을 입에 익히시라. 요즘은 덫이나 올가미로 짐승을 잡는 일이 매우 드물지만, 사람을 덫에 가두고 올가미를 씌우는 일은 잦다.

중학교 역사 선생님은 교과서도 없이 빈손으로 들어와 우리에게 그날 배울 곳을 목소리 맞추어 읽게 하고, 읽은 곳을 이야기처럼 술술 풀어주었다. 우리 역사를 훤히 꿰고 계셔서 교과서 없이도 설명을 할 수 있었다. 같은 이야기를 5년, 10년 가르치셨으니 그럴만하시겠다. 그러지 못하는 선생님들이 많긴 하지만. 원시시대를 이야기할 때는 빼어난 그림 솜씨로 홀딱 벗은 남자와 여자를 칠판에 그렸고, 가야를 말하다가는 불교의 흐름에서 사상까지 몇 시간을 쉬지 않고 말씀하셨는데 지루하지 않았다.

광개토왕과 장수왕을 말할 때는 말을 타고 달리듯이 말이 빨랐고, 일제강점기를 말할 때는 입에 게거품이 괴었고, 게거품은 분함으로 튀어나왔다. 고려를 세운 해에는 서민들이 하도 '그(9) 십팔(18)'이라고 욕을 해대서 고려 건국은 918년이라고 가르쳐주었고, '십오야(15) 둥근 달'조차 '구이(92)'가 돼버린 것이 임진왜란이라서 임진왜란은 1592년이라고 가르쳐주었다. 머리에 지녀야 할 숫자들이 쏙쏙 들어왔다. 사람을 속일 목적으로 역사를 그릇되게 꾸미는 짓을 '왜곡(歪曲)'이라고 말씀하셨고, 한국전쟁 이후의 역사는 가르치지 않았다. 지금 생각하면 그 시절엔 한국전쟁 이후의 우리 역사를 함부로 말할 수 없던 시대였다고 느낀다.

사람이나 자연이 살아온 발자취를 적는 일이 역사다. '사람들은 더 올바르고 더 나은 삶을 살려고 역사를 적는다'고 역사 선생님은 말씀하셨다. '너희들도 더 올바르고 더 나은 삶을 살려면 너희들의 역사를 날마다 새롭게 적기를 바란다'고 우리에게 단단히 부탁하셨다. 수염이 덥수룩한 역사 선생님의 마지막 수업, '언제 적으라고?' 장난스럽게 물었고, 우리는 '날마다요'라고 대답을 했다. '어떻게 적으라고?' 가르쳐준 일을 되새김하듯 물었고, 우리는 '새롭게요'라며 가르침대로 대답했다. 역사 선생님의 마지막 물음이었다. 그해 겨우내 날적이(일기)에는 〈박정희는 쿠데타로 '정권'을 잡았고, '죽을 때까지' 대통령을 하려고 유신헌법을 만들어서 '죽을 때까지' 대통령을 했다〉고 적혀있다.

　선생님 덕분에 역사의 가닥을 잡고 삶의 가락도 배웠다. 선생님 덕분에 어느 대통령이 말한 '통일은 대박'이라는 말에 크게 웃을 수 있었고, 성당에서 군복 입은 노인이 가짜 권총으로 을러대는 것을 보고 혀를 찰 수 있었다.

　참, 일본의 침략이나 독재가 마땅하다고 나불대는 녀석들과 녀석들을 감싸며 으스대는 녀석들은 누구일까? 침략과 독재의 후손이어서 떳떳해 보려고 날조(捏造)하는 것일까, 일본과 독재의 끄나풀일까? 궁금하다. 우리는 일본으로부터 광복(光復)을 했고, 왜노므시키로부터 해방(解放)했는데도 말이다. 또 참, '주구(走狗)'라는 말이 있다. 사냥할 때 데리고 다니는 개인데 달음질 잘 하는 개다. 요즘은 사냥이 드물어서 그런지 몰라도 '앞잡이'나 '꼭두각시'란 뜻으로 쓰인다. 앞잡이나 꼭두각시는 아시다시피 남이 부추기면 좋지 않은 짓거리도 마다하지 않는 끄나풀이다. '통일은 대박'이라고 말한 대통령이 사는 집에 들어가 일하려면 배우고 갈고 닦아야 한다. 배우고 갈고 닦은 사람들 많이 들어가서 일한다. 그곳에서 키우는 개가 있는데 이름이 '희망'이란다. 거기서는 '통일은 대박'이고 개마저 희망이라는데……..

　　*'벌충'은 모자란 것을 보태어 채운다는 뜻이다. '억지가 반벌충이?' 란 익은말(속담)은 실패하고 손해날 게 뻔한데도 억지를 쓰며 밀고 나가겠느냐고 되묻는 말이다.

　　*통일은 대박: 2014년 1월 박근혜 대통령은 150여 명이 모인 내외신 기자회견에서 '통일은 대박'이라고 말했다. 많은 국민들은 웃었고, 보도한 언론인들은 웃지 않았다. 칼 마르크스가 말했다는 말 <역사는 두 번 되풀이한다. 한번은 비극으로, 한번은 희극으로>가 떠올랐다.

　　*날조(捏造): 사실이 아닌 일을 사실인 양 거짓으로 꾸밈.

40. 복덕방에 들어앉았나?
- 정치인도 오디션 거쳐 뽑으면 안 될까? -

"엄마 계시냐? 이 집 상하방 내놨지? 좀 보려고 왔다. 자, 보세요. 연탄아궁이를 밖으로 빼서 맛없는 연탄가스 마실 일 없소. 선생집이라 아이들도 조용하고, 화장실이 두 칸이나 있어요" 초등학교 때 복덕방 할아버지가 집을 구하려는 사람을 데려와 하신 말씀이다. 동네에서 오래 사셔서 동네를 잘 알기에 어느 집을 내놨고, 그 집엔 어떤 사람이 잘 어울리겠는가를 한눈에 알아보셨다. 우리는 병원 가까이에 살아서 상하방에는 예쁜 간호사 누나와 그보다 더 예쁜 고등학생 누나가 들어와 그 집을 팔 때까지 함께 살았다. 복덕방 할아버지는 딱히 나라에서 주는 자격증이 없었지만 살기 좋은 우리 양림동 마을에 들어와서는 안 되겠다 싶은 건달 같은 사람에게는 '방 없다'고 딱 잘라 말했다.

복덕방은 땅이나 집을 사고팔거나 빌려주는 일 사이에 끼어 흥정을 붙이는 일을 하는 곳이었다. 지금은 부동산중개인이란 이름으로 바뀌었고 의사나 변호사처럼 시험을 봐서 자격증을 얻어야 한다. 소를 흥정하면 소거간꾼, 말을 흥정하면 말 거간꾼 하듯 '거간꾼'이란 말도 있다. 소거간꾼은 한 낱말이니 붙여 쓰고, 말 거간꾼은 떼어 써야 맞다. 지금은 아예 쓰임을 찾을 수 없지만 거간꾼이란 뜻으로 '우다위, 홍정꾼, 홍정아치, 홍정즈름'란 말이 옛날 이야기꾼들 글 속에서 보인다. 복덕방이란 말은 지금은 사라졌지만 고등학생들이 읽어야 하는 단편소설 목록에 이태준의 〈복덕방〉이란 이름이 남아있긴 하다.

현대화 혹은 도시화가 된 뒤로는 무슨 일이든 자격증이 있어야 대접받는다. 옛날 대장장이는 나라가 자격증을 주지 않아도 잘 배워서 대장일을 했고, 침과 뜸을 잘 배운 사람은 자격증 없이도 몸의 아픔을 다스렸다. 자격증이 없어도 그 일을 잘 했던 까닭은 눈으로 보고 몸으로 겪었고, 또 자격증은 없지만, 사람들이 '그 사람'을 믿었기 때문이 아닌가 싶다. 지금은 그 사람을 보고 느낄 틈 없으니까 믿을 수 없어서 자격증을 주어 믿게 만드는 일, 마땅하다. 그러니까 나라에서 따로 꼼꼼하게 살펴서 믿을만하다는 뜻으로 종이에 써서 도장을 꽉 박아줘야 한다. 그 종이가 자격증이다.

나라에서 어떤 일을 미처 하지 못하면 잘하는 사람끼리 모여서 모임을 만든다. 협회다. 그 모임에서는 사람들을 잘 살펴 믿을 만하다는 인증서 같은 종잇장을 준다. 꽃꽂이하는 사람도 잘하는 사람들의 모임인 협회에서 심사를 받아 전문가가 되고, 시를 쓰거나 소설을 쓰는 사람조차도 심사를 거친 뒤에 시인이나 소설가라는 이름을 얻는다. 커피를 잘 만드는 바리스타나 칵테일을 잘 만드는 바텐더 그리고 와인의 맛을 잘 아는 소믈리에도 역시 그런 과정을 거친다. 어쩌면 정치인도 자격증 시대가 올지도 모르겠다. 워낙 믿을 수가 없으니까. 우스갯소리로 하던 '정치인 자격증 시대'란 그 말을 이제 똑바른 얼굴빛으로 하는 사람들이 꽤 늘었다.

노래하는 가수도 아직 자격증을 주지는 않지만, 공개오디션을 거치는데 요즘 그런 텔레비전 프로그램이 인기다. 노래를 잘하니 재미도 있고, 이야기를 붙여 마음도 찡하게 만들기 때문이다. 오디션은 환경이나 생김새도 보지만, 실력을 더 중요하게 여긴다. 그러니까 재능은 있지만 방법을 모르는 사람에게는 좋은 기회다. 사람들은 '보통 사람'이 점점 연예인이 되는 모습에서 자신의 꿈을 키운다. 시청률을 높이려는 편집이 눈살을 찌푸리게 하고, 얼토당토아니한 심사평에 콧방귀를 뀌게 하기도 한다. 인기투표로 바뀐 시청자 투표도 꺼림칙하다. 그럼에도 참가자들이 함께 땀 흘리며 돕는 모습과 꿈에 다가가는 길은 아름답다.

우리 살림살이를 살펴보는 정치인도 공개오디션을 거치면 어떨까? 학벌이나 재산만 알 수 있는 선거 공보물보다 평소 누구를 만나고 어떤 이야기에 관심이 있는지 또 무슨 일을 잘하는지 알 수 있는 좋은 기회가 되지 않을까? 지금처럼 시청률 높이려고 사진만 잘 찍고, 심사평 잘 받으려고 언론에만 잘 보이게 꾸며서 스리슬쩍 넘어갈 수는 없을 테니까. 그마저도 영남과 호남에서는 시민들 쳐다볼 필요 없다. 공천만 받으면 되니까. 영남과 호남이 서로 손가락질 '할 만'하다. 다음 지방선거에 나선다는 사람들을 보며 그냥 우스개 해봤다. 하지만 똑바른 낯빛으로!

* '복덕방에 들어앉았나'는 '복이 많이 생기는 방에 에헴 하고 들어앉았느냐'고 묻는 익은말(속담)로 먹을 일 많고 행운이 줄줄이 차려지는 처지를 묻는 말이다. 영남과 호남에 말뚝처럼 박힌 정치인들에게 묻고 싶은 말이다.

41. 흰 모래밭에 금 자라 걸음
- 선거철 다가오니 입바른 소리 횡횡하네 -

모처럼 사람들이 북적거리는 거리에 나섰다. 좀처럼 사람들이 모이는 곳엔 가지 않는다. 사람 많은 곳을 싫어하셨던 어머님을 닮아선지, 사람 많은 곳에 가지 말라고 어렸을 때부터 단단히 일렀던 어머님 때문인지는 알 수 없다. '어머님'은 남의 어머니를 높이거나 돌아가신 내 어머니를 이를 때 주로 쓴다. 눈 시퍼렇게 뜨고 살아계시는 자기 어머니에게 '어머님'이라고 쓰지 마시라. 속 보이는 말이니까.

여러 사람 모이면 말이 잘 나오지 않는다. 그렇다고 서너 사람 만난다고 말을 잘하는 것은 아니다. 허리 곧추세우고 헹감치고 앉아 글이나 읽던 아버님을 닮아선지, '말이 많으면 쓸 말이 없어야'는 말을 입에 달고 사신 아버님 때문인지는 알 수 없다. '헹감'이라고도 쓰고 '헹감'이라고도 쓰는데 양반다리로 앉는 일을 말한다. 양반다리는 '앉는다'고 말하는데 헹감은 '친다'고 한다. '앉는다'와 '친다', 이렇게 나누어 쓰는 까닭이 있을 텐데, 나는 아직 알지 못한다.

사람을 가까이 만날 때는 신발을 주로 본다. 대놓고 얼굴을 볼

만큼 떳떳하지도 않지만 어쩐지 부끄러워서다. 신발을 보면서 그 신발 고를 때를 떠올리면 신발 신은 사람의 본데를 어림할 수 있고, 신발이 닳은 생김새를 보면 됨됨이(성격)도 눈대중할 수 있다. '본데'는 보아서 배운 예의나 솜씨쯤이다. 예의를 차릴 줄 알면 '본데있다'고 말하는데 '본데있다'는 한 낱말이므로 붙여 쓴다. 다시는 잘못을 저지르지 않도록 따끔한 맛을 보일 때 '본때를 보인다'고 쓰는데 '본때'는 본보기가 될 만한 일이나 물건의 맵시를 이른다.

낯선 사람을 만나면 얼굴을 쳐다보는 버릇이 있다. 놀라거나 싫어하는 사람이 많아서 몰래 빤히 본다. 들킬 때도 있어서 혼쭐이 나기도 한다. 좋게 생각하며 살거나 웃을 일 많은 사람은 웃는 얼굴이고 주름조차 웃음 따라 생긴다. 꼬이게 생각하거나 까다로운 사람은 눈빛까지 움찔하게 만들고, 꾸민 듯이 웃는다.

버스를 타면 엉뚱한 라디오 프로그램이나 노래를 듣게 된다. 택시를 타면 생뚱한 한탄이나 심지어는 욕지기를 듣게 된다. 모두 귀를 어지럽게 후비고 머리를 어지럽게 흩뜨린다. 사람들이 차라리 귀에 뭘 꽂고 있는 까닭을 알 것 같다. 모처럼 나선 거리에서 낯선 노래에 시달리고, 좀처럼 듣지 않던 말에 귀가 시끄럽다. 시끄러움은 귀에서 머리로 옮겨가고, 머리는 마음을 또 흔들어댄다. 이럴 때는 볼 만한 것을 찾아보면 아주 좋다.

눈을 쓱 돌리니 곳곳에 돈 이야기 현수막이 붙었다. 돈이라서 눈이 번쩍! '최소 3479억 원, 최고 1조 원' 밑도 끝도 없는 돈 이야기가 눈에 쏙 들어온다. 그런 현수막은 여러 곳에 붙었는데 그것을 붙인 모임(단체)은 다 다르고 글은 다 똑같다. 그리 큰 모임도 아닌데 3천억 원을 계산하고, 1조 원을 세고 있었을까? 3천억과 1조 원은 차이가 너무 커서 수학 문제라면 틀릴 것이 뻔하고, 로또 복권도 당첨금 차이가 저리 나지는 않는다.

그리고 저건 또 뭔 뜻이야? 순환도로 운영회사와 협상을 다시 하여 시민 혈세를 절감했다는데 시민에게 돌려주겠다는 소리야, 세금을 깎아주겠다는 소리야? 아니면 통행료를 없애주겠다는 것이야? 순환도로 운영회사와 처음 협상을 했던 사람도 공무원이고, 다시 협상한 사람도 공무원인데 그러면 처음 협상했던 공무원이 잘못했다는 뜻이다. 잘못한 공무원이 책임을 진다는 뜻인지는 알 수 없다. 그냥 혈세를 절감했단다. 모든 게 그대론데. 여기서 궁금하다. 혈세를 저렇게 쓴 사람은 누구일까, 광식이 동생? 저 현수막 값은 누구 주머니에서 나왔을까, 운식이 동생인가? 참고로 말씀드리자면 '광식이 동생, 광태'라는 영화가 있었고, 순환도로를 만들었던 당시의 광주광역시장 이름은 광태, 저 현수막이 붙던 시절의 광주광역시장 이름은 운태였다.

아차, 저것이 바로 현대판 송덕비고 선정비로구나. 탐관오리나 독재자가 좋아한다는. 얻어먹으려는 사람들은 높은 사람에게 잘 보여서 얻어먹기 좋고, 높은 사람은 후손까지 알려서 좋다는 송덕비! 널리 알리려고 사람들이 많이 다니는 길목에 두고, 백성을 아끼고 발전에 지대한 공을 잊지 말라는 선정비! 그런데 알릴 말이 없으니 처음 협상이 잘못되었음을 스스로 알리고, 알릴 방법이 마땅하지 않으니 차마 비석은 세우지 못하고 곳곳에 현수막을 걸었구나. 얼렁뚱땅 말을 버무려 놓으니 시민들은 그냥 일을 잘 했다고 생각할 수도 있겠구나. 엉뚱한 생각 든다.

　시민 혈세 절감했으니 돈이 많이 생겨서 곧 동상도 세우고, 생가 복원도 해서 일자리 창출했다고 공을 세우고, 새로운 관광지가 생겨 창조 경제로 우뚝 섰다고 주장하겠다(이 글을 쓴 몇 년 뒤 진짜로 박광태 전 광주광역시장의 공적비가 세워졌다. 제대로 한다면 송덕비와 선정비는 죽은 뒤에 세워야 맞겠는데 박광태 전 시장이 참석하여 '공적 기념비 제막식'을 가졌다). 생가 앞에는 세금 퍼서 꽃 잔디(일명 '말례화') 심어 봄을 즐기면서 시민들은 1등 광주에서 1등 시민(박광태 시장 시절 시정 구호)을 누렸고, 행복한 창조도시(강운태 시장 시절 시정 구호)까지 살았으니 길이길이 찬양하겠다. 광식이 동생에서 운식이 동생까지.

　배운 사람들이 바른길을 가지 않고 배운 것을 알랑거리는 데에 쓰면 곡학아세(曲學阿世)라 하고, 세상을 어지럽히고 꼬드겨 속이는 것을 혹세무민(惑世誣民)이라 한다. 가짜를 진짜처럼 보이게 하고, 비정상을 정상처럼 꾸민다. 입바른 소리는 꿀 바른 허튼소리로 막는다. 탐관오리나 독재자들이 쓰는 술책이다.

* '흰 모래밭에 금 자라 걸음'이란 맵시를 내고 아양을 떨며 아장아장 걷는 여자의 걸음을 말하는 익은말(속담)이다. 선거가 다가오니 사뿐사뿐 걷는 사람들이 웅성웅성한다. 그런데 분명 아실 일은 그들에게 휘둘리면 자칫 똑같은 팔자 된다. 눈 똑바로 뜨고 보시라.

*말례화: 박광태 광주광역시장 시절 광주의 거리 곳곳에는 꽃 잔디가 심어졌다. 누군가가 무척 좋아한다는 말도 있었고, 누군가의 아는 사람이 꽃 잔디 장사를 한다는 말도 퍼졌다. 또 박광태 시장 부인의 이름이 '말례'라는 소문도 있었고, 아무튼 시민들은 꽃 잔디를 '말례화'라고 불렀다.

42. 노래의 날개 위에 -멘델스존
- 이러다간 '새벽종이 울렸네'만 남겠네 -

〈너를 마지막으로 나의 청춘은 끝이 났다 / 우리의 사랑은 모두 끝났다〉 조용필의 '큐'라는 노래는 이렇게 비롯한다. 그해 가을, 아버지를 땅에 묻고 돌아온 다음 날 아침, 눈을 떴을 때 이 노래가 들렸다. 어머니께서는 아버지가 즐겨 듣던 라디오 앞에 앉아 눈물을 줄줄 흘리고 계셨다. 더운 여름 콩물 국숫집에서 젓가락질을 멈춘 어머니께서 갑자기 눈물을 뚝뚝 흘리셨다. 스피커에서 〈너는 나의 인생을 쥐고 있다 놓아 버렸다 / 그대를 이제는 내가 보낸다〉는 조용필의 목소리가 흘러나오고 있었다. 어머니 앞에서 나도 눈이 빨갛도록 울었다.

양인자 님이 '눈감으면 모르'고 '돌아서면 잊으리'라고 쓴 노랫말이 어머께는 그리움이고, '내 오늘은 울지만 다시는 울지 않겠다'는 다짐으로 다가왔으리라. 어머니는 그 뒤로 유행 지난 이 노래가 들리면 고개를 숙이고 눈물을 흘렸다. 아버님의 옷가지를 버릴 때 어머니는 한숨 섞어 이 노래를 불렀고, 아버님의 책들을 간추리던 나도 이 노래를 부르며 눈물을 글썽였다. 지금도 아버님이 돌아가시던 날이 오면 퇴주를 마시고 이 노래를 가만히 부른다. 그러면 아버님이 지긋이 다가와 내 눈을 흥건히 적신다.

p. 211

〈차가운 바람이 손끝에 스치면 / 들려오는 그대 웃음소리〉 백지영의 '잊지 말아요'라는 노래에 나오는 대목이다. 고등학교 들어가면서 읽었던 책들을 뒤적거릴 때 이 노래가 들렸다. 책 머리말에는 어머님의 삐뚤빼뚤한 글씨가 보였다. '아들, 뭐든 날마다 밥 먹듯이 하면 된다' 그날 돌아가신 지 5년이 지났는데도 어머님이 떠올라 나는 장난감 빼앗긴 어린이처럼 목 놓아 울었다. 〈혹시 알고 있나요 / 뒤돌아서 가슴 쥐고 그댈 보내주던 그 사람 / 그 사람이 바로 나예요 / 그 사람을 사랑해줘요〉 애가 타는 백지영의 목소리가 가슴을 콕콕 쑤셨다.

김도훈 님과 최갑원 님이 사랑하는 사람을 떠나보내는 마음으로 쓴 노랫말이 나에겐 어머님이고, 그리움이 되었다. 어렸을 때 어깨동무하던 벗들이 어머님을 떠올려주면 나는 이 노래를 불렀고, 이 노래를 부른 뒤에는 우두커니 먼 곳을 보았다. 그 먼 곳 어디에서 어머님의 부지런한 손놀림이 보였고 어머님의 잔소리가 들렸다. 어머님의 보살핌을 받았던 큰 아이는 벌써 자라서 내 손전화에 이 노래를 넣어주었다. 그리울 때 들으라고.

〈바람이 머물다 간 들판에 / 모락모락 피어나는 저녁연기〉 1984년, 문화방송(MBC) 창작동요제에 나왔던 '노을'은 이렇게 들어간다. 마치 넓은 들판을 보는 듯한 이동진 님의 노랫말에, 안호철 님이 졸졸졸 물 흐르듯 가락을 붙여놓았다. 거기에 권진숙 어린이의 곱디고운 목소리가 몸을 적신다. 지금 그 어린이는 어른이 되었겠지만. 저절로 좋은 마음이 생기고, 사르륵 삶이 부드러워진다.

어떤 노래는 문득 찾아와 따뜻하게 스며들고, 어떤 노래는 갑자기 다가와 굳세게 만든다. 어떨 때는 곰살갑게 간질이고, 어떨 때는 싹싹하게 북돋는다. 씩씩하게 힘이 되는 노래가 있고, 상냥하고 나긋하게 만드는 노래가 있다.

〈어쩐지 오늘 아빠의 얼굴이 우울해 보이네요 / 무슨 일이 생겼나요 무슨 걱정 있나요〉 권연순 님은 이렇게 아빠의 얼굴을 보고 걱정하는 아이의 마음을 노랫말로 썼고, 한수성 님이 '아빠 힘내세요'라는 동요를 만들었다. 대한민국이 어려워서 국제통화기금(IMF)으로부터 도움을 받았을 때, 일자리를 잃은 아빠들에게 힘과 용기를 준 노래다.

그런데 박근혜 정부의 문화체육관광부에서 아빠들 힘내라는 이 노래를 연구하라고 했단다. '아이들을 교육할 때 양성평등의 관점에서 생각해보는 기회를 마련해보자는 취지'란다. 물론 연구비는 우리가 낸 세금이다. 연구결과가 참 어처구니없다. '양성평등 저해수준이 매우 심각'하다고 했단다. 아빠들 힘내라는 노래가, 아빠들이 이 노래를 들으며 힘을 냈던 노래인데 말이다. 이러다간 곧 있으면 웬만한 노래들 싹 유해 판정받고 〈새벽종이 울렸네 / 새아침이 밝았네 / 너도나도 일어나 새마을을 가꾸세〉만 방방곡곡에 울려 퍼질지도 모르겠다. 박근혜 대통령의 세상에서는! 상식에 귀 막으면 기가 막힐 일이 터진다는 것을 알랑가 몰라.

*국제통화기금(IMF): 1961년 경제발전과 세계무역을 촉진하려고 세운 국제금융기구. 대한민국은 1955년에 가입했는데 1997년 외환위기가 닥쳐 구제금융 210억 달러를 지원받았다. 그때 김대중 대통령과 국민들은 '금 모으기 운동'을 펼쳐 2001년 국제통화기금의 관리체제를 마감하였다.

43. 손오공 탈 그리고 조용필처럼
- 가난한 나라 백성 착취, 홍문종처럼은 살지 말아라 -

'작은방 창가에 기대어 아무도 모를 노랠 부'른 팬텀은 '아직은 보잘것없는 목소리가 또 울려 퍼'진다고 노래했다. 팬텀, 노래 잘 한다. 그리고 '나의 얇은 지갑 내 맘'이 그게 아니라면서 '조용필처럼 나 변함없이 노래'할 거라고 다짐한다. 시내버스에서 어느 아이가 고개를 까딱거리며 '어린 나이에 내 꿈 찾아 왔다'며 흥얼거릴 때는 몰랐는데 노랫말을 컴퓨터에 띄워놓고 보니 '월세도 제때 못 내는' 그 마음이 짠해지고, '변치 않을 게'라며 다짐하는 그 마음이 든든하다.

물론 사랑을 두고 하는 노랫말이기는 하지만 그 안에 삶이 녹아 있다. 끊이지 않은 열정을 가진 조용필은 노래하는 사람에게 가르침을 주고, 노래를 듣는 사람에게 큰 느낌을 안긴다. 그래서 사람들은 그 이름을 기리고 자주 입에 올린다. 사람들이 조용필의 노래와 함께한다는 말이다. 조용필뿐이겠는가? 곳곳에 그만한 사람들 참 많다. 유홍준이 말한 '인생도처유상수(人生到處有上手)'처럼. 요즘 사람들이 바빠서 찾지를 않고, 언론과 에스엔에스(SNS)로 눈이 높아져 웬만한 '상수'는 '상수'로 보지 않으니까 그렇지.

참, 에스엔에스란 말이나 스마트폰이란 말을 쓸 때마다 이것을 우리말로 '손오공 탈'이라고 하면 어떨까 하는 생각을 한다. 손바닥 안에서 온갖 변화를 다 부리고, 그 덕분(?)에 우리는 탈을 쓴 사람처럼 나를 잊기도 하고 나를 잃으면서 살기 때문이다.

조용필처럼 우러러볼 만한 사람과는 달리, 우리가 스스로 뽑지만 받들어 모셔야 하는 사람들이 많다. 대통령, 국회의원, 지방자치단체 활동을 하는 사람들. 우리는 그들의 빛나는(?) 학력, 번쩍이는(?) 경력만 보며 뽑고 만다. 그들이 어디에 마음을 두는지와 그들의 됨됨이는 보지 않고. 그러니까 그들은 스스로 잘나서 된 줄 알고, 마음껏 누리고 힘껏 휘두른다. 사실 우리의 모범이 되고 우리의 앞을 꾸려가는 '지도자'를 뽑는 것이 아니라 '지배자'를 뽑는 셈이다.

그렇게 뽑힌 사람 가운데 홍문종(새누리당, 경기 의정부)이란 사람이 있다. 고려대, 스탠퍼드, 하버드이니 학력이 빛난다. 의정부에 있는 경민대학교 총장을 거친 이사장이고, 집권당의 사무총장을 하는 3선 국회의원이니 경력도 반짝인다. 거기에 믿음이 두터운 기독교인이고 얼굴마저 번드르르하니 흠잡을 데가 없는 사람이다.

홍문종은 경기도 포천 아프리카 박물관 이사장이기도 하다. 박물관 주인이란 말이다. 그 아프리카 박물관에는 조각하고 무용하고 악기를 연주하는 아프리카 예술인들이 와서 일을 하는데 돈도 제대로 못 받고 겨울에 난방이 되지 않는 방에서 널빤지를 깔고

잤다. 벽에 구멍도 뚫려 있고, 간혹 쥐도 드나든 모양이다. 노예처럼 깔봤다는 말이다. 그 화면을 보니까 문득 옛날 개나 닭 같은 동물이 살던 헛간이 떠올랐다. 세계가 깜짝 놀랄만한 일이고 나라가 떠들썩할 만한 일인데 대한민국 언론에는 소치 동계올림픽과 조류 인플루엔자엔(AI)만 가득하다. 다행히 인터넷 언론과 '손오공탈(SNS)'이 소식을 알려준다.

소치는 흘린 땀의 감동으로 마음을 떨리게 하고, 조류인플루엔자는 전염 걱정으로 멀쩡한 닭이나 오리를 '살처분'하여 떨게 한다. 애꿎은 동물들은 '전염'이란 말 때문에 확인되지 않은 방법인 '살처분'으로 죽임을 당하는데 홍문종은 '국회의원'이란 자리 때문에 확인된 '노동착취'마저 꾸물댄다. 어떻게 되는지 지켜볼 일이다. 끝까지 지켜보는 사람이 없으면 일제의 잔재처럼 깨끗이 씻지 못하여 슬그머니 전염되고, 군부독재의 악랄처럼 삐뚤어져 시나브로 계승된다.

김주대 시인이 '손오공 탈(SNS)'에 쓴 글이다. 〈먼 아프리카 약소국의 가난한 백성을 악랄하게 착취한 자랑스러운 우리 한민족은 오늘 마침내 하나의 위대한 속담을 가지게 되었다. 세상에 '홍문종'이처럼은 살지 말아라. 이 속담은 천년에 또 천년이 지나도록 백성들의 입에 오르내릴 것이다〉

팬텀 노래 들으면서 흥얼거리며 다짐하게 된다. '조용필처럼~ 우우~우' 노랫말 바꾸어 돌아보고 되새기게 만든다. '홍문종처럼~ 우우~우'

*조용필: <창밖의 여자>, <돌아와요 부산항에>, <단발머리>, <고추잠자리>, <일편단심 민들레야>, <못찾겠다 꾀꼬리>, <친구여>, <여행을 떠나요>, <허공>, <킬리만자로의 표범>, <그 겨울의 찻집>, <그대 발길이 머무는 곳에>, <Q>, <꿈>, <허공>, 엄청나게 많은 히트곡이 있는 가수.

*팬텀: 키겐, 산체스, 한해로 이루어진 가수, <조용필처럼>이란 노래가 있다.

*유홍준: 1949년 서울생, 중동고 서울대 미학과 졸업, 3대 문화재청장. <나의 문화유산답사기>, <명작순례>, <한국미술사강의>, <국보순례>, <화인열전>, 많은 책을 썼다. 으레 사람들은 말을 잘하는 사람으로 소설가 황석영, 협객 방동규, 통일운동가 백기완을 '조선의 3대 구라'라 불렀다. 요즘은 유홍준을 넣기도 한다.

*김주대: 시인, <사랑을 기억하는 방식>, <그리움은 언제나 광속>, <나쁜, 사랑을 하다>, <그리움의 넓이>이란 시집이 있다. 그림도 잘 그린다.

p. 218 쓰잘데기

44. 엉뚱 발랄 그리고 렛잇고
- '금지' 좋아하고, '촉진' 좋아하고, 이제 그만 '내비 둬' -

　엉뚱한 생각을 해서 꾸지람을 사고, 엉뚱한 생각을 해보다가 야단 들은 적 참 많다. 지금 말고 어렸을 때 말이다. 지금이라고 딱히 많이 달라지진 않았지만, 쩝.

　어렸을 때 골목 끝집에서 산 적이 있다. 연탄을 산 날이면 연탄 장사가 애를 먹었다. 등에 연탄을 지고 그 골목 끝까지 옮겨야 했다. 연탄 백 장은 그래도 금방 옮겼는데 삼백 장이라도 시키는 날이면 연탄 집 아저씨 얼굴에 묻은 까만 탄 사이로 땀이 흘러 얼룩덜룩했다. 또 그때는 쓰레기차 아저씨가 딸랑딸랑 종을 울리면 연탄재나 쓰레기를 골목 어귀까지 가져가서 쓰레기차에 실어야 했다. 종을 울리는 방법이 두 가지 있었는데 '딸랑딸랑' 하고 시끄럽고 급하게 울리면 쓰레기차고, '딸랑~ 딸랑~' 가만히 느긋하게 울리면 두부장수였다. 새벽에 연탄불을 갈고 나서 골목을 떠들썩하게 울리면 쓰레기차고, 해 질 녘에 골목에서 차분하게 울리면 두부장수였다.

　쓰레기 버리러 나가다 어쩔 때는 앞집 예쁜 여학생 수정이를 볼 때도 있어서 하기 싫은 일이었다. 그래서 복덕방 할아버지네 골목 첫 집부터 하숙 치는 끝집까지 집집마다 담을 허물고 한 걸음씩 땅을 골목에 내놓으면 연탄 리어카나 쓰레기차가 골목까지 들어올 수 있다고 말했다가 복덕방 할아버지한테 얼마나 큰소리로 야단을 들었던지 귀가 먹먹했다. 그날 밤에 귀지가 많아서 먹먹한 줄 알고 성냥개비로 한참 귀를 후볐다. 고전음악 감상실에서 공짜로 얻은 하얀 성냥개비에 빨간 피가 묻어나올 때까지. 우리는 귓구멍에 낀 때를 '귓밥'이라고 하는데 말모이(사전)에서는 '귀지'가 맞다.

우리 집 꼬맹이도 엉뚱함은 다르지 않다. 기타를 배운다기에 사주었더니 무겁게 기타를 왜 들고 치느냐며 기타를 방바닥에 편하게(?) 눕혀놓고 가야금 뜯듯이 기타를 친다. 나는 옛날 어른들처럼 자기만의 원칙을 세워 야단치거나 놀리지 않았다. 그것도 일리가 있다며 그냥 하는 냥을 두고 본다.

내가 초등학교 때 일이다. 백범을 기리는 단체에서 하는 글짓기 대회의 주제는 '통일'이었다. 어떻게 하면 통일이 될까를 머리 굴리다가 문득 그런 생각이 떠올랐다. 남과 북이 왔다 갔다 하면 서로 살펴보다가 자연스럽게 통일이 되지 않을까. 원고지를 굳이 8쪽까지 채울 필요가 없어서 원고지에 한반도 지도를 그리고 네 끄트머리에 점을 찍었다. 남쪽 두 점에는 신발공장(부산), 쌀 공장(정미소, 광주), 북쪽 두 점에는 연탄공장(아오지), 옥수수 공장(개성)이라고 썼다. 그리고 네 곳을 길로 쭉 이었다. 내가 생각해도 기가 막힌 대상감이었다. 그날부터 거의 한두 달 동안 글짓기 대회와 그림대회도 구별 못 하는 놈이라고 담임한테 귀지 낄 틈

없이 잔소리를 들었다.

 그로부터 30년 뒤 '금강산 관광'과 '개성공단'이 생겼다. 지금도 나는 통일을 하려면 개성까지 가서 공단을 하는 일도 중요하지만 북한 사람들을 남한으로 모셔(?) 와서 남한에 '통일공단'을 만들어야 한다고 생각한다. 남한 사람들이 북한을 가서 눈으로 확인하는 일과 북한 사람들이 남한에 와서 몸으로 느끼는 일이 중요하기 때문이다. 남한 쌀도 그냥 주는 것이 아니라 고사리라도 받고 주는, 그러니까 반드시 물물교환을 해야 한다고 생각한다. 그래야 서로 무엇이 넉넉한지 무엇이 부족한지 사정을 잘 알게 되기 때문이다. 또 세상에 공짜는 없으니까. 그러면 금방 통일될 거라고 믿는다. 통일의 방법에 대해 궁금하시면 저를 부르시라. '왔다리갔다리 통일법'을 설명해 드리겠다, 재밌게.

 중학교 때 기말고사가 끝나고 국군장병 아저씨께 위문편지를 쓰라고 종이를 나누어주었다. 국군 아저씨들이 남자 중학생이 쓴 위문편지는 읽지 않을 것이며, 마음도 없이 쓰는 편지는 위문이 되지 않을 것이라는 생각에 딱 세 줄만 썼다. '아저씨 안녕 / 나도 안녕 / 그럼 안녕'. 그날 담임을 맡은 과학 선생님의 '과학다운' 회초리와 '과학스런' 벌로 나는 자전거도 타지 못했고 집을 어기적거리며 돌아와야만 했다. 참 엉뚱한 일들 많이 했다. 엉뚱함이 꼭 엉뚱하지는 않다. 병아리를 얻으려고 달걀을 품었던 에디슨이 전기를 생각했듯이.

 자기 마음에 들지 않으면 '금지'하기 좋아하고, 자기 마음에 들면 '촉진'하기 좋아하는 사람들이 있다. 사람들을 다스림의 대상으로 보는 사람들이다. 우리는 '지도자'라고 뽑았는데, 그들은 '지배자'가 된 사람들이다.

아마 '선행학습 금지법'이란 기상천외(奇想天外)한 생각을 해 낸 사람들도 그런 사람일 것이다. 마음껏 뛰놀아야 할 아이들이 선행학습을 하는 것도 갸우뚱인데 또 그것을 법으로 금지하겠다는 발상은 무엇인지 도통 모르겠다.

대한민국에 겨울왕국의 엘사가 부른 렛잇고를 아이들이고 어른들에게까지 짜하니 퍼진 일은 아마도 그 뜻이 '그냥 둬', 그러니까 우리 쓰는 말로 '냅 둬' 또는 '내비 둬'이기 때문이 아닐까? 좀 내버려 두면서 살 수는 없을까.

*연탄: 추운 겨울 구들장을 데워 방을 따뜻하게 해주던 화석연료의 이름. 구멍이 있어 구공탄이라고도 불렀다. 지금은 푸성귀를 제때가 아닌 추운 겨울에도 먹으려는 사람들이 비닐하우스에서 푸성귀를 잘 자라게 하려고 온도를 올릴 때 쓴다.

*금강산 관광: 1998년 현대그룹이 추진한 대북 관광사업. 바닷길로만 가던 관광길이 2003년 육로관광이 시작되었고, 2007년 내금강과 개성 관광까지 확대되었다. 2008년 북한군의 총격으로 관광객이 죽으면서 중단되었다.

*개성공단: 1998년 현대그룹의 정주영 회장은 소떼를 끌고 방북해 김정일 국방위원장과 공단 설치를 논의했고, 2003년 남측의 자본·기술과 북측의 노동력을 합쳐 황해북도 개성시 봉동리에 조성한 공단. 2004년 개성공단 첫 시제품 '통일 냄비'가 나왔고, 2016년 폐쇄되었다.

*선행학습금지법: 교육과정보다 앞서 배우는 일을 보통 '선행학습'이라 부르는데 2014년 이를 법으로 금지하였다. 박근혜 대통령의 대선 공약이기도 한 이 법은 새누리당 강은희 국회의원이 발의했고, 정확한 이름은 '공교육 정상화 촉진 및 선행교육 규제에 관한 특별법'이다.

45. 염성덕과 오가희
- 국치 마니아 강창희? '농담이야' -

 청나라가 힘이 셀 때는 청요리를 즐겨 먹는 사람들 있었고, 일본이 우리를 지배할 때는 일본풍의 노래를 즐겨 듣는 사람들 있었다. 미국의 힘이 방방곡곡(坊坊曲曲)에 떨치니까 생활습관까지 미국식으로 바꾸는 것이 마땅하다고 여기는 사람들 있었을지 모른다. 아니 그런 사람들 꽤 있었고, 지금도 있다. 제멋 따라 산다는 데 감 놔라 대추 놔라 할 수는 없다. 힘을 쫓아다니고 힘 있는 곳에 빌붙는 것을 인지상정(人之常情)이라고 말할지는 몰라도, 역사가들은 이를 사대주의(事大主義)라고 못 박았다. 사대주의는 자유와 자신(스스로)을 버리고 힘센 나라나 사람을 받들어 섬기는 일을 말한다.

 좋은 우리말을 버리고 영어로 노래를 만들거나 이름을 짓는 일을 보면 나는 거북하다. 소리내기도 어렵지만, 거기에 맞는 표준어를 찾아 글로 쓰는 일은 더 어려우니까. 거북하지만 제이 래빗(J Rabbit)이 부르는 '해피 띵스(Happt things)'라는 노래는 좋다. 새싹처럼 쏙쏙 솟아나고, 새내기처럼 톡톡 튀고, 봄처럼 파릇파릇 돋아난다. 무엇보다 흥겹다. 들어보시라. '상쾌한 바람이 부는 아침'에는 '뭘 입어도 다 예뻐 보일' 것이고, '유난히 사람이 많은 출근길' 버스에서 '딱 내 앞에서 자리'가 날 것이다. '예상대로 일이 술술' 풀리고, '힘도 안 줬는데' 응아가 쑥쑥 나올지도 모른다. 이 노래는 가만 듣고 있으면 '모두 상상만 해도 정말 기분' 좋은 일이 주렁주렁 생길 것 같기도 하다. '오랜만에 친구들을 만났을 때'는 춤을 저절로 추고, '공부 안 했는데 백점' 받을 때나 '그대가 내 맘 알아줄 때'를 떠올리며 '상상만 해도 정말 기분'이 좋아지는 이야기를 노래한다. 그런 '행복한 삶'을 바라는 마음에 잊지 말고 '해피 해피 땡스'를 부르자는 말이다.

전두환 시절에 '원하는 것은 무엇이나 얻을 수 있고', '뜻하는 것은 무엇이건 될 수가 있'는 아득한 헛됨을 노래한 '아! 대한민국'이란 노래와 매우 다르다. 물론 전두환 시절 노래의 주어는 아마 노태우가 말한 '보통 사람'은 아니었겠지만. '저마다 누려야 할 행복이 언제나 자유'롭고, '저마다 자유로움 속에서 조화를 이뤄가는' 참으로 '은혜로운 이 땅'이라며 노래로 가르쳤지만, 행복을 누리고 자유를 조화롭게 이루며 산 사람들은 아마도 '전두환과 노태우 그리고 그들'뿐이었다.

그 전두환 시절에 군대에는 '하나회'라는 사조직이 있었는데 전두환 쿠데타는 그들이 주축이었다. 하나회에는 강창희가 있었는데 그는 대전에서 국회의원이 되었고, 국회의장도 지냈다. 국회의원은 국민들이 뽑는 국민의 대표이고, 국회에 모여 나랏일을 의논한다. 국민의 대표인 국회의원들이 자기들의 대표를 뽑는데 그 자리가 바로 국회의장이다. 어마어마한 특권이 주어진다. 강창희에게는 '누려야 할 행복이 언제나 자유'로운 '은혜로운 이 땅'임에 틀림없겠다. 30년이 넘도록.

　그 강창희가 남극에 있는 장보고 과학기지 준공식에서 미국인이 영어로 연설을 하고 있을 때 "알아듣지도 못하는 데 그만 일어나자"며 소리쳤다. 따뜻한 곳에서만 살았던 강창희는 남극이 추워서 견딜 수 없었나 보다. 연설을 하기만 했던 강창희는 미국기지의 대표 말을 듣는 것이 거북했나 보다. 영어로 했으니 더욱 그랬을지 모른다. 친구끼리 말을 할 때도 상대가 내 말을 자르고 나오면 몹시 언짢고 속상하다. 목소리가 커지고 싸움이 일어나기도 한다. 토론과 설득으로 운영하는 국회, 그곳에서 토론과 설득으로 운영해야 하는 의장님이신데. '은혜로운 이 땅'에서만 살다보니 남극이 낯설어서 그랬을까. 사람들이 강창희의 말을 나무라자 그렇게 소리친 까닭을 말했다. 그러니까 해명이란 것을 했는데 간단하다. '농담이야!'. 강창희가 뭔 말 하면 나도 자르고 치고 들어가 지르고 싶다. '그만 일어나자!' 싸가지 없다고 따지면? '농담이야!'. 그러면 끝!!

　그런데 언론에 '남극의 강창희'라든가 '농담이야, 강창희'라는 기사가 보이지 않는다. 김대중·노무현이 그랬더라면 꼬투리로 생트집을 잡고 생짜도 냈을 언론이. 오히려 국민일보 염성덕 나팔수는 남극과 북극을 다닌 강창희를 '그랜드슬램'을 이룬 '극지 마니아'라고 입에 침을 튀기며 치켜세웠다. '국치(國恥) 마니아'도 아니고!

　기자는 바르게 보고 옳게 말하도록 훈련을 받는다. 훈련을 받지 않더라도 기자의 윤리는 바르게 봐야 하고 옳게 말해야 한다. 요즘 기자는 바르게 보고 옳게 말하는 교육이 생략되는지도 모르겠다. 기자는 아비를 아비라 부르지 못하는 홍길동이 아니고, 신출귀몰(神出鬼沒)하는 홍길동도 아니다. 다행히 과학동아의 오가희 기자가 강창희의 '그만 일어나자'고 소리친 기사를 썼다. 잘 찾아지지는 않지만. 전국 팔도마다 이런 기자 여럿 있으면 좋겠다. 나팔수들 말고. 오가희 기자 목소리가 제이 래빗의 노래처럼 쏙쏙 톡톡 파릇파릇 오래오래 머물기를!

*인지상정: 사람이라면 누구나 가질 수 있는 보통의 마음이나 감정

*아! 대한민국: 제4공화국과 제5공화국 때 가수가 음반을 발표하면 마지막에 건전가요나 군가를 끼워 넣어야 했다. '아! 대한민국'은 건전가요로 들어갔다가 널리 퍼졌다. 박건호 노랫말에 김재일이 곡을 붙이고 정수라가 부른 1983년 노래다. 그때는 대한항공 007편 피격과 아웅산 묘

역 폭탄테러 사건으로 어수선했는데 정권은 홍보용 가요로 이 노래를 활용했고, 정수라는 이 노래로 방송사 연말 시상식에서 여자 신인 가수 상을 받았다.

*노태우: 1932년 경북 달성 출신. 육군사관학교 졸업. 직접 선거에서 선출된 대한민국 13대 대통령. 전두환의 친구로 전두환 정권에서 내무부 장관 등을 지냈고, 퇴임 뒤 대규모 비자금 조성이 드러나 구속 재판을 받았다. 1997년 징역 12년을 확정받았고, 1997년 김영삼 대통령은 특별 사면했다.

*하나회: 육군사관학교 11기생들인 전두환, 노태우, 정호용, 김복동 등이 만든 조직. 육군사관학교 기수별로 3~4명의 경상도 출신 소장파 장교들로 이어졌다. 1979년 12·12 군사반란과 5·17 군사 쿠데타를 주도하였고, 5·18 광주민주화운동 진압에 참여했다. 김영삼 대통령은 하나회 해체를 진행했다.

*장보고 과학기지: 세종과학기지에 이어 2014년에 남극에 세운 대한민국 두 번째 과학기지.

*염성덕: 국민일보 논설위원, 1960년 강원 춘천 출생, 서울대 독어교육과 졸업.

*그랜드슬램: 카드놀이에서 쓰던 말. 테니스에서는 오스트레일리아 오픈, 프랑스 오픈, 윔블던 오픈, 미국 오픈을 우승하면 쓰고, 야구에서는 만루 홈런을 치면 쓰는 말이다.

46. 봄이란
- 국민과 함께 해주오, 이 봄이 가기 전에 -

지난가을에 미처 거두지 못한 배추가 다시 푸릇해졌다. 밭둑에 파릇파릇 풀이 올라왔다. 목련에는 꽃망울이 깜찍하게 자리 잡았다. 햇볕을 일찍 받은 매화는 곧 웃을 듯 말 듯 마지막 한 방을 기다리고 있다. 농부들의 뒷짐에 삽 한 자루가 들려졌다. 농부의 눈은 하늘이 아니라 땅에 머문다. 씨를 뿌려야 할 봄이 왔다는 뜻이다.

'봄이 대체 뭘까요?' 농부어르신께 물으니 '보는 것 아니겠어요?' 외려 공손하게 되묻는다. 새싹을 보고, 땅을 보고, 옆집(이웃)을 보고, 삶을 보고, 그러다 세상을 보고! 눈으로 보면서 꿈도 깨닫고 현실도 깨닫는 것이 봄이 아니겠느냐는 말이다. 추위에 몸을 움츠리고 눈을 내리깔고만 있다가 언저리를 두리번거리고 그래서 알게 되는 시절이 봄이 아닐까. 농부는 논밭만 보고 살아도 봄이 무언지를 안다. 사람들은 모르는 것 같아도 저마다의 눈으로 세상을 보고 느끼며 나름대로 산다. 정치인들이 깔보아도 사람들은 무엇이 행복을 주는지 알고 있다. 다만 정치인들의 입담에 착한 마음이 쏙 넘어갈 뿐이다.

'그럼 여름은 뭐예요?' 농부어르신께 또 물었다. '여는 것 아니겠어요?' 역시 대답은 되물음이다. 단추를 풀어 내 몸을 열고 희망을 열어 가꾸는, 그러다 마침내 세상에다가 나를 열어 땀을 흘리는. 먼저 내 몸을 열고 내 마음을 열고 세상을 열어가는 것이 여름이 아니겠느냐는 말이다. 봄에 봄을 보고 나서 여름에 마음도 열고 세상도 하나씩 풀어헤치는 그렇게 열어가는 시절이 여름이 아닐까. 농부는 마음과 몸을 열어서 땀을 흘려야 하는 여름을 안다. 사람들은 모르는 것 같으나 저마다 흘린 땀만큼 거둔다는 것을 느끼며 부지런히 땀을 흘린다. 정치인들이 외치는 행복이 서민들의 행복이 아니라는 것을 알고 있다. 다만 정치인들의 꼬드김에 속아 넘어가 꾸준한 마음이 싹 바뀔 뿐이다.

로이 킴은 '봄봄봄'에서 '봄 봄 봄 봄이 왔네요'라며 봄을 알리고 '우리가 처음 만났던 그때의 향기 그대로'라며 잊힌 지난봄을 일깨운다. 봄은 새로운 것이 아니고, 겨우겨우 버텨왔던 겨울에 봄이 없힌 것을 노래한다. 개나리가 피어있는 하얀 의자에 앉아 기타를 치면서. '그대 없었던 내 가슴 시렸던 겨울을 지'났던 힘듦을 떠올렸다. '살아가다 보면 잊혀질 거라 했지만 그 말을 하면 안 될 거란 걸 알고 있었소'라며 몸이나 마음에 남아 있는 느낌과 지닐총(기억)에 반응한다. 몸에 묻은 지닐총은 마음을 다스린다. 아무것이나 몸에 묻힐 일 아니고, 함부로 마음에 담을 일 아니다. 여기서 '잊혀질'이란 대목은 '잊힐'이라고 써야 맞다. 이용이 불렀던 노래도 '잊혀진 계절'이 아니라 '잊힌 계절'이라 해야 맞다. 노랫말 하나, 노래 제목 하나가 우리말에 미치는 힘은 크다.

따뜻한 봄날, 햇볕이 기어들어 온 처마에서 로이 킴이 부드러운 얼굴을 귀 가까이에 대고 달콤한 목소리로 들려준다면? 이 노래가 몸을 감싸고 있던 지닐총을 틀림없이 끌어낸다. 가만 듣다보면 어디서 들어본 듯한 가락이다. 그래서 표절 시비가 붙었다. 표절(剽竊)? 따오거나 베낀 것을 말한다.

문화란 옛 것과 지금의 언저리가 뭉치고 뒹굴다가 섞여서 새로 만들어진다. 닮거나 비슷하지만 그대로는 아니라는 말이다. 흘러 내려오다 서로 묻히면서 새로워진다. 나는 이탈리아 노래나 클래식을 듣다가 김건모의 노래가 떠오른다. 영화의 장면에 깔리는 음악을 들을 때 백지영의 노래가 흥얼거려지기도 한다. 가락의 비슷함을 느낀다는 말이다. '외톨이야'처럼 대놓고 똑같거나 '표절이머리'라는 별명을 얻은 사람처럼 똑같은 흐름을 갖다 쓰는 사람도 있다. 로이킴의 봄봄봄도 노랫말은 다르나 가락이 똑같은 노래가 있는 모양이다. 시험 볼 때 보고 베끼는 일을 으레 '컨닝'이라고 하는데 옛날에는 '방망이'라고 했다. 옛날 과거시험 볼 때 몰래 보려고 종이에 적어 방망이처럼 말아서 들고 들어가서 그랬나보다.

'꿈'을 이루는 나라 대한민국과 '창조'를 외치는 나라 대한민국에서 검찰과 국정원이 '방망이'를 휘두르며 꿈과 창조를 말하는 것은 '입담'일 뿐이다. '보편적 복지'를 이루려는 나라와 '경제 민주화'를 외치는 나라에서 새마을운동과 유신쿠데타의 '방망이'를 들고서 복지와 경제를 말하는 것은 '꼬드김'일 뿐이다. 그 입담과 꼬드김은 '정희와 근혜의 나라'이지 대한민국이 아니다. 광주광역시 또한 '행복한' 입담과 '창조'의 꼬드김이 이어진다면 '민주당의 광주'이지 '민주의 광주'는 아니다. 정치판이 들썩이지만 '도로 민주당'이 되지 않아야 한다. 표절이라 해도 어쨌든 로이 킴은 애타게 부른다. 국민과 '함께 해 주오 이 봄이 가기 전에'!

 *외톨이야: 씨엔블루(정용화, 이종현, 이정신, 강민혁)가 2010년에 발표한 노래. 이 노래를 듣고 있으면 1998년 실력파 인디록 밴드 '와이낫'의 '파랑새'란 노래와 비슷한 느낌이 든다.

47. 정직하고 서머한 세상
- 앞만 보고 때론 혼자라도 뛰어갈 게 -

　서영은은 광주드림신문 후원의 밤에서 '이제 다시 울지 않겠어 더는 슬퍼하지 않'겠다며 노래했다. 광주드림신문은 어렵고 힘든 사람들의 목소리를 대변하겠다며 발로 뛰어다니는 신문이다. 높은 사람과 힘 있는 곳의 소식만을 전하는 언론과 다르다는 말이다. 진보와 개혁에 이바지하겠다며 대놓고 소리치는 신문이다. 잘못된 일을 잇속에 따라 옳은 일처럼 감싸는 언론이 아니라는 말이다. 광주드림신문은 '다신 외로움에 슬픔에' 흔들리지 않으려는 사람들에게 힘이 되어주고, '더는 약해지지 않을'려고 다짐하는 사람들을 북돋아 준다. 발로 뛰니 팍팍하고, 힘없는 사람들의 삶을 적으니 넉넉할 리 없다.

　광주드림신문은 '시민공감', 그러니까 시민들이 고개 끄덕일 일과 '지역공감', 그러니까 지역이 그렇군 하는 일을 알려준다. 서영은은 '내가 더 슬퍼 보여도 날 위로하지 마'라고 노래했지만, 광주 사람들은 후원의 밤에서 광주드림신문을 위로해 주었다. 깨어있는 사람들의 고마운 실천이다. 가끔 '욕심이 많아서 울어야 했'지만 멀리 있는 행복이 '커 보이는 걸' 아는 분들의 발걸음이 이어져 광주드림신문이 힘을 얻었다. 이제 힘이 들더라도 하늘을 보면서 '항상 혼자가 아니야'라며 어깨동무할 수 있다. '비가 와도 모진 바람 불어도 다시 햇살'이 비추도록 서로 힘을 보텔 수 있음을 확인했다. '내게 오려던 연약한 슬픔이 또 달아날 수 있게' 서로의 버팀목이 되어주면 좋겠다.

'상생의 숲'이란 책을 낸 장휘국 광주광역시 교육감은 인사말에서 '협력해야 상생할 수 있다'며 힘을 보태겠다고 다짐했다. 광주드림신문 후원회장을 맡고 있는 윤장현 새정치연합 공동위원장도 '광주드림이 있어 광주가 당당할 수 있다'며 당당한 신문이 되도록 돕겠다고 말했다. 광주드림신문에게 결코 좋은 소리를 못 들었던 강운태 광주광역시장도 인사말에서 '광주에 이런 신문 하나 있어야지요?'하며 신문의 존재가치를 말했다. 광주드림신문에 '세상산책'을 연재했던 이병완 노무현재단 이사장은 마이크를 잡지 않았지만, 손을 흔들어 공연을 함께 했다. 그분들도 든든하게 함께 해 줄 거라 믿는다.

하루에서 중요한 대목에 맞닥뜨릴 때 있다. 삶에서도 앞이 꽉 막혀 더 나아갈 수 없을 때 있다. '고비'라고 한다. 그럴 때 하늘보고 도와달라고 간절히 빌기도 하고, 누군가 조금만 밀어준다면 좋으련만 하며 기대는 마음도 생긴다. 애가 타기도 하고 애가 마르기도 한다. 마지막으로 아무도 도와주지 않는다는 사실을 깨닫게 되면 울음이 멈추고 노여움마저 묻어 둔다. 그리고 막다른 길 헤쳐 나갈 슬기를 찾는다.

그런데 고비를 넘기지 못하고, 아니 대한민국 사회가 버티지 못

할 고비까지 끌고 가버린 일이 이어지고 있다. 대한민국에 함께 살았던 '세 모녀'가 삶을 등지고 훨훨 하늘나라로 떠나버렸다. 광주에서도 아들의 발달 장애를 어찌하지 못하고 한 가족이 목숨을 버렸다. 다만 점직한 마음만 가져서는 안 된다. '점직하다'는 말은 부끄럽고 미안하다는 우리말이다.

고비를 얼렁뚱땅 넘기려고, 아니 대한민국 사회를 고비마다 더 고비로 몰아붙이는 일이 되풀이된다. 국가기관이 '간첩 조작'으로 대한민국을 어지럽히고 국민의 소리를 덮어버렸다. 우리 아이들에게 다만 서머한 마음만 가져서는 안 된다. '서머하다'는 말은 미안하여 볼 낯이 없다는 우리말이다. 광주드림신문은 또 다른 '세 모녀'와 '한 가족' 같은 일이 생기지 않도록 발로 뛸 것이며, 또 다른 '간첩 조작'이 일어나지 않도록 소리칠 것이다.

힘에 벅찬 일을 외롭게 해 나가는 것을 고군분투(孤軍奮鬪)라고 한다. 광주드림신문은 혼자여서 외롭고 힘이 없어 벅찼지만 용감하게 떨치고 싸워왔다. 모두 지켜봐 주고 함께 해 준 시민들 덕분이다. 서영은의 노래가 마치 광주드림신문의 다짐처럼 들린다. '앞만 보고 걸어갈게 때론 혼자서 뛰어라도 갈게 내게 멈추던 조그만 슬픔도 날 따라오지 않게'

*이병완: 한국일보 기자와 KBS 기자를 했고, 노무현 대통령 비서실장을 지낸 뒤 광주광역시 서구의회 의원을 지냈다. 쓴 책으로 <전라도 가시내>, <박정희의 나라, 김대중의 나라, 노무현의 나라>가 있다.

*세 모녀 자살 사건: 2014년 2월 송파구에 사는 세 모녀가 큰딸의 만성 질환과 어머니의 실직으로 생활고에 시달리다가 '정말 죄송합니다'라는 적바림(메모)과 함께 갖고 있던 전 재산인 현금 70만 원을 집세와 공과금으로 놔두고 번개탄을 피워 자살했다. 세 모녀는 관공서에 복지 지원을 물었으나 부양의무자 조건 때문에 국민기초생활보장제도의 도움을 받지 못했다. 정치권은 떠들었고, 국민들은 슬퍼했다.

*발달 장애인 가족 자살 사건: 2014년 광주광역시에서는 발달 장애 아들을 가진 가족이 자살을 했다. 유서에는 '아들이 발달 장애로 아빠 엄마

도 알아보지 못해 마음이 아프다. 가족에게 미안하다. 최선을 다해 치료했는데도 발달 장애 호전이 없어 힘들었고, 치료가 잘 안 될 거라는 말을 들었다. 부부만 죽으면 아이가 너무 불쌍하니 함께 가겠다. 우리 세 식구는 아름다운 곳으로 여행을 떠난다'고 적혀 있었다. 시민들은 안타까워했다.

*서울시 공무원 간첩 조작 사건: 2014년 국가정보원이 중국 국적으로 북한에 거주했던 전 서울특별시 공무원 유우성 씨가 북한에 탈북자 정보를 누출하였다고 주장한 사건.

48. 천둥지기와 물꼬
— 꽂아준 사람 찬반투표만? 우리가 고를 때도 됐다 —

지금은 대한민국의 사람들 거의가 농사를 짓지 않으니까 논에 물 대고 물 뺄 일은 없겠다. 논에 물을 대고 빼는 작은 도랑을 '물꼬'라고 한다. 어렸을 때 농사를 지었던 천세진 시인은 물꼬 때문에 논둑에서 밤샌 이야기를 간혹 들려준다. 논농사에서 물꼬를 트거나 막는 일은 날밤을 새서라도 지켜야 하는 가장 종요로운 일이다. '종요롭다'는 없어서는 안 되는 매우 값진 일을 말한다. '하지(夏至) 지나면 발을 물꼬에 담그고 잔다'는 익은말(속담) 있다. 하지 때 보통 장마가 비롯하는데 이때 벼 자람에서는 논물이 아주 소중해서 물꼬를 지켜 물 조절을 했다는 뜻이다.

물을 막아놨다가 써야 할 때가 되었어도 메(산) 꼬랑이에 붙은 논은 물꼬 때문에 애를 먹었다. 지금이야 꼬랑이 논쯤은 나무를 심든지 그냥 놀리든지 하지만. 오직 빗물에만 기대어 논을 일굴 때 이야기다. 빗물에만 기대는 그런 논을 면사무소 공문서나 언론에서는 '수리불완전답(水利不完全畓)'이나 '천수답(天水畓)'이라고 썼다. 이 말을 들은 적 있으면 나이 먹은 사람이고, 낯설면 젊은 사람이다. 천수답을 우리말로는 '천둥지기'라고 한다.

농사를 짓는 사람들을 으뜸으로 친다는, '농자천하지대본(農者天下之大本)'을 나라님들이 크게 대접해서 물꼬 트고 막을 일 없어진 것은 아니겠지만 요즘은 논바닥이 쩍쩍 갈라지고 먼지가 폴싹폴싹 일어나는 일은 드물다. 논은 천둥지기를 벗어났는데도 정치는 아직도 천둥지기다. 천둥지기처럼 하늘에서 비 오기만을 기다리듯, 국회의원이고 시장이고 도지사고 중앙에서 꽂아주기만을 기다리는 처지다.

광주가 사람이 주인이라는 '민주도시'라면서 우리는 사람을 골라 뽑지 못한다. 오늘 저녁밥으로 돼지고기를 넣은 김치찌개를 먹을지, 조개를 넣은 된장국을 먹을지도 맘대로 고르는데 정치인은 중앙에서 꽂아준 사람에 대한 찬반투표만 한다. 선거 벽보에 싫은 사람만 있으면 투표조차 안 한다. 이제는 우리가 고를 때도 되지 않았을까? 아직 고를만한 교양을 갖추지 못했거나 정치지배를 받아야 할 정치식민지의 하인쯤이라 생각한다면 할 말은 없다.

중앙에서 골라주는 일이 몸에 익어서 마땅히 중앙만 쳐다보고, 뭐 좀 해보려는 사람도 중앙만 쳐다보고 시시덕거리며 알랑방귀를 뀐다. 중앙이 무슨 개떡 주무르는 사람도 아닌데.

'개구리 임금님'이라는 이야기가 있다. 통나무를 임금님이라고 던져주자 개구리들은 통나무에다가 꽃을 달고 절을 하며 모신다. 통나무는 대접은 받지만 아무 일 못 한다. 아무 일 못하니 임금으로 황새를 보내자 개구리들은 납죽납죽 절하다가 잡아먹힌다. 개구리 연못이 황새의 연못이 되었다로 끝나던가, 개구리는 아이들을 낳아 끊임없이 황새의 먹이로 살았다로 끝나던가, 지닐총(기억)에는 없다.

    일제강점기 때 재산은 물론 목숨까지 걸었던 독립운동의 역사를 지우려고 지지고 볶아도 정치인들은 하늘만 쳐다본다. 독립운동이야 어쨌든 정치인은 제 배가 두둑하니까. 민주의 역사를 틀어버리거나 빼자고 해도 정치인들은 말없이 하늘만 바라본다. 민주야 어쨌든 정치인은 제 갈 길만 번드르르하면 되니까. 정치인들의 논은 물꼬 잘 트고 잘 막아 자자손손 부귀영화를 누리는데 우리는 언제까지 천둥지기 농사꾼으로 살아야 하는가? 꼬랑이 논 하나 붙들고 거기서 날밤 꼴딱 새우고만 있어야 하는가? 그 옛날 물꼬를 트고 막는 연장은 삽이다. 이제는 삽 노릇을 할 사람이 필요하다.

    겉으로 아는 것이 많아 보이나 정작 알아야 할 것은 모르는 사람이 있다. 아는 체를 많이 하고 해본 일 많으나 어떤 것을 골라야 할 때 제대로 고르지 못한 사람이 있다. 그런 사람들을 우리는 '헛똑똑이'라고 한다. 민주, 인권, 평화를 입에 달고 있으나 정작 말해야 할 때는 입을 다물어 버리는 사람, 개구리 나라의 통나무처럼 아무 일도 할 수 없다. 민생, 서민, 살림을 입에 달고 살지만 정작 몸으로 돌보지 못하는 사람, 개구리 나라의 황새처럼 백성을 먹이 삼아 제 배만 채운다.

    역사를 지우려는 말을 들었을 때 에이트(이현, 주희, 백찬)가 부른 노래를 들었다. '절대 듣고 싶지 않은 소리/ 절대 들어서는 안 될 소리'를 들어서 가슴 아팠다. '그 입술을 막아본다'를 이현은 다섯 번이나 외쳤다. '아니기를 바라는 맘'이었고 '듣고 싶지 않은' 소리였다. 노래의 끄트머리에 가서 주희는 울부짖듯 '말 하지 마 하지마'했고, 영어로 해야 알 것 같은 사람들이라 백찬은 영어로 'Don't say'라고 했다. 역사는 그대들의 말처럼 '와전(訛傳)'되지도 않고, 지운다고 지워지는 것이 아니다.

*천세진: 충북 보은 출신으로 광주에서 20년을 넘게 살다가 처가가 있는 전주로 이사했다. 시인, 문화비평가로 활동한다. 시집으로 <순간의 젤리>가 있다.

*와전: 사실과 다르게 잘못 전해지다.

49. 4월은 잔인한 달이 아니다
- 네모 장난감 잠시 두고, 봄을 즐기고 싶다 -

거리에서 하는 공연을 영어로 '버스킹(busking)'이라 하고, 거리에서 공연하는 사람은 '버스커(busker)'라고 한다. 무대가 아니라 거리에서 하니까 듣고 보는 사람이 편하고, 공연하는 사람도 자연스럽겠다. 장범준은 아마도 그렇게 듣기 편하고 자연스러운 음악을 하고 싶어서 '버스커버스커'라는 이름을 붙이고 노래하는지 모르겠다.

남녘의 4월은 벚꽃이 활짝 피고 꽃이 떨어질 때는 눈 오듯 휘날린다. 나 어렸을 때 동물원이 있던 사직공원에서 엄청나게 휘날리는 벚꽃 아래를 신나게 뛰어다닌 적 있다. 어른들은 손수레 판자 위에 물 맞으며 누운 해삼을 옷핀으로 찍어 먹으면서 '캬~' 소리를 내며 소주를 한 잔씩 했다. 사직(社稷)은 나라를 이르는 옛말이다. 사직에는 흙이나 곡식의 신을 모셔 먹을거리를 넉넉하게 해달라고 비는 마음이 깃들어 있었다. 그 대한인의 마음을 파헤치려고 왜노므시키들이 거룩한 곳(사직)을 공원으로 꾸며 벚꽃을 심었다고 해서 찝찝하지만, 꽃은 예쁘다.

장범준은 '벚꽃 엔딩'이라는 노래에서 '그대여'를 네 차례나 부르고 나서 '오늘은 우리 같이 걸어요/ 이 거리를' 하면서 꼬드긴다. 어른들도 가지고 노는데 정신을 파는 '네모장난감(스마트폰)'을 들고 고개를 푹 숙인 사람들에게 과감하게 거리를 걷자고 조른다. '몰랐던 그대와 단둘이 손잡'고, '알 수 없는 떨림'도 느끼면서 '알 수 없는 이 거리를' 걷자고 한다. '봄바람 휘날리'면 좋고 '흩날리는 벚꽃 잎이' 있으면 더 좋고. 우리가 요즘 맞는 4월에는 장범준의 꼬드김이 있다.

먹물깨나 먹은 사람들이 '4월은 가장 잔인한 달'이라고 퍼뜨린 적 있다. 엘리엇(영국 시인)의 '황무지'라는 시를 읽었다고 드러내려고 그랬는지 모른다. 황무지라는 시가 '4월은 가장 잔인한 달이다'라고 비롯했으니까. 하도 우려먹어서 꽃이 활짝 피는 4월만 되면 우리는 수십 년 동안 불쌍하게도 '잔인'을 떠올렸다. 물론 대한민국 현대사에 학생들이 죽음으로 민주를 지킨 4·19 혁명이 4월에 있기는 하다. 대한민국의 독립에서 떳떳하지 못한 놈들이 일제강점기부터 가졌던 자신들의 부귀영화를 지키려는 통에 4·19는 아직도 대한민국에 머물러 있다.

'바람 불면 울렁이'니 걸어야 하고, 함께 걷는데도 '니 모습이 자꾸 겹쳐'진다. 그런 일은 시켜서가 아니라 '나도 모르게' 생긴다. 걸으니까 '사랑하는 연인들'이 보이고 '알 수 없는 친구들'도 보이는 봄이다. 그러니 '좋아요'를 외칠 수밖에 없다. 장범준은 4월을 '잔인한 달'에서 이제 손잡고 '걷는 달'로 바꿔버렸다. 노래 한 곡으로! 장범준은 뛰어난 사람임이 틀림없다.

이렇게 어느 때가 오면 우리의 마음을 흔드는 노래 있다. 시월이 비롯하면 어쩐지 멋진 날들이 이어질 것 같은 '시월의 어느 멋진 날에'란 노래. 김동규의 묵직한 목소리는 정말로 그 멋진 날들이 잔잔하게 그리고 오래도록 삶의 바탕에 깔려 봄까지 이어질 듯한 느낌이 든다. 시월의 마지막 밤이 되면 '이룰 수 없는 꿈은 슬'퍼서 '나를 울'리는 노래도 떠오른다. 이용의 떨리는 목소리는 우리의 꿈이 아득해져 이룰 수 없는 듯 느껴지고 그래서 울음만 나오려 한다. 이 노래의 제목은 '잊혀진 계절'인데 '잊힌 계절'이라 써야 옳다.

아득해서 잊힌 꿈이 아니라 멋진 시월부터 휘날리는 벚꽃 즐기는 4월까지 우리는 잔잔하게 이어가야 한다. '이룰 수 없는 꿈'이 하염없이 슬프면 이용의 노래는 시름 속에 불리고 시름 속에 갇히면 꿈 또한 꽃잎처럼 진다. '시월의 어느 멋진 날'은 '창밖에 앉은 바람 한 점에도 사랑'이 가득하여 가슴에서 가슴으로 울려 널리널리 퍼진다. 그 가득한 사랑으로 추운 겨울을 모자람 없이 이겨낸다. 4월이 오면 '벚꽃엔딩'이 둥둥 울려서 대한민국에 아직 머물고 있는 4·19학생 혁명의 높은 뜻을 봄 하늘로 높이 보내고, 이제 우리는 봄을 즐겨야 한다.

노무현이란 분이 대통령을 할 때는 '원칙과 상식'이란 말이 크게 퍼졌고, 세상을 옳은 잣대로 헤쳐 나가는 사람을 가리켜 '노무현스럽다'고 말했다. 그때는 '노무현스런' 사람들 많았다. 이명박이란 사람이 대통령을 할 때 '꼼수'라는 말이 크게 퍼졌는데 꼼수는 쩨쩨한 꾀를 말한다. 그 무렵엔 쩨쩨한 꾀를 잘 부린 사람이 큰

소리를 쳤는데 반칙을 일삼고 특권을 누린 사람을 가리켜 '이명박스럽다'고 말하기도 했다. 대통령에 따라 어떤 사람들이 힘을 가지는지 사람들이 쓰는 말에서 알게 되었다. 그래서 나는 4월을 '장범준스럽게' 손잡고 걸으며 보내고 싶다, 다 함께!

*버스커버스커: 장범준, 브래드, 김형태로 이룬 가수 그룹. <벚꽃엔딩>, <꽃송이가>, <여수 밤바다>란 노래가 있다.

*엘리엇의 황무지: 엘리엇은 1888년 미국 세인트루이스 출생으로 하버드대학교에서 철학과 불문학을 공부했고, 프랑스의 소르본대학과 독일의 마르부르크필리프스대학교를 거쳐 영국의 옥스퍼드대학에서 연구했다. 영국에 살면서 1922년 433행의 <황무지>란 시를 발표했고, 1948

년 노벨문학상을 받았다.

*4·19학생 혁명: 1954년 당시 헌법은 대통령을 두 번만 하게 되어 있어 이미 두 번의 대통령을 지낸 이승만은 대통령이 될 수 없었다. 이승만이 대통령을 더 해 먹으려고 헌법을 고치려 했으나 찬성 국회의원 1명이 부족하여 헌법이 바뀌지 않았다. 이에 이승만파는 '사사오입'을 내세워 우김질을 하고, 이승만을 대통령으로 뽑았다. 이승만의 독재가 계속 되었고, 1960년 3월 15일 대통령과 부통령을 뽑는 선거가 있었다. 이승만파는 투표함 교체, 유권자 위협, 공개 투표, 사전 투표의 온갖 부정한 방법으로 이승만 대통령과 이기붕 부통령을 당선시켰다. 이에 마산의 시민과 학생들은 부정선거를 규탄하는 시위를 벌였고, 이승만 정부는 총을 쏘아 막았다. 마산 앞바다에 왼쪽 눈에 최루탄이 박힌 처참한 모습의 시체가 떠올랐다. 마산상고 김주열이었다. 4월 19일, 전국의 대학생과 중고등학생들이 거리로 나섰다. 경찰은 총을 쏘았고, 많은 사람이 죽거나 다쳤다. 이승만은 대통령에서 물러나 미국의 하와이로 도망갔다.

*시월의 어느 멋진 날에: 외국곡에 한경혜 님이 감동의 노랫말을 붙였다. 웅장한 연주에 김동규 님의 묵직한 바리톤의 목소리가 제맛이다.

*잊혀진 계절(잊힌 계절): 해마다 10월의 마지막 날이 되면 곳곳에서 흘러나오는 노래. 가수 이용이 1982년에 냈다. 아마 노랫말에 '시월의 마지막 밤을'이란 대목이 있어서 그런가 보다. 박건호 노랫말, 이범희가 곡을 썼다.

50. 봄이 왔다고 봄이겠는가
- '너나 잘해' 어처구니없는 악다구니 -

'눈을 감으면 문득! 그리운 날의 기억!' 김윤아가 부른 '봄날은 간다'라는 노래는 이렇게 비롯한다. 생각을 하다가 눈을 감으면 안 보이던 것도 보일 때가 있고, 생각을 몰아가다 팔짱을 끼면 번쩍 떠오르기도 한다. 아무래도 생각이 깊어지려면 눈을 감고 팔짱쯤 끼어야 하는가 보다. 힘들었을지라도 깊이 빠져들었던 그래서 오히려 마음이 편했던 때가 기억에 많이 남는다. 좋은 기억들은 다음까지 쭉 좋은 생각을 이어가고 또 좋은 생각대로 되기도 한다. 기억력이나 추억의 우리말은 '지닐총'쯤 된다.

'아직까지도 마음이 저려오는 건' 그 지닐총이 우리 몸에 스며 있고, 우리가 바르게 살아왔다는 믿음이 있기 때문이다. 비록 '지는 꽃처럼 아름다워서 슬프'더라도, '머물 수 없던 아름다운' 시절 그리고 머물 수 없던 사람이었더라도, '아마도' 그럴 거다. 김윤아의 목소리로 들어야 마음이 절절하니 저려오고, 아름답고 슬픈 시절 떠오르고, 더 아름답고 더 슬픈 사랑 그려진다.

그런데 마음이 저려오는 지닐총이 없다면 한 번쯤 살아온 날을 되짚고, 앞으로 삶을 새롭게 그리고 다르게 꾸며 가시는 게 맞다.

그래야 나이 들어서도 김윤아의 목소리처럼 '곱다'는 말을 들을 수 있다. 지닐총 없어도 그냥 '봄은 또 오고 꽃은 피고 또 지고 피고' 하니까 대충 버티고 사시겠다? 그렇다면 사법고시 합격을 했더라도 범죄와 짬짜미나 하는 '향판'이란 소리를 듣고, 돈으로 많은 사람을 부리더라도 범죄를 둘러대다 '황제노역'이란 놀림거리만 된다. 그런데도 놀림거리인 그들을 감싸고 빙글빙글 강강술래나 하며 용비어천가를 부르는 연놈들 있어 '너무나 슬픈 이야기'다. 우리를 구슬리거나 꾀어 달래는 말(언론)에 넘어가지 말고 정신 바짝 차리고 봐야 할 '봄날'이다.

이 노래와 같은 제목의 영화에서 이영애 나온다. '어떻게 사랑이 변하니?'라고 묻는 유지태와 함께. 영애라는 이름 흔하다. 그래도 이영애 하면 우리는 보통 영화배우인 그 사람을 떠올린다. 누구는 대장금일 수도 있고, 누구는 화장품일 수도 있지만 내 지닐총에는 부드러운 얼굴에 딱 들어맞는 목소리로 남아 있다. 그렇게 얼굴과 목소리가 맞아 떨어지기도 힘들다. 부럽다. 부드러운 목소리의 이영애가 세차게 말한 '너나 잘 하세요'라는 말이 어디선가 들리면 이영애의 청승맞은 얼굴과 나직한 목소리가 사풋 지나간다. 박찬욱 감독의 영화 '친절한 금자씨'에 나오는 대목이다.

엊그저께 언론에서도 '너나 잘해'라는 말이 나왔다. 동네 선술집에서 엄마 손맛 나는 안주 달라며 빡빡 떼쓰는 손님에게 깡패 같은 주인이 악다구니를 쓴소리가 아니다. 남의 밭에 침 뱉지 말라며 한 수 가르치려 드는 어설픈 선배에게 날건달 같은 후배가 팍팍 날려버린 말도 아니다. 저절로 잘나서 우뚝하신(?) 우리나라 언론이 빡빡 소리 지르며 떼쓰는 손님 따위를 보도했을까, 아니다. 엄청난 힘(?)을 지닌 우리나라 언론이 한 수 가르치려 드는 어설픈 선배가 지껄였다고 떠들었을까? 그럴 리가, 없다. 우람하신(?) 대한민국 언론이 깡패 같은 주인이나 날건달 같은 후배의 말을 받아서 퍼뜨렸을까? 설마, 아니다.

그 말을 한 사람은 바로 나랏일을 잘 살펴보라고 우리나라 국민들이 뽑아서 국회로 보내준 점잖은(?) 국회의원 나리시다. '세 모녀'가 왜 죽었는지 살피지 않았고, 살피지 않았으니 대책을 세울 수 없다. 자기는 국회의원질 잘하고 있으니 '너나 잘해'라고 악다구니를 썼다. 북한이 보낸 듯한 무인비행기가 청와대를 찍었다는데도 자기는 괜찮으니 '너나 잘해'라고 고래고래 소리쳤다. 놀라운 건 사람들의 반응이다. 요릿집도 아닌 선술집에서 반찬 타령을 해도, 청와대가 아닌 밭에서 침 타령을 해도 우리는 그런가보다 한다. 깡패 같은 주인이 윽박질러도 날건달 같은 후배가 짓눌러도 봄은 오겠거니 하며 우리는 쫙 엎드려있다. 누가 어쨌든 '너나 잘해'하면서 가만히 있다는 말이다.

꽃들이 제 빛깔로 피어나고, 잎들이 제 빛깔을 찾아가니, 봄날이 오기는 왔는데 우리는 그냥 '아련히 마음 아픈' 지닐총만 떠벌리고 있다. '봄날은 가네 무심히도', '꽃잎은 지네 바람에' 하다가 그냥 보내버리고 말 건가? 아닐 거다. 슬기로운 국민들은 눈 부릅뜨고 깨어서 '마음이 저려오는' 지닐총 하나쯤 또 만들 거다. 우리가 마음으로 봄날을 맞이해야 봄이지, 봄날이 왔다고 봄이겠는가. 우리가 몸으로 봄을 지켜야 봄이 머물지, '봄날이 간다'고 봄이 가겠는가!

*향판: 전국 법원에서 순환 근무하지 않고, 지방 관할 법원에서 퇴임 때까지 근무하는 지역법관제. 수도권 근무 지원자가 몰리는 문제점을 해결하고, 잦은 인사이동으로 부실한 재판을 걱정하여 2004년에 도입. 판결의 신뢰도가 높다는 긍정 평가와 지역 인사와 유착의 폐해가 있다는 부정 평가가 있다.

*황제노역: 2010년 허재호 전 대주그룹 회장에게 내려진 벌금은 254억, 그때의 향판은 일당 5억 원의 노역장 유치 판결을 내렸다. 허재호는 뉴질랜드로 도피했다가 2014년 벌금 대신 49일의 노역형을 선택한 사건.

*용비어천가(龍飛御天歌): 조선 왕조를 세운 조상들의 행적을 노래한 서사시. 세종 때 지은 최초의 한글 시가로 알려져 있다. 임금은 오랜 세월 피나는 노력과 덕을 쌓은 뒤 하늘의 명을 받아야 될 수 있으며, 다음 임금들도 어렵게 쌓은 공덕을 헛되이 하지 말라고 경계하는 글이다. 요즘은 권력을 가진 사람에게 무조건 찬양하는 경우를 비아냥거릴 때 많이 쓴다.

*박찬욱: 1963년 출생, 서강대학교를 졸업한 영화감독. <공동경비구역JSA>, <복수는 나의 것>, <올드 보이>, <친절한 금자씨>, <박쥐>, <설국열차>, <아가씨> 등의 영화를 만들었다.

*북한 무인비행기: 2014년 파주와 백령도, 삼척에서 추락한 채 발견된 북한 소형 무인기. 무인기는 기술력이 크게 뒤처진 상태였으며 촬영장비가 달려있었는데 청와대를 비롯한 서울 시가지 사진이 담겨있었다.

*국회의원 너나 잘해 사건: 2014년 국회에서 초선인 새정치민주연합 안철수 대표가 교섭단체 연설을 하고 있었다. 최경환 새누리당 의원은 '너나 잘해'라며 큰 소리로 안 대표를 조롱했다. 국회를 견학하던 초등학생들은 이 광경을 보았다. 나중에 박대출 새누리당 대변인은 '초년생 당대표가 상대방 대표를 향해 인신공격 발언을 했다. 하룻강아지가 범에게 달려드는 무모함'이라고 말했다.

p. 251

51. 안철수 현상과 안철수 비용
- 안철수에게 들썩이다 새정치의 봄날은 가고 -

아주 오래전 가수 백설희는 차분한 목소리로 노래 부른다. '연분홍 치마가 봄바람에 휘날리더라' 캬~. 마음이 쫘악 가라앉고 눈이 지그시 감아진다. 연분홍 치마처럼 고왔던 옛날이 떠오르고, 봄바람처럼 따뜻해지는 앞날이 휘날린다. '오늘도 옷고름 씹어가며' 참고 견디면서 부지런히 산다. 그것만으론 뭔가 아쉬우니 '산제비 넘나드는 성황당 길'을 오르내리며 빌고 또 빈다. '꽃이 피면 같이 웃'을 날을 바라고, '꽃이 지면 같이 울' 다짐도 한다. 얼마나 '알뜰한 맹세'인가. 같이 웃고 함께 울던 그런 아버지와 어머니가 그립다. 아버지와 어머니는 웃음과 울음으로 식구들을 이끈다.

'봄날은 간다'라는 아주 오래된 노래다. 어리나 늙으나 누구나 한 번쯤 들어봤고, 또 한 번쯤 불러본 사람 많겠다. 그 언젠가 이 노래만으로 이름 짜한 사람들이 모여서 노래자랑을 하기도 했다. 제가끔 힘을 주어 부르는 대목이 다르고, 살아온 낯빛만큼 목소리도 달랐다. 어떤 이는 자기가 살아온 대로 노랫말을 바꾸어 부르기도 했다. 노래를 못한다며 하모니카로 느리게 불다가 신나게 불어주기도 했다. 제가끔의 삶을 이 노래에 묻히니 제가끔의 모습으로 다가왔다.

'새파란 풀잎이 물에 떠서 흘러가더라' 햐~. 시냇물이 졸졸 흐르는 모습이 그려진다. 막 돋아난 연둣빛 새싹은 살짝 자라나도 금세 새파래진다. 연둣빛 같던 아이가 새파란 잎처럼 파랗게 자라면 아이의 심장은 쾅쾅 뛴다. 내달리던 골목이 좁아 보이면 새파란 풀잎 따다가 물에 띄워 널뛰는 마음을 달랬다. 아버지는 쇠스랑으로 땅 고르면서 새파란 풀잎도 보고, 새파란 풀잎 같은 아이도 본다. 그러다 '꽃 편지 내던지며' 마당을 벗어나던 어린 시절을 떠올리고, 동네를 돌아 '청노새 짤랑대는 역마차 길'까지 기어이 나가봤던 그 젊은 날을 떠올린다. 새파란 풀잎 물에 띄우는 젊은 아들의 마음도 알게 된다. 작은 몸놀림 하나까지 읽어주던 그런 아버지와 어머니가 그립다. 아버지와 어머니는 새파란 풀잎만으로도 아이의 마음을 읽는다.

'별이 뜨면' 피 끓는 아이를 데리고 젊었을 적 이야기해주며 웃고, '별이 지면' 사그라진 젊음이 안타까워 울었지 않았을까. '실없는 그 기약'을 떠올리며 그렇게 또 다른 봄날을 보내면서. 끌어주고 달래주는 모습이다. 간혹 사람들은 정치인들에게 '같이 웃고 같이 우는 정치인은 바라지도 않는다. 다만 우리가 사는 모습을 제대로 알기라도 했으면 좋겠다'고 말한다. 그러지 마시라. 이제부터는 새파란 풀잎 물에 띄우는 젊음의 마음까지 알아주는 정치인을 바란다고 말하시라. 그리고 그런 사람을 뽑으시라.

좁은 골목에서 티격태격 다투는 조그마한 아이들의 다툼 같은 정치에 신물이 난 대한민국 사람들은 '안철수' 이름만으로도 신이 났다. 흙탕물에서 싸우는 술 취한 어른들 같은 정치에 진절머리를 치던 대한민국 사람들이 '안철수 현상'에 빠져들었다. 그리고 안철수는 그 이름과 현상으로 말을 하고 움직였다. 안철수의 말에 들뜨고, 안철수의 움직임에 들썩였다. 하지만 안철수는 갈 길을 말하지 않았고, 안철수 현상 속에는 외침이 없었다. '안철수'에는 주인과 주어가 보이지 않았고, '안철수 현상'에는 주제와 주체가 없었다. 그래서 안철수는 당원과 국민에게 물었다. 노래자랑에서 자신이 부를 노래를 당원과 국민에게 물었고, 자신이 어디로 걸어야 할지 걸어야 할 길도 물었다. 물으니 답을 했는데 답은 늘 여러 가지로 나뉘었다. 점심만 먹으려 해도 분식집으로 갈지 중국집으로 갈지를 설득하여 뜻을 맞추는 사람과 달랐다. 뜻을 맞추는 일(설득)이 정치의 시작인데 안철수는 국민에게 물어서 국민을 나누었다.

아주 흔한 가르침 있다. '하고 싶은 사람은 방법을 찾고, 하기 싫은 사람은 핑계를 찾는다'는. 아이의 마음을 읽고 아이가 잘 살도록 이끄는 아버지 같은 정치인을 바라던 사람들은 안철수가 방법을 찾는지 핑계를 찾는지를 알아챘다. '안철수'에서 정치의 봄을 바랐는데 '안철수의 말'에 엄청난 돈이 들어갔다. '안철수 현상'에서 새 정치를 찾았는데 '안철수의 움직임'에 엄청난 돈이 들어갔다. 그렇게 쓰인 돈은 안철수의 돈이 아니라 결국 우리가 낸 세금이다. '안철수 현상'은 '안철수 비용'이 되고 말았다.

'안철수의 봄'은 가고, '새 정치의 봄날'도 간다. '오늘도 언 가슴 두드리며 뜬구름 흘러가는 신작로 길에' 가만 서 있어 보니 '얄궂은 그 노래에' 봄날이 가고 있다. 참, 선거운동 한다고 돈을 펑펑 쓰는 사람 눈여겨 보시라. 돈 쓴 그들이 적당한 표를 얻거나 당선이 되면 그들이 쓴 돈 우리가 낸 세금으로 다 메워 주니까.

*백설희: 1927년~2010년, 본명 김희숙. 남편 배우 황해(본명 전홍구). 아들 가수 전영록, 손녀 가수 티아라의 전보람. 1949년 <카르멘 환상곡> 주연, 널리 알려진 노래로 <봄날은 간다>, <물새 우는 강 언덕>, <청포도 피는 밤>, <아메리카 차이나 타운>, <하늘의 황금마차>가 있다.

*청노새: 청나라, 곧 중국에서 온 곡식을 축내는 해로운 새인데 꼭두각시놀음에 나오는 새 인형을 말한다. 노래에 나오는 '청노새'는 푸른빛을 띠는 노새, 그러니까 말과 당나귀 사이에서 태어난 동물을 말한다.

*안철수 현상: 2012년 대한민국 대통령 후보로 안철수가 나왔다. 좋은 집안과 좋은 학벌을 가졌으며 '새 정치'와 '혁신'을 부르짖어 기존 정치에 불신을 가진 국민들은 환호했다. 갑작스럽게 지지율이 올랐는데 언론들은 마땅한 표기법을 찾지 못해 '안철수 현상'이라 불렀다.

52. '가만있으라'와 '골든 타임'
― 이순신이 지킨 바다에 대한민국의 미래를 빠뜨려 ―

눈이 녹아 시냇물 졸졸거리면 농사꾼들은 쟁기를 꺼내 땅땅거리며 손을 본다. 호미와 낫도 꺼내 살핀다. 봄을 맞이하는 거다. 깡깡하던 흙이 부슬부슬 부서지면 삽자루 하나 들고 뒷짐 지며 논밭을 거닌다. 봄을 마련하는 거다. 햇살이 가지런하고 바람이 산들거리면 뿌릴 씨앗을 뒤적거리고 밭을 간다. 봄을 일구는 거다. 사람들은 풀싹이 돋으면 봄인 줄 아는데 그때는 이미 봄이 돋은 한참 뒤다. 꽃이 피면 봄이 온 줄 아는데 그때는 이미 봄이 활짝 핀 뒤다. 메(산)가 연둣빛으로 덮이면 봄 타령들을 읊는데 그때는 이미 봄이 간 뒤다. 농사꾼들이 땅땅거리고 흙이 부슬거릴 때 봄은 돋고, 밭둑을 거닐 때 봄은 오고, 논밭을 갈 때 봄은 한창이다. 어쩌면 농사꾼들이 찬바람 막으며 무슨 씨앗을 뿌릴 지 도란거릴 때 봄은 이미 스며들고 있었을 게다.

앞서 떠올리고(계획), 미리 마련하여(준비), 해나가고(실천), 그러다가 잘못되면 고치고(수정), 그렇게 먹고 사는 거다. 나 하나 먹고사는 일만 그러는 거 아니다. 함께 사는 마을 일도 그렇고, 더불어 사는 나랏일도 그렇다. 닥쳐서야 후다닥 하고, 터지고서야 얼렁뚱땅 막는다면 뒤죽박죽이 되고 '웃기는 짬뽕'이 된다. 푸석푸석한 삽자루 들고 땅을 팔 수도 없고, 녹슨 낫으로 풀을 벨 수 없다. 밭을 간 뒤 씨를 뿌려야지, 씨 뿌린 뒤 밭 가는 거 아니다.

 부지런히 자기 몫만 챙기는 국회의원들은 앞뒤 가리지 않고 각자의 잇속만 살핀 뒤 '나를 따르라'고 부추긴다. 마치 예수님을 흉내 내듯. 표를 구걸할 때와는 사뭇 다르다. '구걸(求乞)'은 거저 달라고 빈다는 뜻인데 선거 때 거저 달라고 빌 때와 아주 달리 '나를 따르라'고 할 때는 떵떵거린다는 말이다. 거기서 콩고물이라도 얻어먹으려는 사람들은 손뼉을 치며 '좋아라' 한다.

 똑똑한 체 자기 자리만 지키려는 판사들은 불쌍히 여기듯 죄인에게 '황제노역'을 판결로 땅땅거려 '자비를 베풀었다'고 우쭐거렸다. 마치 부처님의 말씀을 실천하듯. 신호등 어길 때처럼 거리낌 없다. '거리낌'은 마음에 걸려 꺼림칙하다는 뜻인데 '거리낌 없다'는 꺼림칙한 마음조차도 없다는 말이다. 그때 광주광역시장을 비롯해 떠세하던 사람들, 그러니까 토호세력들은 '황제'를 너그럽게 봐달라고 빌었다. '떠세하다'는 젠체하고 억지 쓰다는 뜻이다.

 2014년 4월 16일 인천에서 제주도로 가던 배가 진도 앞바다에서 침몰하여 300명이 넘게 죽었다. 사람들은 '세월호 사건'이라 부른다. 세월호는 잠수함이 아닌데 물속으로 들어갔다. 죽은 사람 가운데에는 수학여행을 가던 안산 단원고 2학년 아이들도 있었다. 이순신 장군은 우리나라를 쳐들어온 왜놈들을 남해 바다에 처박았다. 이순신이 목숨 걸고 지킨 바다에 대한민국의 미래를 빠뜨렸다. 그래 놓고 구조 지시도 못 하는 대통령과 큰소리나 치는 정치인들이 가서 낯 세우고 수선만 피웠다. 낯 세울 돈이나 수선 피울 시간 있으면 '대한민국의 미래'를 건질 수 있는 사람들과 의논하고, 발을 동동거리며 울부짖는 식구들과 대책을 세워야 했다.

문제는 누구하고 가깝냐, 내 잇속에 맞냐가 아니라 '본질'이다. 세월호 사건이 '왜 생겼을까?'를 혼자라도 중얼거려보고, 그들이 '왜 그랬을까?'를 함께 더듬어봐야 한다. 그리고 무엇이 먼저인지를 꼭 챙겨야 한다. 구렁이 담 넘어가듯 스리슬쩍 넘어가고, 그저 팔짱 끼고 구경하다 떡이나 얻어먹으려는 마음가짐 버려야 한다. 다람쥐 쳇바퀴 돌리듯 빙글빙글 돌리고만 있다가, 언젠가 멈추겠거니 하며 내버려 둬서는 안 된다. 언제까지 어미 닭 뒤를 따라 쫑쫑거리는 병아리 떼처럼 따라만 갈 것인가!

'깊은 산 오솔길 옆 자그마한 연못'에는 '예쁜 붕어 두 마리'가 살고 있었는데 '서로 싸워 한 마리는 물 위에 떠'올랐다. 물 위에 떠오른 물고기의 '여린 살이 썩어들어 가'고 '물도 따라 썩어들어 가'서 '연못 속에선 아무것도 살 수 없게 되었'다는 이야기를 젊은 양희은은 기타 하나 들고 가냘프게 노래했다. '작은 연못'이란 노래다. 나만 괜찮으면 괜찮은 것이 아니고, 언저리가 썩어들어 가면 나까지도 썩어들어 간다는 사실을 가르쳐주었다. 노래의 끝에서 양희은은 '지금은 더러운 물만 고이고 아무것도 살지 않'는다고 그 결과를 착실하게 일러주기도 했다.

우리가 봄 제대로 맞이하려면 무엇이 먼저인지 도란거려야 하고, 농사꾼처럼 땅땅거리고 나서 밭을 갈고 씨를 뿌려야 한다. 말도 안 되는 일이 말(언론)이 되어 떠돈다. 그 말에 우리는 빨려들고 있다. 정신 바짝 차려 알아차려야 한다. 참, 배운 사람들은 힘없는 사람들에겐 서로 베풀라며 가르치면서 왜 힘 있는 사람들을 가르치진 않고 그들에게 굽실거리는 걸까?

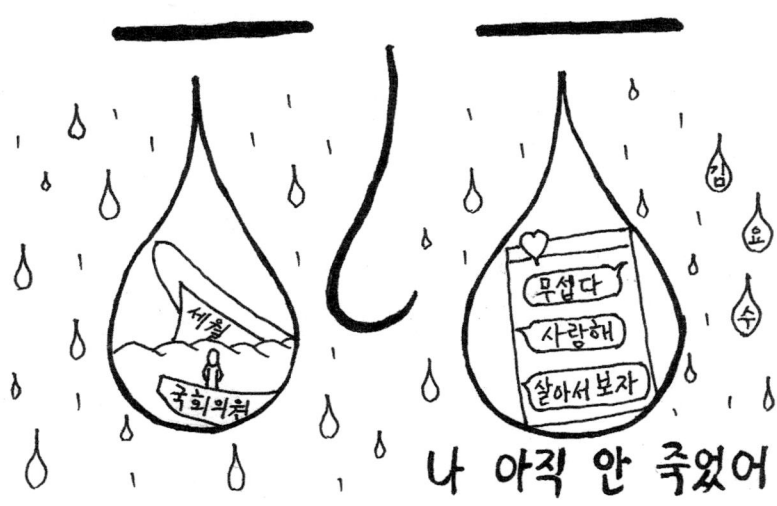

　　*양희은: 1952년 서울 출생. 서강대학교를 나온 가수. 동생은 배우 양희경. 김민기가 만들고 노랫말을 붙여 1971년에 그가 부른 노래 <아침이슬>은 군부독재로 억압받는 상황과 맞물려 지금까지 민주화 운동의 상징으로 불린다. <세노야 세노야>, <백구>, <서울로 가는 길>, <내 님의 사랑은>, <들길을 따라서>, <이름 모를 소녀>, <한계령>, <찔레꽃 피면>, <사랑 그 쓸쓸함에 대하여>, <내 나이 마흔 살에는>들을 비롯 수많은 히트곡이 있다.

*웃기는 짬뽕: 어이없고 기가 막힐 때 하는 욕, 양반 체면(?)에 차마 욕은 못하고 욕처럼 뱉었던 말, 누가 만들었는지는 모르나 입에 쩍쩍 달라붙어 한때 널리 퍼졌다.

*세월호 참사: 2014년 4월 16일, 인천에서 제주로 가던 여객선 세월호가 진도 앞바다에서 가라앉아 승객 300여 명이 사망하거나 실종된 참사. 세월호에는 제주도로 수학여행을 떠난 안산 단원고 2학년 학생들이 타고 있었다. 목숨이 위급한 승객에게 '가만있으라'고 했고, 출동한 해경은 구조 활동에 소홀했다. 정부는 구조에 허둥댔고, 구조를 위한 시간인 '골든 타임'을 놓쳐 사람들이 많이 죽었다. 참사를 수사하던 검경합동수사본부는 유병언 세모그룹 회장 일가의 경영 비리를 수사했다. 유병언으로 추정되는 시신이 발견되었고, 유병언의 수사는 '공소권 없음'으로 끝났다. 언론들은 해양수산부와 마피아란 말을 붙여 '해피아'의 부도덕과 잇속 때문이라고 떠들었고, 참사 당시 7시간의 행적이 묘연한 박근혜 대통령은 '해양경찰 해체'를 발표했으나 죽은 이들이 살아서 돌아오지는 않았다. 국민들은 가슴에 박힌 못을 하나씩 간직하며 오래도록 슬퍼했다.

53. 잊지 말아요, 세월호!
- 돈 때문에 죽이고 덮고, '나쁜 놈'들의 세상 -

　머릿속에 글이 쏙쏙 들어있어서 입만 열면 재미와 슬기를 쏟아내는 사람 있다. 몸에 글이 덕지덕지 묻어서 움직이기만 해도 배우고 그대로 따라 하고 싶은 사람 있다. 거울삼을만하면 귀감(龜鑑), 본받을만하면 모범(模範)이라 하고, 그러한 사람을 사표(師表)라 부른다. 우리말로는 스승이 알맞겠다. 세월호의 진실을 거짓으로 덮는 놈들부터 '세월호 현상'까지 배울 것이라곤 딱 하나, '절대 이래서는 안 된다'!

　읽으면서 확 다가오는 글 있고, 읽고 난 뒤 문득문득 떠오르는 글 있다. 글을 보며 생각의 너비가 넓어지면 좋은 글이다. 자신도 모르는 사이에 쓰던 말이 바뀌면 더 좋은 글이다. 직접 읽지 않아도 사람들에게 퍼져 우리의 몸짓을 바꾸면 참으로 좋은 글이다. 세월호의 소식을 만나면서 우리의 생각은 바뀌었고, 말 또한 바뀌었다. 이미 몸짓도 바뀌고 있다. 정부나 언론이 전해준 소식 때문이 아니다.

　글! 하면 세 사람이 떠오른다.

'조선 혁명의 기둥'으로 철학과 국가경영의 터를 닦은 삼봉 정도전. 우리나라는 어쩌면 1200년째 그가 쓴 〈조선경국전〉을 바탕으로 살아오고 있다. 정도전은 글 속에서 배우고 삶 속에서 깨달은 생각을 실천에 옮긴 영웅이다. 우리는 '세월호 현상'에서 배우고 깨달은 일 많다. 이제 생각을 실천에 옮겨야 한다.

'삶의 혁명'을 이루어 백성들이 다 함께 잘사는 나라를 바라보았던 정약용. 이루지 못한 그의 꿈이라 아쉬워 우리는 지금도 그를 끌어안고 산다. 정약용은 읽으면서 깨닫고 깨달아서 널리 알리려 했던 위인이다. 우리는 '세월호 현상'에서 본질을 바로 보는 방법을 배웠다. 꼼꼼하게 살펴 잘못된 곳을 뜯어고치고 확 바꿔야 한다.

'미래의 문화혁명'을 꿰뚫어 보고 책을 천 권도 더 쓴 혜강 최한기. 조선 끝 무렵에 이미 천문, 지리, 농학, 의학, 수학, 역사학은 물론이고 경학까지 두루 살펴 썼으니, 그의 앎은 헤아리기도 어렵겠다. '말로 남기면 가까이 있는 사람만 기뻐하는데 글로 남기면 먼 나라 사람도 즐긴다'고 했던 최한기는 무엇이 옳고 무엇이 미래를 밝게 하는지를 먼저 알아차린 선각자다. 내다보고 이끌어가는 몫이 얼마나 중요한지 우리는 '세월호 현상'에서 깨닫는다.

큰 잘못을 저지르고 벌벌 떨며 두려워하는 아이들 앞에 훈장은 회초리를 들었다. '내가 너희들을 잘못 가르쳤다'고 말한 훈장은 바지를 걷어 올리고 회초리를 아이들 손에 맡긴다. '대충 때리면 더 혼날 줄 알아라' 훈장의 말에 아이들은 울면서 열심히 훈장의 종아리를 때렸다. 그 뒤로 아이들의 마음속에는 훈장의 멍 자국보다 더 깊은 존경심이 생겼다. 어렸을 때 책 속에서나 보았음직한 이야기 같지만 실제로 있었던 일이다. 박안수 선생님의 페이스북에 있는 글이다.

무엇이 옳은지 알기 힘들다. 옳은 일을 바로 몸으로 옮기는 사람은 영웅이고, 위인이고, 선각자다. 그런 사람들 뜻밖에도 우리 가까이에 많다. 그런데 그런 사람들 짓밟는 사람들이 더 많다. 돈 때문에 세월호의 불법을 눈감고, 돈 때문에 세월호 사고를 감싸고, 돈 때문에 세월호에 있는 목숨을 죽이고, 세월호의 모든 진실을 거짓으로 덮으려 한다. 세월호에 대해 눈 감는 자(者)들도 있다. '나'뿐인 나쁜 놈들이다.

백지영이 노래한다. '차가운 바람이 손끝에 스치면/ 들려오는 그대 웃음소리/ 내 얼굴 비치던 그대 두 눈이/ 그리워 외로워 울고 또 울어요' 가슴 깊이에서 꺼낸 말들이다. '입술이 굳어버려서 말하지 못했던 그 말/ 우리 서로 사랑했는데 우리 이제 헤어지네요' 그리고 애타게 울부짖는다. '같은 하늘 다른 곳에 있어도 부디 나를 잊지 말아요' 그런데 우리는 박근혜 대통령의 청와대 게시판에 글 하나 올리려면 목숨쯤 걸어야 하는 현실이다.

숙제끝

　*정도전: 1392년 조선 건국을 설계한 사람. 조선의 통치 규범을 제시한 <조선경국전>, 조선의 최고 법전인 <경국대전>, 철학서인 <심문천답>, <불씨잡변>, 민본사상을 바탕에 둔 관직을 말한 <경제문감>, 군주의 도리를 밝힌 <경제문감별집>, 고려 역사를 연월에 따라 엮은 <고려국사>, 병법에 관한 <팔진36변도보>, <오행진출기도>, <강무도>, <진법>, 의학에 관한 <진맥도결>, 수학을 이야기한 <태을72국도>, <상명태을제산법>, 음악과 관련된 <문덕곡>, <정동방곡>, <납씨곡>, 시문집으로 <삼봉집>, <금남잡영>, <금남잡제>들이 있다.

　*정약용: 조선 정조 시대의 개혁파 실학자. 경세의 실천 방안을 적은 <경세유표>, <목민심서>, <흠흠신서>, 스스로 자기 삶을 기록한 <자찬묘지명>을 비롯 경집 232권과 문집 267권을 지었다.

*최한기: 조선이 끝날 무렵 동서양의 학문 만남을 꾀했고, 난국을 헤쳐 나갈 돌파구를 찾던 사람. 과학을 바탕으로 한 문명사회에 관한 공부를 했다. 세계지리서인 <지구전요>를 편찬했고, <농정회요>, <육해법>, <만국경위지구도>, <추측록>, <신기통>, <기측체의>, <의상리수>, <심기도설>, <우주책>, <기학>, <인정>, <명남루집>들을 지었다.

*박안수: 광주광역시의 중등학교 선생님. 세월 앞에 변하지 않아야 할 소중한 것을 지키려는 노력으로 '간절함'을 만들고 있으며, 봄마다 생각의 뿌리를 더 튼튼히 하자고 다짐하며 산다. 또한, 넉넉한 그늘을 드린 나무가 되고자 애쓰는 선생님.

*목숨 걸고 청와대 게시판에 글 올린 사건: 2014년 세월호 참사가 일어나고 많은 사람이 죽은 뒤 한 청소년이 '목숨을 걸었다'며 청와대 게시판에 글을 올려 박근혜 대통령을 나무랐다. 세월호 침몰에 대한 책임 회피가 전부인 대통령을 도저히 참을 수가 없어서였다. 박근혜 시대에는 청와대 게시판에 대통령을 질타하는 글을 올리려면 목숨을 걸어야 했다. 한 청소년의 목숨 건 용기 앞에 선생님 43분도 글을 올렸다. 살아있는 날이 더는 부끄럽거나 욕되지 않도록 함께 나설 것을 다짐하면서. 많은 국민들은 눈물 흘렸고, 많은 국민들은 서러웠다. 선생님들의 글은 세월호 침몰 때 아직 살아있던 아이들의 대화로 시작되었다.

"이 구명조끼 입어"
"기다리래"
"헬리콥터 왔다"
"기다리라 해놓고 아무 말이 없어"

54. 김기춘 그리고 논공행상의 굴레
- 공조직 유능? 까라면 까라는 말! -

어지간히 뿍뿍 기었다. 왜? 풀 베느라고. 쑥쑥 자란 풀들이 내 키만큼 자랐다. 키가 작아서 망정이지 내 키가 컸으면 풀도 따라 더 자랐을지도 모른다. '망정'은 괜찮거나 잘된 일을 말한다. 풀 깎는 기계인 '예초기'를 쓴다면 네다섯 시간이면 넉넉한데, 엿새 째 풀 벤 냄새와 흙냄새에 빠져있다. 이렇게 하면 석 달 열흘은 해야지 싶다. '예초기'란 말은 '기름낫'이라 부르면 어떨까?

풀이 자라는 것과 내 키와는 아무 관계 없다. 그래도 마치 관계가 있는 것처럼 억지로 가져다 쓴 것은 헛웃음이라도 머금거나 비웃음이라도 흘리시라는 뜻이다. 간밤에 취한 상칠이가 '잘 생긴 165보다 못생긴 185가 나은 거 아뇨?'하고 대들었다. 생김새와 키는 아무 관계 없는데 끌어다 쓴다. 그렇다고 내가 '잘 생긴 165'고, 상칠이가 '못생긴 185'란 뜻은 아니다. 아무튼, 헛웃음이나 비웃음이 먹혔으면 잘된 일이고 먹히지 않았으면 그냥 지나가면 된다.

그러나 헛웃음이나 비웃음으로 지나지 않아야 할 일, 대한민국에 많다. 많아도 너~무 많다. 며칠 앞서 '대통령이 국무총리를 지명했다', 박근혜 대통령이 문창극을 국무총리로 지명했다는 말이다. 이 말 마땅하다. 법을 따르는 것이고, 국민 안전과 나라 살림을 꾸리겠다는 뜻이다. 그런데 사람들은 '그네가 문창극을 찍었다'고 말한다. 사람들은 몹시 밉거나 제 할 일을 못 하면 존칭도 빼고 다른 말로 부른다. 학생들이 '담임선생님 오신다'를 '담탱이 뜬다'고 말하는 것처럼. 문창극의 이름을 그대로 쓴 것은 온누리교회나 중앙일보 빼고는 그를 잘 알지 못하기 때문이리라. '찍었다'는 시험에서 잘 몰라 아무렇게나 답을 달 때 쓰고, 남녀 사이에서 상대는 모르지만, 상대를 갖고 싶을 때도 쓴다. 누군가를 부셔버리고 싶을 때도 쓴다. 힘겹지만 기어코 해내리란 굳센 뜻을 담는 경우다.

　이순신이 지킨 진도 앞바다에 대한민국의 미래를 빠뜨려 죽인 '세월호 참사'에서 언론은 엉뚱하게 아주 오래된 '유병언'의 동영상을 보여준다. 월드컵 축구 4강 진출 때의 결정적 장면보다 더 자주. 그리고 '유병언' 쫓는 일을 생중계한다. 월드컵 축구도 아니고 '유병언' 다큐멘터리도 아닌데. 유병언'을 쫓다가 지친 검찰은 경찰이 지켜주는(?) 유병언의 기도원에서 낮잠도 푹 잤다. 너무 피곤하셨나 보다. 하기야 두 달이 다 되니까. 도둑놈 강도? 우리의 경찰 맘만 먹으면 금방 잡는다. 2008년 리먼 브라더스의 부실과 환율폭등 그리고 금융위기를 척척 맞추던 인터넷 논객 미네르바(박대성)처럼 정권의 무능을 드러내거나 정권보다 뛰어난 예측을 한 사람은 가물가물 희미해진 법이라도 끌어다 붙잡는다. 정적(政敵)을 붙잡는 건 말할 것도 없다. 하도 떠드니까 고유명사 '유병언'이 보통명사처럼 들린다. 고유명사 '문창극'도 나라 팔아먹은 이완용처럼 이제 보통명사로 들린다.

궁금한 것 있다. 유병언의 기도원 앞에 현수막 걸린다. 〈김기춘, 우리가 남이가〉, 〈정부·검찰 뺑 치시네〉, 〈김기춘, 갈 데까지 가보자〉, 〈언론인, 언제까지 받아쓰기만 할 건가〉 〈기춘아, 유병언 잡는 척하느라 힘들지?〉 세월호 참사와 박근혜 청와대 비서실장인 김기춘은 대체 어떤 관계가 있을까? 나는 궁금한데 대한민국의 최고 수퍼 울트라 엘리트(?) 언론인들은 그 현수막의 말이 궁금하지 않는 모양이다. 나만 모른가? 이렇게 붙잡지 못하니까 그쪽 신문들은 '공조직 무능'을 외친다. 그러니까 공조직을 유능한 사람으로 채우라는 이야기다. 유능한 사람? 절대 지존이 시키면 '시킨 대로' 하는, 그러니까 '까라면 까는 사람'을 말한다. 툭 터놓고 말하자면 '공조직 무능' 속에는 '까라면 까야지 왜 안 까'라는 말이 숨어 있다.

세월호 참사가 터진 뒤 박근혜 대통령이 한 말, '국가개조'! 뜯어보면 '국민개조'란 말을 살짝 바꾸어 놓았다. 감히 '국민개조'한다고 하면 설령 미개한 국민이라도 자신을 무시하는데 가만있겠는가. 열 받고 거품 물겠지. 그래서 국민들은 가만두고 국가를 바꿔버리겠다고 한 거지. 이런 속도 모르고 '국가거조'에 대해 대드는 사람 없다. 그런데 '국가개조'가 가능한가? 나라를 일본이나 미국에 팔아먹으면 몰라도.

어제 광주드림신문에, '첫 시민시장이라 말한 윤장현 광주광역시장 당선자가 논공행상 인사를 하면 명예가 아닌 굴레가 될 것이다'고 채정희 기자가 썼다. 굴레는 소의 코뚜레를 꿰어 움직이지 못하게 동여맨 것인데 힘센 소를 힘 약한 사람이 마음대로 부리려고 죽을 때까지 소에게 채운다.

광주가 대한민국 일에도 유유자적(悠悠自適)한 지 오랜데 모처럼 광주 일에 채정희 기자가 따끔한 말을 뱉었다. 광주에 광주드림신문이 있어 망정이지, 중앙일보만 있었으면 큰일 날 뻔했다.

*문창극: 1948년 충북 청주 출생. 서울고 서울대 정치학과 졸업. 중앙일보 기자. 서울대 초빙교수.

*유병언: 1941년 출생. 극동방송 부국장. 봉제완구를 수출하는 삼우무역, 식품과 선박회사인 세모기업 운영, 1991년 종교단체인 오대양 집단 자살 사건으로 화제가 되었고, 2014년 세월호 참사 때 청해진 해운과 관련으로 수사를 받다가 잠적. 순천 별장 근처에서 발견된 시신이 유병언으로 밝혀졌다.

55. 시민단체 그리고 어쨌든
- 흐르는 물에 종이배라도 띄워보겠다? -

시민들이 스스로 참여해서 만든 단체가 '시민단체'다. 정부가 참견하지 않는다는 뜻으로 영어로는 엔지오(NGO, non-government organization)라 한다. 오랫동안 시민단체운동을 해서 광주에서 '시민운동의 대부'라 불리는 윤장현 광주광역시장 당선자는 엔지오를 'No Good Organization (좋지 않은 조직)'이라며 농담을 하곤 했다. 요즘은 국가 권력 견제와 시민 권익 옹호를 뚜렷하게 하려고 '시민사회단체 (CSO, Civilian Society Organization)'라 부른다.

시민단체는 자기들의 잇속을 먼저 생각하는 협회와 다르다. 환경운동이나 인권보호운동, 부패방지운동처럼 사람과 미래 그리고 옳은 일에 앞장선다. 그래서 비영리단체다. 시민단체는 더 살기 좋은 세상을 만들려는 공동의 이익을 먼저 생각한다. 특정한 개인이나 단체의 이익을 위한 것이 아니라서 '노무현을 사랑하는 모임'이나 '박근혜를 사랑하는 모임'과 다르다. 스스로 참여한 단체여서 주인의식을 갖고 사회와 국가를 살기 좋게 더 나아가서는 자유와 평등을 실현하려고 애쓴다.

우리나라 시민단체는 독립협회나 만민공동회에서 비롯했다. 나라를 되찾고자 모였고, 나라를 끌고 가는 먹물들이 우물쭈물하니까 국민들이 자주외교, 국정개혁을 외쳤다. 사회가 발달하고 복잡해지면서 많은 시민단체들이 생겨나고, 많은 사람들이 활동가로 뛴다. 청소년, 장애인을 비롯한 힘없는 사람들의 어려움을 듣고 함께 고민한다. 그들을 대신해서 말도 해주고 권리도 찾아준다. 어디나 그렇듯이 현장에서 발로 뛰는 활동가들의 삶은 고달프고 힘들다.

광주광역시에도 시민단체와 활동가들이 많다. 민선 5기 강운태 시장의 잘못된 행정을 지적하고 좋은 방향을 제시한 단체도 있다. 그 단체에 있는 한 사람이 '까닭이야 어떻게 되었든' 광주광역시 민선 6기 준비위원회(인수위원회)에 들어갔다고 말했다. 그분 아니고도 시민단체 사람들이 예닐곱 분이 더 들어갔다. 스스로 '행정의 달인'이라 부르던 강운태 시장 때의 행정이 시민의 속마음에까지 스며들지 못하고 탁상행정으로만 그쳐버린 것이 안타까워서일 게다. 윤장현 시장 당선자는 '시민운동의 대부'인 만큼 시민의 아프고 어려운 일들을 속속들이 받아들이겠다는 뜻일 게다.

'어떻게 되었든'이란 말은 '어쨌든'이나 '아무튼'이란 말이다. '어쨌든'이란 말은 어떨 때 쓰일까?

〈그게 어쨌든 난 그렇게 할 거야〉, 이렇게 쓰일 때는 원인은 살피지 않고 '나'만 괜찮으면 좋다는 뜻인데 약간 꺼림칙함이 숨어 있다. 〈너야 어쨌든 난 안 가〉, 이럴 때는 상대가 시민이든 누구든 아무 상관 없다는 뜻이며 단호한 다짐을 담는다. 〈어쨌든 해봐야지〉, 여기에는 가능성이 아주 적은데 어쩔 수 없이 흐르는 물에 종이배라도 띄워 보겠다는 마음쯤 되겠다. 〈어쨌든 마찬가지야〉, 이럴 때는 무슨 핑계를 대든 지 어울리지 않고 무엇을 해도 옳지 않다는 체념이 들어있다. 많은 말이 오갔으나 길을 찾을 수 없어 단순하게 화제를 바꿀 때 그냥 〈어쨌든〉을 쓰기도 한다.

어쨌든 '어쨌든'이라는 속뜻에는 걸쩍지근함이 배어 있다. 광주광역시의 시민단체 사람이 행정기관에 들어간 것이 처음 있는 일은 아니다. 시장을 임명하는 시대가 아니고 시민이 뽑는 시대여서 '민선'이라고 말한다. 그런데도 시민단체 사람들을 '특별한 자리'에 앉히는 것이 시민들과 소통하려는 뜻인지, 행정집행에 탈이 없게 방패 삼겠다는 것인지 알 수 없다. 빠뜨리고 갈 뻔했는데 시민단체 사람이 '특별히' 시장 당선자를 아끼고 사랑해서 그런지도 모른다.

어쨌든 시민단체 곧 엔지오가 비정부기구인지 윤장현 당선자의 농담처럼 '좋지 않은 기구'인지 구별할 수 없게 되어버렸다. 어쨌든 아프고 힘없는 시민들은 기댈 단체 잃어버렸고, 우리는 시민단체라는 좋은 견제기구 잃었다. 그래도 서로 돕고 옳게 살고자 하는 사람들은 그들이 움켜쥔 시민단체에 목매지 말고 새로 힘을 모아야겠다. 흩뜨려진 시민단체를 새로 시작하려면 많이 힘들겠지만.

*독립협회(獨立協會): 1896년 7월 2일 설립된 시민사회단체. 친목 모임으로 시작하여 민중계몽, 근대 정당으로까지 발전. 서대문구에 청나라로부터 독립을 기념해 세운 영은문을 헐고 독립문을 세웠다.

*만민공동회: 청일전쟁을 일본이 이기자 1896년 러시아는 고종을 러시아 공사관으로 데려갔다(아관파천-俄館播遷). 일본이 명성황후를 죽인 을미사변 뒤부터 고종은 신변에 위협을 느껴서 친러파(이범진·이완용)랑 협의하여 러시아공관으로 거처를 옮겼다는 말이다. 힘센 나라들은 광산·철도·전선·삼림·어장 등의 이권을 빼앗고, 서로 조선을 식민지로 만들려고 했다. 이러한 조선 빼앗기에 조선의 지도자들은 힘센 나라에 달라붙거나 음모를 꾸미기에 바빴지만, 백성들은 저항하였다. 1898년 자주 독립을 지키고, 자유 민권을 넓히려고 '만민공동회'란 이름으로 민중 대회를 열었다.

*행정의 달인: '달인(達人)'은 일본말인데 어떤 분야에서 남달리 뛰어난 재능을 가진 사람을 일컫는다. 우리가 주로 쓰는 말로는 대가(大家), 고수(高手), 상수(上手)가 있다. 강운태 광주광역시장은 25살에 행정고시에 합격한 뒤 전라남도 순천시장, 6대 광주광역시장, 47대 농림수산부 장관, 62대 내무부 장관, 16·18대 국회의원, 11대 광주광역시장(민선 5기)을 했다. 강 시장은 행정 경험이 풍부하다는 뜻으로 자신을 '행정의 달인'이라 불렀다. 우리나라에는 그런 공무원 많다.

56. 관례와 식민지
- 호남은 텃밭? 식민지? -

　노란 옷을 입은 꼬맹이들이 건널목에 섰다. 신호등이 녹색불로 바뀐다. 아이들은 꼬물꼬물한 손을 들어 흔들며 건넌다. '녹색불'이란 대목에서 '어, 파란불 아니야?'하고 느꼈으면 초등학교가 아니라 '국민학교'를 다녔던 세대든지 나이가 들었다는 뜻이다. 옛날에는 '파란불'이라고 했으니까. 조금이라도 젊게 사시려면 이제부터 녹색불이라고 부르시라.

　맨 처음 '파란신호등'이라고 교과서에 쓴 사람은 누구일까? 그 사람이 신호등 뒤에 섰을 때, 갑자기 뒤가 마려워 얼굴빛은 희놀놀해지고 눈빛은 파르스름해져서 그냥 파란불이라고 적어버렸을까? 교과서를 쓸 정도면 배울 만큼 배웠고, 잘난 사람이었을 테니 보통 사람들은 의심 없이 그대로 쭉 그렇게 써버렸을까? 아니면 그 사람이 녹색 색맹이었을까? 설마 그때는 푸르뎅뎅하고 푸르스름한 모든 것을 파랑이라고 부르지는 않았겠지? 어쩌면 처음엔 파란 신호등이었는지도 모르겠다.

　아무튼, 누군가 녹색을 파란빛으로 우겨서 말한 사람이 있었기에 신호등은 녹색이 아니라 파란색이라 불렸겠다. 발가벗은 임금님처럼 녹색 신호등은 부끄러움 없이 파란 신호등이 되어 흘러내려왔다. 처음에 누군가 말했을 테고, 그것이 버릇이 되어 사람들의 입에 붙어버렸고, 사람들은 그것을 옳은 것으로 인정해버렸겠다. 그것을 관습(慣習)이라 하고, 관습으로 굳은 일을 관례(慣例)라 한다.

버릇? 오랫동안 자주 되풀이하여 몸에 익어 버린 몸짓이나 말을 일컫는다. 잘못된 버릇이 든 사람에게 '버르장머리 없다'고 하고, 전라도에서는 '보초대가리 없다'고 말한다. '버릇'에는 주로 '없다'는 말이 붙어, '버릇없는 짓'이라 하면 허튼짓, 바보 같은 짓, 쓸모없는 짓처럼 줄곧 나쁘게 쓰이다 보니 '버릇'이 나쁜 말이 아닌데도 나쁜 뜻으로 받아들여 주로 나쁜 쪽으로 쓴다.

지금 우리의 관례는 언제 만들어졌을까? 1592년 임진왜란은 우리가 물리쳤으니 우리 것을 지킬 수 있었지만 1910년 일본에게 나라를 빼앗긴 뒤 관례는 달라졌겠다. 그리고 1945년 나라를 되찾았을 때와 1950년 한국전쟁 때 역시 격동의 역사인지라 관례가 싹 바뀌지 않았을까? 으레 식민지시대라 부르는 일본강점기 때부터 생긴 관례는 무엇일까?

왜노므시키들은 우리나라를 다스리려고 비비고 굽실거리는 놈들을 좋아했겠다. 손가락에서 피를 뽑아 '충성'을 맹세한 다카키 마사오(박정희)는 얼마나 더 예뻐했을까? 부자라고 스스로 돈을 갖다 바치고, 배웠다고 시(詩)와 노래로 알랑방귀 뀐 놈들은 또 얼마나 예뻐 보였을까? 백성들은 목숨을 이어가려고 이리저리 눈치보고 숨죽이며 살았겠다. 입술에서 피가 날 때까지 이를 앙다물고 버텼겠다. 왜노므시키들은 총과 칼 앞에 줄을 세워야 편했겠고, 나라를 팔아먹든지 말아먹든지 제 몸과 식구들만 편하면 되는 놈들은 총과 칼 앞에 반듯하게 줄을 서서, 간을 내놔라 하면 간을 내놓고 쓸개를 내놔라 하면 쓸개를 내놓았겠다. 왜노므시키들의 서슬 아래서 그리고 왜노므시키들보다 더한 앞잡이들의 서슬 아래서, 백성들은 입을 닫고 견뎠겠고 먼 곳만 물끄러미 보았겠다.

호남을 새정치민주연합, 그러니까 옛 민주당의 '텃밭'이라고들 한다. 그것이 어느덧 관례가 되어버렸다. 텃밭은 자기가 심고 싶은 것을 맘대로 심는다. 그것이 곡식이든 꽃이든. 뭐 밭을 놀려도 (무공천) 누가 뭐라 하는 사람도 없고, 남의 동네 막대기를 꽂아도 누가 뭐라 할 구석도 없다. 자기가 골라서 심고, 가꾸는 규칙도 자기 마음대로다. 그들에게는 텃밭이지만 호남 사람들에겐 개구리나라다. 개구리 나라에서는 아무 일도 하지 않는 통나무를 던져도 '감사'하고, 자신들을 잡아먹는 황새를 보내도 '황공'해 하니까.

7월 30일 국회의원 선거를 앞두고 호남은 옛 민주당의 '텃밭'이 아니라 '식민지'라는 생각이 들었다. '백성'이란 말이 '시민'이란 말로 바뀌었을 뿐! 그저 눈치 보고 숨죽이며 퍼런 서슬 아래서 입 닫고 먼 산만 하염없이 바라본다. 이제는 관례를 벗어던지고 버르장머리 '좋고' 보초대가리 '있는' 사람들이 국회의원이 되었으면 좋겠다.

*서슬: 쇠붙이로 만든 연장이나 칼날 같은 도구의 날카로운 부분을 말하지만 요새는 말이나 몸짓이나 글 따위가 독이 올라 날카로울 때 쓴다.

57. 앞잡이와 골목대장
- 코딱지만 한 일? 황소 찜 쪄 먹을 일! -

 북극곰의 삶을 걱정하는 광훈이 아저씨가 있다. 봄·여름·가을·겨울이 있는 대한민국에서 뭘 생뚱맞게 북극곰의 삶을 걱정하냐고?

 우리가 함부로 먹고 쓰고 버리면 땅도 공기도 더러워지고, 그것 때문에 지구의 온도가 올라가 북극의 얼음이 녹으면 북극곰이 살기 어려워 멸종된다는 이야기다. 아주 코딱지만 한 일이 황소 찜 쪄 먹을 일 만들 수 있다는 말이다. 이것을 미국의 기상학자 에드워드 로렌츠는 '나비효과'라 불렀다. 브라질에 있는 나비가 날갯짓을 했을 뿐인데 미국 텍사스에서는 회오리바람(토네이도)이 생긴다나 어쩐다나? 완전 센 뻥처럼 느낄지 모르지만 그런 일 생긴다. 담배꽁초 하나 버렸을 뿐인데 온 산이 불타버리고, 밥집에서 코 한번 풀었을 뿐인데 건너편 손님이 토하다 식도가 막혀 죽는 수 있다.

 북극곰을 생각하는 광훈이 아저씨는 그래서 십수 년째 자전거를 탄다. 북극곰의 삶을 생각만 하는 것이 아니라 몸소 실천하신다는 말이다. 그러기 쉽지 않은데 대단한 사람이다. 광훈이아저씨 같은 사람도 있으니까 함부로 생각하고 아무거나 먹고 아무렇게

나 버리지 마시라. 십 년이 지나면 강산도 바뀐다는데 그 정도 자전거를 타니까 광훈이 아저씨는 자전거 타기를 가르칠 뿐 아니라 사람들 모시고 자전거 여행도 다닌다. 고급스러워지려는 사람들은 '자전거 라이딩'이라 부른다.

어느 날 자전거에 도가 튼(?) 광훈이 아저씨가 건널목에서 정지선을 넘어 섰던 모양이다. 경찰이 다가와 '자전거도 타는 순간 차입니다. 선을 지켜주세요.'했단다. 경찰은 '이때다' 싶었을 것이고, 광훈이 아저씨는 '아차' 싶었겠다. 경찰이 호루라기를 불지 않고 나긋하게 말했다니 참 괜찮은 경찰이고, 광훈이 아저씨는 '누구한테 감히'라고 생각하지 않고 '아, 예' 그랬으니 참 괜찮은 사람이다.

경찰을 '민중의 지팡이'라고 한다. 요새는 '민중'이란 말만 써도 빨갱이로 몰아버릴지 모르지만. 그렇다고 '빨갱이의 지팡이'라고 하지는 않는다. 여기서 '지팡이'는 법 없이도 사는 사람들의 대가리나 탁탁 때리라는 지팡이가 아니라 걸을 때 도움을 준다는 뜻으로 썼겠다. 7-80년대를 학생으로 산 사람들은 경찰이란 말보다 '짭새'가 더 가깝게 느껴지고, 그보다 더 나이 지긋하신 분들은 '순사'란 말이 확 다가올 거다. 순사는 독립운동 한 사람들을 붙잡으려 눈 부라렸고, 짭새는 민주화운동 한 사람들을 붙잡으려 발 부르텄다. 순사나 짭새는 '괜찮은' 사람들을 붙잡으려고 온갖 꼼수와 별의별 고문에 익숙했다. 지팡이는커녕 일본이나 독재의 앞잡이 노릇을 했다.

왜노므시키들이 물러나고 청산이 이뤄지지 않아 '순사질'하다가 '짭새질'로 이어졌으리라. 그들이 대한민국이 아니라 권력을 지키는 '개'가 된 것은 나라와 민족을 위해서? 천만의 말씀, 만만의 콩떡이다. 나라보다는 제 뱃속을, 민족보다는 제 잇속이 먼저였으니 서민들을 발톱 밑에 낀 때꼽재기만도 여기지 않았겠다. 순사나 짭새로 불렸던 경찰은 언제부턴가 '권력의 개' 자리를 검찰에게 넘겨주었다.

광주광역시에는 여덟 명의 국회의원을 비롯해 '정치인'이란 완장을 찬 사람들이 있다. 그들 가운데 몇몇은 끈떡하면(걸핏하면) '5·18영령 앞에 부끄럽지 않게'란 말을 하고, 끈떡하면 5·18묘등에 가서 고개를 숙인다. 한때 출마를 해도 '나라와 민족을 위해서', 계모임에 가도 '나라와 민족을 위해서'라고 외쳤던 정치꾼의 모습이 겹친다. 그들이 얼마 전부터 시장은 누가 되어야 한다, 누구는 국회의원이 되어서는 안 된다고 말하고 다닌다.

그들 정치인에게는 같은 골목에서 누구랑 노느냐도 아주 중요하겠다. 골목대장이 '내 말 잘 듣는 누구랑만 놀거야, 넌 빠져'. '넌 저쪽으로 끼어'하는 것처럼 골목대장 노릇을 하고 있다. 골목대장? 골목을 벗어나면 끽소리도 못하고, 제 성질 못 이기면 발로 차며 화풀이한다. 완장 찼다고 월드컵이나 프로야구 오심 심판처럼 호루라기나 불고 아웃 세이프나 외치지 말고, 정말 대한민국이 갈 길이 무엇인지 찾아보시라. 괜히 법 없이도 사는 광훈이 아저씨 같은 사람에게 거기 서라 저리 가라 하지 말고, 그 완장으로 세월호 참사가 왜 일어났는지 어느 놈들이 잘못 했는지를 꼼꼼하게 살피시라. 그러라고 국회의원으로 뽑아주었다.

*천만의 말씀 만만의 콩떡: 천만 번 생각해도 마땅하지 않음을 이를 때 쓰는 말. 아마 '만만의 콩떡'은 말의 장단을 맞추려고 붙이는 말인 듯.

58. 찔통부리기와 밀치닥질
- 박근혜는 누구쯤? 안철수는 누구쯤? -

　주말이면 옆집의 아들 식구가 아이들을 데리고 온다. 골목 돌담을 토닥토닥 때리는 아이들의 까르르까르르한 웃음소리가 상큼하다. 시들어버린 풀빛 옷만 걸치고 다니는 할머니들의 고샅에 울긋하고 불긋한 옷이 아장거리는 일도 흐뭇하다. 그늘진 감나무 아래에서 양파김치를 담그며 재잘재잘 이웃집 흉보는 며느리가 정겹고, 그 말끝에 쏙 한마디 던지는 시어머니가 어질다. "그 사람 속셈에 간이고 쓸개고 내주지 마라"

　논두렁에 웃자란 풀을 벤다고 기름낫(예초기) 짊어진 아들은 듬직하고, 시원한 물통 하나 달랑 들고 새색시마냥 사뿐사뿐 따라나서는 며느리는 사랑스럽다. 농약 통 짊어지고 고추밭에 농약까지 치고 돌아온 그 듬직한 아들에게 어머니는 감자를 삶아 내놓는다. 먹기 좋게 쪼개어 마루에 식혀놓는 어머니의 손길에 정이 듬뿍 들었다. "막둥이 너는 익은 갓김치를 좋아하지?" 하면서 마루에 걸터앉아 손으로 갓김치를 뿍뿍 찢어준다. "쌀쌀(천천히) 먹어, 누가 쫓아오는 것도 아닌데"

　엿새 동안 세상을 만들고 일곱째 날에 하느님이 '보기에 좋았다'는 느낌이 이쯤이었을까? 하느님이 아니라서 모르지만 이쯤의 느낌도 그쯤의 느낌과 크게 다르지 않았겠다. 그런데 적어도 문창극의 하느님과 안철수의 하느님은 그렇지 않았겠다. 국무총리로 지명받은 문창극은 '일본 식민지배는 하느님의 뜻'이라고 말했다는데 '문창극의 하느님'이란 그때 나오는 '문창극의 하느님'을 말한다. 또 2014년 광주광역시장 후보에 윤장현을 전략공천한 뒤 '자기 사람 챙기기'라는 비판을 받았고, 동작을 국회의원 재보선에서 안철수 사람으로 분류되는 금태섭 전 대변인이 떨어지자 '자기 사람도 못 챙긴다'는 비판을 받은 안철수는 '그런 잣대로 비판한다면 하느님인들 비판받지 않을 방법이 없다'고 말했다는데 '안철수의 하느님'이란 그때 나오는 '안철수의 하느님'을 말한다. '문창극의 하느님'은 문창극을 자진사퇴하게 했고, '안철수의 하느님'은 안철수의 몸을 사리게 했다.

마음이 넉넉해질 쯤 무슨 까닭인지 아이가 자지러지게 운다. "이놈의 새끼, 땅에 떨어지면 주워 먹지 말랬지?" 며느리의 목소리가 커지고 할머니는 모른 척 손자의 손을 잡고 골목으로 나온다. 돌담의 흙빛과 할머니의 잿빛 그리고 아이의 노란빛이 푸른 하늘빛과 하얀 구름 빛에 잘 어울린다. 마을회관 앞 큰 돌에 앉은 할머니는 주머니에서 막대사탕을 살짝 꺼낸다. "이거 먹고 찔통 그만 부려" 어느새 아이는 할머니의 빈 주머니를 함박웃음으로 채운다.

찔통? 찾아보니 자꾸 울거나 보챈다는 뜻이다. 우리는 왜놈 말인 '뗑깡'이나 '뗑깡'을 '부린다'고 말하고 책에서는 '심통 부린다'

고 하는데 할머니는 아직 우리말을 잊지 않고 쓴다. 할머니의 지닐총(기억력) 덕에 좋은 우리말 하나 건졌다.

해가 산을 꼴딱 넘어가고 붉은 기운이 뒤덮는 하늬(서쪽) 하늘은 정말 예쁘다. 비 그치고 산들바람이 불 때의 빛깔에 눈은 부시고 마음은 가라앉는다. 할머니는 아들이 바둑알처럼 보이도록 풀을 깎아놓은 논두렁 밭두렁을 손자랑 걷는다. "거기 가만있어, 밭에 들어오면 옷 망쳐" 걷다가 할머니는 눈에 일이 보여 참지 못하고 아이를 두렁에 세워둔 채 밭에 들어가 잔일을 한다. 할머니의 '가만있어'는 걱정과 보살핌이다. 세월호 참사에서 무엇을 할지 몰라 외쳤던 '가만있어'와 다르다. 할머니는 해야 할 일을 제때에 하려고 일은 하지만 눈은 자꾸 아이를 살피고 달랜다. "저녁에 할미가 초콜릿도 주고 아이스크림도 줄게"

어둑해지고 온 식구들이 평상에 앉았다. 된장국 냄새와 고등어 굽는 냄새가 골목을 뒤덮는다. 오순도순하고 살뜰한 냄새다. "할머니, 초콜릿하고 아수크림은 어딨어?" 아이가 조른다. "밥 먹고 나면 줄게" 할머니가 미룬다. "냉장고에 초콜릿도 없고 아이스크림도 없던데" 속 모르는 며느리가 툭 한마디 던지고 만다. 그렇게 티격태격하는 모습을 보던 할아버지가 버럭 소리 지른다. "밀치닥질 그만해. 아비가 가서 사 와라" 밀치닥질? 미루거나 떠넘기는 일이다. 요즘 말로 '밀당' 쯤 되겠다. 발뺌을 하던 할머니는 머쓱하다. "어머니랑 할 말도 있는데 저랑 사러 가시게요, 네?" 아들이 어머니의 서먹을 버무려준다. 여기까지가 지난 토요일 옆집 사는 이야기다.

밀치닥질에 버럭 소리 지르는 할아버지는 집안의 가닥을 잡는다. 이렇게 저렇게 두루뭉술하니 버티며 슬기 담아 사는 할머니, 제 할 일 찾아 말없이 하는 아들, 삶의 깊은 속을 하나씩 배워가는 며느리, 찔통부리는 손자 그리고 그것을 몰래 훔쳐보는 나.

대한민국에도 제가끔 구실(역할이나 책임)이 있고 해야 할 밥값이 있다. 여기서 박근혜는 누구쯤에 속하고 안철수 김한길은 누구쯤 될까? 어느 곳에도 속하지 못한 것은 아닐까? 옆집에 말리는 척하는 시누이가 없으니 말이다, 지금의 대한민국처럼. 그리고 우리는 몰래 훔쳐만 본다, 관음증이 깊은 환자처럼. 우리는 누구이고 어디에 서 있는가? 이것을 알려면 안철수처럼 여론조사 해봐야 하나?!

*흐무뭇하다: 매우 흐뭇하다

*기름낫, 기름낫질: 풀이나 곡식을 베는 낫, 손에 낫을 쥐고 허리를 굽혀 풀이나 곡식을 베는 일은 낫질. 이제 기름을 넣은 기계로 낫을 대신하니 일본에서 가져온 '예초기'라는 말보다 '기름낫'이나 '기름낫질'이라 하면 어떨는지.

59. 깡패와 감바리의 시대
- '불통 대마왕'에 '의'로 대적하라 -

연산군은 창기 가운데 고운 계집(여자를 부르는 우리말, 요즘은 여자를 낮잡아 부를 때 쓴다)을 뽑아 바치는 채홍사라는 벼슬과 커서 미인이 될 것 같은 어린 계집을 뽑아 바치는 채청사라는 벼슬아치를 두었다. 이런 벼슬과 벼슬아치를 둔 까닭은 말하지 않아도 아시겠고, 연산군은 그러한 일에 '지금 고운 계집'과 '나중 미인'을 나누는 꼼꼼함까지 보였다. 아랫것들이 알아서 그랬더라도, 거~참. 채홍사와 채청사는 두면서도 배우고 익혀서 입 바른 소리께나 한다는 선비들은 없앴다(무오사화). 까불거나 대들면 죽였다는 말이다. 임금께 옳지 못하거나 잘못된 일을 고치도록 말하는 곳인 사간원(司諫院)도 없앴다. '불통 대마왕'이 되셨다는 뜻이다. 이 대목에서 박근혜 청와대가 왜 쓱 스치는지 모르겠다.

왕이 이러니 그 아랫것들은 오죽했겠는가. 이때 '오직, 백성!', 왕이 두려워할 것은 '오직 백성'이라면서 홍길동이 나타났다. '오직 예수'가 아니니 착오 없으시길. 잘 모르시겠지만, 길동은 불합리한 신분 차별도 말했다. 길동이 '작은 각시'에게 태어났으니까. 길동의 고갱이(핵심)는 백성들에게 끔찍하게 빼앗던 탐관오리와 모질게 거둬들이던 토호세력의 곳간을 털어다가 가난한 사

p. 288 쓰잘데기

람들에게 나누어준 일이다. 이런 대목 나오면 지금의 탐관오리나 토호세력들은 떨리겠다. 물론 자기가 탐관오리나 토호세력이라 생각한 사람들은 없겠지만. 어떤 사람이 탐관오리고 토호세력인지는 다음에 설명 드리겠다.

아무튼, 길동은 가난한 사람들에게 세금을 많이 걷어서 부자들이 세금을 덜 내게 한 것이 아니고, 탐관오리와 탐관오리를 돕는 토호세력들의 재산을 거두어 가난한 사람들에게 나눠주었다. 해서 사람들은 홍길동을 '의적(義賊)'이라 부른다. '의롭다'는 진리에 맞는 올바른 도리, 곧 정의를 몸소 실천했다는 말이다. 전두환이 갖다 붙인 '억지 정의'와는 아주 다르니 착각하지 마시길. 연산군과 그 아랫것들이 백성들의 피를 마시고 백성들의 살을 뜯을 때 길동은 힘없는 백성들을 도왔다. 정의보다는 잇속을 따지는 관료들의 횡설수설하는 핑계 그리고 도덕보다는 속셈을 따지는 국회의원들의 따따부따하는 주둥아리들이 갑자기 푸른 하늘을 촘촘하게 가린다.

인종의 뒤를 이은 명종은 인종의 배다른 동생인데 왕의 자리를 잇는다. 큰아들에게 왕을 물려주는 시대였으니까 고개가 갸우뚱하시겠다. 명종은 22년 동안 왕의 자리에 있었으나 실제 왕 노릇은 어미인 문정왕후가 했다(수렴청정). 문정왕후가 묻힌 곳이 태릉인데 국가대표 선수촌이 있었다. 형(인종)의 갑작스런 죽음과 꺼림칙한 왕위 계승으로 명종은 얼마나 불안했겠는가. 해서 얼토당토않은 일을 꾸며 형(인종)의 사람들을 몰아내고 자기 사람을 심었다(을사사화). 헛소문을 퍼뜨려 말을 듣지 않은 사람들도 죽였다(이를 박시백은 '양재역 벽서 사건(良才驛 壁書 事件)'이라 불렀다). 이 대목에서 국정원 댓글 사건도 떠오르고, 이명박 시대의 유인촌도 떠오른다.

인종파인 대윤과 명종파인 소윤이 눈이 시뻘게져 권력다툼을 했다. 인종이나 명종은 둘 다 아내의 성이 윤이라서 그렇게 불렀다. 권력에 눈이 뒤집어지면 관리들은 썩어 문드러지고, 백성들의 삶은 불을 보듯 뻔하다. 엎친 데 덮친다고 흉년까지 찾아왔다(禍不單行 -화불단행). 벼슬들은 권력 때문에 목숨을 걸고, 백성들은 벼슬아치들 때문에 목숨이 왔다 갔다 했다. 오죽하면 소나 돼지를 잡는다고 깔보이던 백정인 임꺽정이 나서서 탐관오리를 몰아냈을까? 그 또한 길동처럼 벼슬아치와 관아의 곳간에 쌓여있던 곡식을 꺼내 가난한 사람들에게 나누어주었다. 사람들은 임꺽정도 의적이라 불렀다.

옳을 의(義)는 아무 곳에나 붙이지 않는다. 바른 사람에게만 붙인다. 우리나라를 짓밟은 왜노므시키의 우두머리인 이토 히로부미를 총으로 쏴 죽인 안중근 뒤에 우리는 의사(義士)란 말을 붙인다. '의사'에는 '비록'이란 말이 숨어있다. '비록 선비지만 무기를 들고 의로운 실천을 했다'는 뜻이다. 물론 안중근은 '장군'이라 불러야 옳다(이병완 전 노무현 대통령 비서실장의 주장도 그렇다). 또 옳은 일을 했으나 이름도 남기지 않은 사람을 의인(義人)이라고 부르기를 우리는 머뭇거리지 않는다.

의리(義理) 또한 아무 곳에나 붙일 수 없다. 나쁜 짓을 일삼는

깡패에게 의리를 붙일 수 없고, 제 잇속만 노리고 남보다 먼저 약삭빠르게 달라붙는 감바리에게 의리를 붙일 수 없다. 의리는 깡패 같은 권력에게 알랑거리는 것과 다르고, 잇속에 따라 권력을 휘두르는 일 따위와 다르다. 세월호 참사는 어쩌면 왜노므시키에게 세월호라는 배를 사는 순간부터 비롯했는지 모른다. 단원고 아이들이 죽은 친구들을 생각하며 걸어서 국회까지 갈 때까지도 깡패와 감바리들만 득시글거린다. 이제 옳을 의(義)자를 붙인 의인들이 나선다. 의(義)를 응원한다.

*무오사화(戊午士禍): 연산군은 김종직과 김일손과 그의 문인들을 대역죄인으로 규정하고, 이미 죽은 김종직의 관을 쪼개 송장의 목을 베었으며 그의 문인들은 죽이거나 귀양을 보냈다. 이는 '조의제문(弔義帝文)'

을 김일손이 사초에 실은 사실을 문제 삼았기 때문이다. 조의제문은 세조가 조카로부터 임금 자리를 빼앗은 일을 풍자한 김종직의 글이고, 김일손은 김종직의 제자였다. 유자광은 김일손이 왕권을 넘겨보았다고 가짜 뉴스를 연산군에게 일렀다. 가짜 뉴스를 만든 유자광은 권력을 잡았고, 무오사화로 신진사림파는 정계에서 물러났다.

*수렴청정(垂簾聽政): 옛날에 나이 어린 임금이 즉위했을 때 그의 어머니나 할머니가 임금을 대신하여 나랏일을 돌보는 일. 임금을 대신한 사람이 신하를 만날 때 그 앞에 대나무로 만든 발로 가리고 만나서 생긴 말.

*을사사화(乙巳士禍): 을사년에 사림이 화를 입은 사건. 윤원로와 윤원형 형제는 세자를 바꾸려 했지만 실패했다. 바뀌지 않은 세자였던 인종이 왕이 되어 사림파가 중용되었으나 8개월 만에 세상을 떠났다. 윤원로와 윤원형이 바꾸려 했던 세자인 명종이 왕이 되었고, 윤 씨 형제는 권력을 휘둘러 사림파를 죽이거나 쫓아냈다.

*양재역 벽서 사건(良才驛 壁書 事件): 이른바 정미사화(丁未士禍)를 말한다. 을사사화로 권력을 잡은 윤 씨 형제 사이에도 다툼이 있어 윤원로는 사형 당했다. 겁을 먹은 집권세력은 아직 남아있는 사림파를 없애려 했다. 그때 양재역에 '여왕이 나라를 다스리고, 간사한 신하 이기가 권력을 농단한다'는 벽서가 붙었다. 확인되지 않은 벽서를 들고 이기와 집권세력은 또 사림파를 죽이고 유배 보냈다. 이때 죽거나 유배 보내진 사람은 훗날 무죄로 밝혀졌다.

*국정원 댓글 사건: 2012년 대통령 선거 때 국가정보원의 심리정보국

요원들이 당시 국정원장이었던 원세훈의 지시를 받아 인터넷에 박근혜 후보에게 우호적인 여론을 조성하고 야권 후보를 비방하는 글을 수십만 건 올렸고, 대통령 선거 직전 김용판 서울지방경찰청장은 수사에 외압을 넣은 사건. 이를 제보한 직원은 파면되었다. 이른바 국정원 여론조작 사건.

*이명박 시대의 유인촌 사건: 2009년 한국예술종합학교 사태를 두고 어느 학부모가 1인 시위를 했다. 이때 자전거를 타고 가던 유인촌 문화체육관광부 장관이 '학부모를 누가 왜 이렇게 세뇌를 시켰지?'라고 비아냥댔다.

*감바리: 자기의 잇속을 노려 남보다 먼저 약삭빠르게 달라붙는 사람.

60. 가납사니와 쟁퉁이
- 도덕 예절 보여줄 어른 사라져 -

안쭈와 함슨배는 왼손잡이다. 두 사람과 밥집에 가면 왼손이 바깥쪽으로 가는 대각선 끝에 앉는다. 숟가락질 젓가락질이 서로 거치적거리니까. 미리 그렇게 앉자고 손가락 걸지 않았고, 나 여기 앉을 테니 그대 저기 앉으시게나, 말하지도 않는다. 하는 양을 살피면 서로 통한다는 말이다. 어렵게는 소통(疏通)이라고 말하지만 쉽게 말해 '척 보면 안다'는 말이다. 좀 배운 티 드러내려는 사람들은 '스눕(snoop)'이라고 한다.

스눕은 물건 하나 몸가짐 하나만 보고도 안다는 뜻인데 아주 자잘한 물건으로도 상대를 꿰뚫어 보는 힘을 말한다. 굳이 우리말로 하면 '점쟁이'나 '귀신'쯤 되겠다. 점쟁이나 귀신처럼 척 보고 알지는 못해도 팔꿈치를 툭 쳐서 눈치채도록 일러주는 것을 '넛지(nudge)'라고 한다. 올바르고 똑똑하게 일하도록 이끄는 힘이다. 어디에 쏙 빠져들면 잘못 가기도 하는데 그때 옆에서 살짝 신호를 주는 일이다.

안쭈나 함슨배처럼 '척'하면 '딱'하고 알아먹는 귀신들만 산다면, 할 일이 없으려나? 그래도 가납사니보다는 낫겠다. 가납사니는 쓸데없는 말을 재잘거리는 사람을 이른다. 찰떡 이야기하는데 개떡 같은 소리나 지껄이고, 소 이야기하는데 개 같은 이야기로 끼어드는 사람, 옛날에는 가끔, 아주 가끔 있었는데 요즘은 언론에 대놓고 자주 나타나고 떳떳하게 으스대며 나타난다. 스눕(귀신)은 아니더라도 넛지(눈치)라도 줘야 할 기자마저 개 풀 뜯어 먹는 소리 뚱뚱 나불대며 덩달아 가납사니 노릇 하는 일 잦다.

거기에다 쟁퉁이들마저 언론에 두꺼운 낯을 내밀고 장관이나 총리를 하겠다고 야단법석을 떤다. 쟁퉁이는 잘난 체 거드름을 피우는 사람을 말하기도 하고, 생각이든 돈이든 쪼들려서 속 좁고 비꼬인 사람을 말한다. 세월호 참사가 일어난 지 100일이 되면서 쟁퉁이들이 곳곳에서 고개를 내밀어 떠들고, 쟁퉁이들이 뭐 대단한 짓이라도 했다고 언론은 얼씨구나 떠들어댄다. 하기야 개가 사람을 물면 기사거리가 아니어도 사람이 개를 물면 기사거리라고 배웠을 테니까. 겉은 사람인데 개 같으니까 기사거리는 되겠다.

안쭈나 함슨배는 어떻게 개떡같이 말해도 찰떡같이 알아듣게 되었을까? 아마 어렸을 때 밥상에서 오른손을 쓰라고 다그침 당하지 않았겠고, 왼손을 쓴다고 야단을 듣지 않았을 게다. 왼손을 쓰면 복(福) 달아난다는 말도 듣지 않았을 게고, 호랑이가 물어갈 놈이라는 못된 설움도 받지 않았을 게다. 나쁜 어른 만났으면 왼손 쓴다고 밥 먹다 쫓겨나는 일 잦았고, 회초리 때문에 종아리에 멍께나 들었을 텐데.

어른들은 어린 안쭈나 함슨배가 왼손을 써도 귀엽고 야무지다고 지켜보았을 테고, 어쩌면 북돋아 주었는지도 모른다. 안쭈나 함슨배가 좀 귀엽고 야무지기는 하다. 안쭈와 함슨배의 어른들은 왼손잡이가 부끄럽거나 잘못된 일이 아님을 알게 해 주어 안쭈나 함슨배가 스스럼없이 왼손을 쓸 수 있었을 게다. 어른이라고 대화의 주도권을 쥐고 흔들지 않았을 테고, 경험을 내세워 윽박지르지도 않았을 게다. 어떻게 아느냐고? 하나를 보면 열을 아는 것 아닌가, 스눕(귀신)!

안쭈나 함슨배의 어른들은 힘으로 짓누르거나 우김질하지 않고, 마음을 나누고 몸으로 보여주었음이 틀림없다. 어른들이 마음으로 나누어주고 몸으로 보여주는 일을 우리는 '예절(禮節)'이나 '도덕(道德)'이라 부른다. 하지만 교과서에서는 인사하고 질서 지키는 것을 예절이라고 가르치고, 동서양 철학자의 이름과 그들이 한 말을 외우라면서 도덕이라 가르치지만. 예절과 도덕의 가르침이 잘못되어 있다는 말이다. 예절이나 도덕은 책으로 가르치고 책에서 배우는 일이 아니다. 어른들의 마음에서 느끼고 어른들의 몸에서 배운다. 말이 없어도 어른들의 몸에서 배우는 게 예절이고, 글이 없어도 어른들을 보고 익히는 게 도덕이다.

세월호 참사에서 드러난 그리고 드러나는 대한민국의 시궁창! 인사청문회에서 밝혀진 그리고 밝혀지는 높은 벼슬아치들의 지린내! 시궁창이 자랑스러울 수 없고 지린내가 향기로울 수 없다. 뭐 시궁창을 자랑스럽게, 지린내를 향기롭게 보듬는 가납사니와 쟁퉁이들은 있다. 그런 놈들 뜻밖에도 높은 자리에 많다. 그것은 '보수와 진보'라는 개념으로 나누어지는 것이 아니라 '상전과 하인'처럼 여기는 마음자세의 문제다. 도덕과 예절을 보여주는 어른이 사라져서 도덕과 예절마저 사라졌다. 아니 가납사니와 쟁퉁이들이 힘으로 어른들을 가리고, 도덕과 예절을 돈 뒤에 숨긴다. 가려진 어른들을 찾아내고, 숨겨진 도덕과 예절을 찾아야 한다.

61. 눙치기 그리고 탐관오리떼 참사
- 속였다 싶으면 바로 본색! 그 틈에 잇속까지 챙기려니 -

"산소에 풀이 사람 키도 넘게 자랐는디, 어디서 놀다가 이제야 얼굴이 벌게져서 들어와?" 옆집 할머니의 닦달이 담을 넘어 붉은 노을까지 퍼진다. "논에 농약 치고 왔잖어~" 할아버지의 말꼬리가 살짝 내려가는 걸 보니 눙치고 넘어가려는 속셈이다. "아침이면 다 뿌릴 농약을 하루 왼종일 뿌리고 왔단 말이여, 시방?" 둘러대는 할아버지의 말씀이 외려 할머니의 마음을 긁었다. 할아버지의 능글능글은 이 무더위에 새벽부터 일 찾아 꾸물거린 할머니의 몸까지 할퀴었다.

어떤 일이 닥쳤을 때 눙치는 사람 있다. 자기만 편하면 아무렇지 않다는 사람이다. 텔레비전에서까지 인생 복불복(福不福)이라며 떠들어대니, 이제 눙치는 일은 아주 마땅하게 받아들인다. 오히려 눙치지 못하면 바보가 된다. 어떤 일이 벌어졌을 때 둘러대는 사람 있다. 자기만 다치지 않으면 아무렇지 않다는 사람이다. 좋은 게 좋다면서 얼버무리고 구렁이 담 넘어가듯 지나가는 일이 자연스럽게 되어버렸다. 되레 둘러대지 못하면 멍청이가 된다.

"농약 다 치고 나니께 소나기가 떨어져서 상열이네 집에 갔제"

할아버지는 슬그머니 소나기와 상열이네 쪽으로 가닥을 잡았다. "상열이네 집 소나기는 별스럽게 쏟아져서 해 떨어질 때까지 그치지 않고 왔던 모냥이네" 할아버지의 핑계에 할머니는 고갱이(핵심)를 찌르고 들어갔다. "상열이네가 호박 넣은 부침개에다 막걸리를 묵으라고 어찌나 하든지, 임자도 알잖어, 내가 애호박 좋아하는 것을" 할아버지는 눈 질끈 감고 한번 봐달라는 애처로운 눈빛을 보낸다.

어떤 일이 생기면 왜 그렇게 되었는지, 어떤 과정을 거쳤는지 그리고 앞으로 어떻게 대책을 세워야 하는지가 본질이다. 틀림없이 까닭이 있고, 어김없이 그렇게 일한 사람이 있으며 그리고 거기서 잇속을 챙긴 사람 꼭 있다, 상식이다! 누가 본질을 모른 척 핑계를 댈까, 누가 상식을 버리고 고개를 돌릴까? 그 일이 들통 나면 큰 벌을 받을 사람들이다. 그 벌을 피하려고 '도와주세요, 머리부터 발끝까지 바꾸겠다'면서 마치 거지처럼 사정하고, '살려주세요'라고 불쌍한 척 엄살을 떤다.

"그라고 좋으믄 애호박 보듬고 막걸리 덜렁거림서 살어. 집구석 기어들어 오지 말고!" 할머니가 오늘은 쉽게 넘어가지 않을 마음인가보다. "개밥은 주셨는가? 더위에 새끼 키우느라고 고생할 것인디" 할머니가 떠받드는 개한테 스리슬쩍 말을 돌린다. 할아버지의 오래된 번뜩임이다. "영감이라고 하나 있는 것이, 때 되믄 척척 새끼 나서 돈 보태는 개만도 못해" 목소리가 혼잣말처럼 작아지는 걸 보니 할머니가 할아버지 말에 넘어갔다.

할머니가 소리를 지르면 할아버지는 '뭔 소리냐'고 생뚱맞게 쳐다보고, 할머니가 화를 내면 할아버지는 엉뚱하게 자기 할 소리만 들이댄다. 할머니가 주먹을 불끈 쥐면 할아버지는 윽박지르고, 할머니가 눈물을 흘리면 할아버지는 을러댄다. 사람들에게 도덕과 정의를 잃게 하고, 법이란 잣대만 들이대거나 돈으로 꼬드긴다. 모두 일제강점기 때부터 써먹던 오래된 꼼수인데도 사람들은 쉽게 넘어간다, 착하니까.

"상열이네 둘째 딸은 말이여? 이혼한다고 집에 와 있드만" 그 틈에 할아버지는 흐름을 낚아채고 평상에 담배 물고 앉아 할 일을 다 한 척 으스댄다. "으째 그라까? 즈그 언니 그라고 된 지 얼매나 됐다고?" 해 질 녘 밭에서 낫으로 쳐온 옥수수를 까면서 할머니의 마음은 상열이네 둘째 딸에게 머물렀다. "아, 글쎄, 처가에 그렇게 잘하던 둘째 사위가 바람이 났다고 하드만. 글고 보믄 평생 한 여자만 보고 사는 내가 괜찮은 사람이제" 빈둥빈둥 놀고 온 일은 아궁이로 쏙 넣어버리고 할아버지는 거꾸로 떳떳해진다. 대단한 둘러대기다. 사람들이 속아 넘어갔다 싶으면 바로 본색을 드러내고, 그 틈에 다른 잇속을 챙긴다. 밀양송전탑이든, 의료민영화든.

개 한 마리만 없어져도 마을 사람들이 대책을 세우고, 저수지에 한 사람만 빠져도 온 마을이 나서서 건진다. 옛날부터 이어져 오던 대한민국의 모습이었다. 세월호 참사는 그 배를 사들이는 때부터 지금까지 잇속과 탐욕에 따라 움직인다. 거기에는 사람도 없고 마을도 없고 오직 돈만 있다. 세월호 참사? 이름이 잘못되었다.

그것은 '탐관오리떼 참사'다. 탐관오리의 우두머리는 대통령이다.

*의료민영화법: 2015년 국회는 서비스산업발전기본법과 국제의료사업지원법을 냈다. 이른바 의료민영화법이다. 공공의 영역이 시장화 되면 영리 추구 병원이 늘어나 건강보험 체계가 흔들려 국민의 건강권과 공공사회 서비스가 침해될 걱정을 하는 국민들이 많았다.

62. 허 그리고 헛
- 허섭스레기들이 하는 짓마다 헛발질 -

　아버님은 국민학교 선생이었다. 왜노므시키 탈을 벗은 말로는 초등학교다. 내가 지닐총(기억력)이 생길 무렵 우리 집은 교장이 사는 관사에 얹혀살았다. 어머님은 서울에서 혼자 오신 교장의 밥과 빨래를 해주었고, 아버님은 교장의 애완동물인 벌 두 통을 치셨다.

　잠깐! 돌아가신 내 부모나 남의 부모를 말할 때는 '어머님', '아버님' 이렇게 쓰고, 살아계신 내 부모를 말할 때는 '어머니', '아버지' 이렇게 써야 맞다. 멀쩡히 살아계신 부모님께 '어머님, 아버님' 하지 마시라. 돌아가시라고 비는 꼴이니까. 아, 남의 부모님께는 살아계시든 돌아가셨든 '아버님', '어머님'이라 부를 수 있다니까요.

　'교장'처럼 '장'이 붙으면 그 말에 존대의 뜻이 들어있으니, '교장님'이나 '교장 선생님'이라 부르지 마시라. 지붕 위에 지붕 없는 꼴이니까. 페이스북 친구인 김지선 님이 다니는 회사는 부장이나 국장을 부를 때 '님'자를 붙이지 않고, 그냥 '네, 부장' 이렇게 말한단다. 알만한 회사인데 상무나 전무, 사장도 그렇게 부른단다. '고

객님! 지퍼님이 열리셨습니다'를 서슴없이 외치는 '호칭 인플레이션 시대'인데 원칙을 지키는 회사로 느껴진다. 후배인 태성이는 '선배님'이라고 부르지 않고 '선배'라고 부른다. 아양 떠느라 그런지는 모르지만 뭘 좀 아는 놈이다.

이야기로 돌아가서 아버님의 윗분이었던 이건묵 교장은 '진지 드세요' 그러면 '허허, 그래'하고 웃으셨다. '옷 다려 놓았습니다' 그러면 '허허, 좋군' 그러셨다. 벌통 앞을 기웃거리는 말벌을 잡아다 놓으면 '십 리 사탕' 열 개 값인 5원을 주시면서 '허허, 잘했다'고 하셨고, 바둑을 가르쳐 주시면서도 '허허, 늘었구나' 하셨다. 짜증을 내지 않았고 얼굴을 붉히지 않았다. 그저 '허허' 해주셨다.

어렸을 때 날적이(일기장)에는 크면 꼭 그분을 본보기로 소설을 써봐야겠다는 대목이 있다. 중학생이 되어 양림동 골목 끝 집에 살 때 다락방에 웅크리며 책을 보던 어느 날 갑자기 힘이 쏙 빠졌다. 남정현 작가가 쓴 '허허선생'이란 소설을 읽었기 때문이다. 물론 내가 생각한 이야기와 다르지만, 기가 막힌 책 제목을 잃어서다.

'허허선생'은 1970년대 밀려오는 자본과 산업화 속에서 꼼수와 착한 척으로 출세를 하는 아버지와 진실한 삶으로 맞서는 아들의 이야기다. 정신병자 취급을 받는 아들의 눈으로 사람답지 못한 세상과 부조리한 현실을 마구마구 드러냈다. 가짜와 거짓으로 사람을 속이고, 잇속과 돈을 좇아 사람을 죽이는 모습이 그때나 지금이나 달라지지 않았다. 그 옛날 세로로 쓴 범우사 문고판을 다시 보면서 서글픈 대한민국에 때아닌 눈물을 질금거렸다.

 '허'나 '헛'은 비어 있거나 가짜에 주로 붙인다. '허깨비'나 '헛것'은, 없는 데 있는 것처럼 보이는 일이다. '헛기침'은 나오지 않는데 일부러 하는 기침이며, '헛헛하다'는 배 속이 빈 느낌을 말한다('뱃속'은 마음이나 속셈을 뜻한다). '헛구역질'도 게우는 것은 없지만 욕지기(토할 듯 메스꺼운 느낌)하는 일이다. '내 꿈이 이루어지는 나라'를 만들겠다고 빵빵 소리 질렀던 사람들의 말은 허튼소리였고, 왜노므시키와 다름없이 허깨비와 헛것만 앞세웠다. 그놈들과 맞서 원칙을 바로 세워야 할 사람들은 헛기침만 하고 있으니 헛헛한 사람들은 헛구역질만 해댄다.

 '허'나 '헛'은 낡고 쓸데없는 짓에도 곧잘 붙인다. '허섭스레기(허접쓰레기)'는 좋은 것은 쑥 빠져나가고 남은 허름한 물건이고, '헛발질'은 빗나간 발길질이며, '헛수고'는 보람 없이 애만 쓴 것을 일컫는다. '나라를 바로 세우고 국민을 받들겠다'는 사람들은 알고 보니 허섭스레기고, 정의와 통합을 외치던 사람들은 하는 짓마다 헛발질이어서 국민들은 아무리 땅을 파도 땅을 치며 울어야 하고, 아무리 일을 해도 헛수고만 하는 꼴이다.

 '허~'는 어처구니없어 한숨 쉴 때 나오고, '허허~'는 엉성해서 빈틈이 보일 때나 뭉뚱그려 대충 넘어갈 때 뱉는다. 그림쟁이가 여러 사람들 보라고 그린 그림을 아무도 못 보게 곳간에 곱게(?) 접어 숨겨두었을 때 사람들은 '허~'하고 한숨을 쉬었고, 국민(시민)들을 보살피라는 자리를 뽑지 않고 비워두어 세금을 아낄 때

(?)는 '허허~' 그런다.

'헛둘헛둘'도 있다. 이는 하나둘 숫자를 세는 일인데 힘내라고 소리 맞출 때 쓴다. 군대에서 후임 병사를 두들겨 패서 죽이거나 성추행할 때 쓰는 말이 아니다. 아들의 행짜 정도는 도지사 노릇을 계속해도 된다고 생각하는 사람들이 있는 모양인데 어림없는 소리다. 곳곳에 허수아비만도 못하는 놈들이 서서 어림없는 짓만 한다. 허허~참.

*'내 꿈이 이루어지는 나라': 박근혜 대통령이 선거 때 내건 구호(슬로건).

*곳간에 쌓아놓은 그림 사건: 대통령 노릇을 했던 전두환의 추징금 때문에 검찰이 전두환 창고에서 찾아낸 미술품이 500여 점이다.

*후임병사 패 죽인 사건: 2014년에 밝혀진 이른바 '28사단 윤 일병 사망 사건'. 1년이 넘도록 상습 집단폭행을 당한 윤 일병. 집단폭행은 잔인했다. 침대 밑에 가래침을 뱉고 핥아 먹게 했고, 두들겨 맞아 지친 윤 일병을 잠들지 못하게 했다. 개 흉내를 내며 기어 다니게 했고, 치약 한 통을 짜 먹게 했다. 성기에 안티푸라민을 발랐고, 때리다 쓰러지면 포도당 링거를 맞혀 정신이 돌아오면 또 때렸다. 윤 일병이 죽자 공범들은 은폐를 지시했다. 주범이었던 이 병장은 '나의 폭행 행위를 고발할 경우에는 (너희) 아버지 회사를 망하게 하고 어머니를 섬에 팔아버리겠다'는 등의 발언들을 심심치 않게 했단다. 조사를 시작하자 공범인 다른 병장은 윤 일병의 수첩 두 권을 찢어서 버렸다. 조사 과정에서 공범들은 윤 일병이 음식을 먹고 TV를 보다가 갑자기 쓰러졌다고 거짓말했다. 하지만 수사하던 헌병대가 '윤 일병이 깨어날 것 같다'고 하자 범행을 자백했다. 공범들은 윤 일병이 교회 가는 일도 막았고, 가족 초청 행사에도 가족의 면회를 막았다. 사람들은 공범들을 '악마'라고 불렀다.

*아들의 행짜 사건: 2014년 강원도 철원군 중부 전선 한 부대에서 상병으로 근무하는 남경필 경기도지사의 장남이 후임병을 수차례 때려온 혐의로 입건돼 조사를 받고 있으며 또 다른 후임병을 성추행한 혐의도 받고 있다며 이투데이 김태헌 기자가 보도했다. 그해에는 군대 안에서 폭력과 가혹 행위가 국가의 문제로 떠올랐다. 남경필 도지사는 뒤늦게 사과했고, 군대라는 독특한 틀 안에서 두려움에 떨었을 후임병들의 심정은 보도되지 않았다. 남경필 도지사는 사과할 때 '사회지도층의 한 사람으로서'로 시작했고, 스스로 사회지도층이라 했다며 누리꾼(네티즌)들의 뭇매를 맞았다.

63. 어중이 그리고 떠중이
- 권력 잡으려고 꼼수만 파느라, 쯧쯧 -

가을이 비롯한다는 입추(立秋)에서 보름쯤 지나면 처서(處暑)다. 처서 지나 밭둑을 걸으니 포도 익는 단내가 눈을 두리번거리게 하고, 포도나무에 손을 뻗게 만든다. 차마 열린 포도 따진 못하고 떨어진 한 알 주워 입에 넣는다. 논둑 걸으니 오래된 아랫목 찐내 같은 벼 익는 냄새가 물큰하니 올라온다. 손톱 사이에 포도 물이 든 걸 옷에 쓱싹 닦아도 지워지지 않아 짐짓 모른 체 고개 빳빳이 들고 손을 뒤로 한 채 노을을 본다. 본 사람이 없어도 멋쩍고, 물든 손톱 보니 죄스러움에 물든다.

떨어진 포도 한 알 주워 먹은 사람 마음이 이러는데 '세월호'란 배를 타고 가다 300명이 넘은 국민, 그것도 이 나라를 이어갈 어린 국민이 죽었는데 박근혜 대통령의 마음은 사람의 마음이 아닌가 보다. 하기사 대통령이든 국회의원이든 자리를 '휘두르는 권력'으로 생각하면 짐승만도 못해지기는 한다.

'처서에 장벼 패듯'이라는 익은말(속담) 있다. 무엇이 한꺼번에 우~ 하니 일어나거나 떠들썩해진다는 말이다. '처서 밑에는 까마귀 대가리 벗겨진다'는 익은말에서 보듯 처서의 엄청난 더위에

벼가 바짝 익고 훌쩍 자란다. 처서가 더워서 벼가 잘 익는다는 뜻이겠다. 무슨 일이든 까닭 없이 생기지는 않는다. '처서 지나면 풀도 울며 돌아간다'니 이제 낫질을 그만해도 되겠다. '처서 지나면 모기 입이 삐뚤어진다'니 밤마실 나서야겠다. 겨울에 낫질할 일 없고 봄에 열매 거둘 일 없다. 무슨 일이든 그 때가 있다.

'처서 앞뒤로 큰물 진다'는 말도 있다. 곡식에서 꽃이 피거나 열매가 열릴 때 '팬다'고 하는데 장작도 아니면서 왜 '팬다'고 하는지 모르겠다. 큰물이 쏟아져 흐를 때 '진다'고 하는데 해도 달도 아니면서 왜 '진다'고 하는지 모르겠다. 패고 지는 일을 당할 사람들은 따로 있는데 애먼 국민들만 패대기 당하고 목숨 진다. 아무튼 2014년에도 어김없이 처서 앞뒤로 엄청난 비가 쏟아졌다. 어렸을 때 큰물이 지면 물에 잠긴 집 지붕 위에서 사람들이 구조를 기다리고 돼지가 떠내려가는 모습을 보았다. 언제부턴가 아무리 큰비가 와도 집이 잠기거나 돼지가 떠내려가는 꼴(모습)은 보지 못했다. 물을 잘 다스렸다는 말이다. 대신에 산이 무너지거나 길이 없어지는 일이 생겼다. 물은 다스렸으나 땅(흙)과 어울리지 못했다는 뜻이다.

옛날에는 산이 나타나면 돌아가고 비켜 갔는데 지금은 산을 뚫고 가거나 잘라버리고 지나가서 그런지도 모른다. 옛날에는 낮은 데로 흐르는 물을 따라 살았는데 지금은 물길을 맘대로 내어 물에게 사람을 따르라 해서 그런지도 모른다. 올해는 큰물에 돼지 대신 자동차가 떠내려가고 차 다니는 길은 물길이 되었다. 아무나 물을 다스리고 아무나 나라를 이끌어서는 안 된다고 자연이 보여주었다. 그런 '아무나'를 '어중이'라고 한다. 제대로 하는 일이 없어 쓸모가 없고, 마음에 들지 않고 어울리지도 못하며, 탐탁지 않은 사람을 가리킨다. 으레 '떠중이'를 붙여 어중이떠중이라고 부른다.

 어중이떠중이를 다른 말로는 '섬 진 놈, 멱 진 놈'이라고 한다. 섬이나 멱은 짚으로 만든 그릇을 말한다. 섬은 '섬거적'의 줄인 말인데 한 손으로 들 만한 크기이고, 멱은 '멱둥구미'의 줄인 말인데 섬거적보다 더 크고 둥글고 더 깊은 그릇이다. 멱둥구미보다 더 큰 것은 '가마니'다. '섬 진 놈, 멱 진 놈'은 뭐 하는지도 모르면서 섬거적 지고 멱둥구미 지고 오고 가는 멍한 사람을 이르겠다. 어중이떠중이란 말을 잘난 척하며 써먹을 때는 '어두귀면지졸(魚頭鬼面之卒)'이라고 쓰면 된다. 물고기 대가리에 귀신 낯짝을 한 졸개란 뜻이다. 지지리 못난 사람을 일컫는다.

 꼼수를 부려서라도 '권력'을 붙들면 그 권력 앞에서 어중이떠중이들 손 비비고 조아린다. 그 권력 곁에서 섬 진 놈 멱 진 놈 침 흘리며 달콤하게 속삭인다. 썩은 생선에 쉬파리 끓듯 따리꾼들 권력에 달라붙는다. 따리꾼은 알랑거리고 살살 꾀어내기를 잘하는 사람을 말한다. 권력을 잡으려고 꼼수만 파느라 국민이고 나라고 눈 밖이었으니 하찮은 어중이떠중이들의 말이 귀에 쏙 들어온다. 그러니 언저리엔 온통 '덕석에 참새 떼 앉듯' 알랑방귀 뀌는 놈들로 가득 찬다. 짚으로 만든 큰 깔개는 '멍석'이고, 추울 때 소 등에 덮어주는 것이 '덕석'이다. 보통 덕석에는 벼를 말리곤 해서 참새가 떼로 앉는다. 그 작은 덕석에 참새 떼처럼 알랑방귀들 득시글거린다.

  처서의 큰비가 그치고 노루 꼬리만 한 볕이 보이면 농사꾼들은 고추를 널어 말리고 깻대는 세워 말린다. 고추 널고 깻대 세우는 일은 쉬워 보이나 오래된 슬기가 묻어있다. 비구름이 다가오면 널어놓은 고추를 거두고 세워둔 깻대는 우산각으로 옮긴다. 재빠르고 부지런함은 오래되어 몸에 배었다. 어중이떠중이들은 엄두도 못 낼 일이다. 어중이떠중이가 살림을 하면 식구가 흩어지고, 어중이떠중이가 농사지으면 마을을 망친다. 어중이떠중이가 나랏일을 맡으면 국민이 죽고 국민이 죽어간다.

64. 싹수 그리고 싸가지
싹수가 노랗다고 한마디만 해주면 어떠우

옛 선비들은 '반일독서(半日讀書) 반일정사(半日靜思)'로 공부했다. 하루의 반은 글을 읽고 하루의 반은 조용히 생각했다는 말이다. 글은 참되게 읽고, 생각은 넉넉하게 했던 모양이다. 요즘은 그러기 쉽지 않지만 읽고 생각하는 일이 그르지 않으니 그래볼만 하다. 글 읽는 시간을 아까워 않고, 생각하는 바를 산책하며 떡하니 내놓는 글벗 임동휘가 있다. 뭉뚱그린 마음을 쉽게 들려주는 말벗이기도 하다. 그와 만남은 늘 기다려지고 설렌다.

동휘는 언젠가 막걸리 서너 잔에 '노래 하나 들려줌세' 하고선 허리를 곧추세우고 먼 곳을 바라보더니 '6월 16일 그대 제일(祭日)에 나는 번번이 이유를 달고 가지 못했지'하며 목소리를 쫙 깔고 읊었고, '나 같은 똥통이 사람 돼 간다고 사뭇 반가워할 거야~' 하며 속에서 소리를 끌어올리며 잔잔하게 불렀다. 한 번 더 들려 달랬더니 또 불러주고 또 불러주어 그날 모자람 없이 대여섯 번은 들었고, 그 뒤로도 만날 때마다 졸라서 자주 들었다.

김영동의 '멀리 있는 빛'이란 노래다. 잔잔한 물결 같은 흐름에 느긋한 목소리가 징 소리처럼 마음을 울린다. 김영동은 '어둠의 자식들'(이장호 감독)이란 영화에서 딱 어울리는 노래 '어디로 갈거나'를 집어넣었고, '꼬방동네 사람들'(배창호 감독)에서도 이야기에 잘 들어맞는 노래 '조각배'를 들려주었다. 김영동은 가슴에 애달프게 묻어 둔 우리 가락을 잘 솎아 올려 우리의 삶에 스며들게 한다.

가슴을 후벼 파는 노랫말은 김영태의 '멀리 있는 무덤'이라는 시(詩)다. 갑작스럽게 죽은 친구(김수영 시인)의 제사가 다가오자 김영태는 '생시(生時)와 같이 그대를 만나'는 것처럼 여겼고, 자기의 시집을 죽은 친구에게 이야기했다. 시인 김영태는 춤을 좋아했다. 춤은 사람 몸이 만들어내는 은유(메타포)다. 김영태는 춤으로 삶을 느끼고 삶을 춤으로 엮었다. 춤으로 시를 썼고 시로 춤을 추었다.

'풀이 눕는다'로 잘 알려진 김수영 시인은 멀뚱하니 키가 커서 그랬는지 말이 없었다. 김수영은 가짜와 거짓은 말[詩]뿐 아니라 몸으로도 밀어냈고, 사람들이 두려워 꺼리는 일에도 거침없이 바른 말을 했다. 이승만 독재 무리와 친일 떼거리에도 서슴없는 비판과 욕을 토해내기도 했다. '혁명은 고독하다'고 말한 김수영은 〈시(詩)란 가슴으로 온몸으로 밀고 나가는 일〉이며, 〈얼굴에 침을 뱉는 일〉이라고도 했다.

처음 노래를 들을 때 가슴이 먹먹했다. 나는 슬픔 앞에서 서러워만 하는데 김영동의 노래가 된 김영태의 시는 안타까움을 넘어 죽음과 두런두런 이야기를 나눈다. '그대의 깊은 눈이 어떤 내 색을 할지' 시가 된 노래는 아예 죽음이 된다. 어쩌지 못하는 마음에 '침을 뱉고 송곳으로 구멍을 낸다우'하며 현실로 돌아와 몸부림을 친다. 두 번째 들을 때는 걷고 싶었다. 켜켜이 묻은 그리움을 떼작떼작 들쳐보고 다시 쌓았다. 나 또한 죽음과 이야기 나누고 싶고, 그대가 되어보고 싶었다.

세 번째 네 번째 그리고 들을수록 그림이 그려졌다. 김영태는 김수영과 나지막이 말했으나 '물에 빠진 사람이 적삼' 입은 꼴이나 '모가지만 달랑 물 위'로 떠오르는 대목에서는 허우적거리는 내 모습을 보았다. '겹버선 신고' 생각 없이 뛰어다니는 이웃이 눈에 들어왔고, '냉수만 퍼마시다 지레 눕'는 가난한 우리들이 나타났다. '머리맡에 그대의 깊은 시선이 나를 지켜주고 있더라도 그렇지' 애쓰고 아무리 애써도, 빌고 아무리 빌어도 도로 아미타불인 대한민국에서 한숨만 나오기도 했다.

눈물이 날 때도 있었고, 헛웃음이 날 때도 있었다. '멀리 있는 무덤' 그리고 '멀리 있는 빛'은 '싹수가 노랗다고 한마디만 해주면 어떠우'라고 물으며 노래와 시는 끝난다. '싹수'는 잘 될 것 같은 낌새고, 전라도 말로는 '싸가지'라 하는데 싹수의 센 말쯤 되겠다. 김영태 시인이 죽은 김수영 시인한테 '싹수가 노랗다고 한마디만 해'달라는 것은 아마 더는 희망을 찾을 길이 없어서 그랬을까?

읽고 생각한 것을 나누어주는 임동휘, 품속에 묻은 가락을 끌어내주는 김영동, 그리움으로 속살까지 근육으로 다듬는 김영태, 굽히지 않는 몸과 글로 깨우쳐주는 김수영. 싹수가 싱싱한 사람들이다. 새싹을 죽이는 '싹수가 노란' 나라님이지만 우리는 '싸가지가 넘실대는' 나라를 만들어야 한다.

*떼작떼작: 보통 '끼적끼적'의 전라도 말이라고 한다. '생각 없이 슬렁슬렁'쯤이 아닐까 한다.

*겹버선: 솜을 대지 않고 겹으로 만든 버선.

65. 가만히 그리고 덤터기
- 염치없는 사람이 바가지까지 씌운다? -

　조선 후기, 왕은 허수아비처럼 있고 왕과 가까운 사람이나 신하가 권력을 쥐고 흔들었다. 이른바 기득권은 나라와 백성을 돌보지 않고, 집안의 부귀영화(富貴榮華)만 노렸다. 나라의 미래쯤은 눈 밖이고, 백성의 삶은 '낙동강 오리알'로 내쳤다. 세도정치(勢道政治)다. 나라의 틀은 흔들렸고, 벼슬아치들은 너도나도 '먼저 먹는 놈이 임자'라며 탐관오리(貪官汚吏) 줄에 섰다. 조선 후기 이야기지만 지금도 그리 낯설지 않다.

　그때 조선은 외국과 교류가 늘어 백성의 보는 눈이 높아졌고, 배울 짬도 늘어났다. 다른 나라 백성들을 보니 무엇이 잘못되었는지 알았고, 배우고 나니 무엇을 바꿔야 하는지 깨달았다. 평안도는 남달리 상업 활동이 힘차서 씩씩한 동네였지만 평안도 서북 백성들은 고려 유민이라 불리며 차별대우가 심했고, 업신여겨졌다. 요즘 말로 하면 '홍어'라 부르고 '빨갱이'로 몰았다.

　1811년 지역 차별과 사회모순을 바로잡겠다며 홍경래가 무기를 들었다. 바뀌는 사회에서 바뀌지 않는 정치를 바꾸려고, 농민은 물론 양반, 노예까지 여러 계층의 백성들이 모여 나라에 대들었다. 홍경래의 난이다. 백성이 죽어간 난은 가라앉았으나 기득권과 정치는 바뀌지 않았고, 백성들은 고달픈 삶을 되풀이했다. 기득권은 자리 지키기에 더욱 힘썼고, 정치는 잇속에 더욱 빠져들었는데 이 또한 지금의 우리가 겪는 일과 비슷하다.

기득권은 까닭을 살피지 못했고, 정치는 본질을 보지 않았다. '자리'와 '잇속'에 눈이 멀어 까닭과 본질이 뭔지도 '몰랐다'가 더 맞는 말이겠다. 기득권은 오히려 그 까닭을 힘없는 백성에게 몰아붙였고, 정치는 그 본질을 백성에게 떠넘겼다. 기득권은 도리어 백성에게 어지러운 나라의 책임을 물었고, 정치는 백성에게 더 힘든 의무를 지웠다. 덤터기다. 그때의 백성이나 지금의 국민은 기득권과 정치에 덤터기만 쓴다.

그리고 기득권은 백성에게 '가만있으라' 했다. 요즘 말로 〈이모빌리즘(immobilism)〉, 나도 가만있고 너도 가만있으면 기득권은 그대로 누리고 백성은 그대로 고달프게 산다는, 그러니 까불지 말고 그냥 이대로 살자는 뜻쯤 되겠다. 지금의 현상을 지키려는 극단의 보수주의다. 누가 우스갯소리로 그런다. 이모빌리즘은 어려운 고모가 아닌 정다운 이모 빌려줄 테니 가만있으라는 말이며, 가만있다가 덤터기 쓰라는 말이라고.

홍경래의 난에는 또 다른 지닐총(기억) 있다. 홍경래의 난을 막지 못하고 무릎 꿇은 관군이 있었는데 그 무릎 꿇은 비겁한 관군을 호되게 비판하는 글을 써서 과거에 급제한 사람. 김병연이다. 김병연이 호되게 비판했던 무릎 꿇은 관군이 바로 할아버지라는 사실을 안 뒤 김병연은 벼슬을 버리고, 하늘 보기가 부끄러워 큰 삿갓을 쓰고 다녔다. 김삿갓의 그 마음 안타깝고 쓰라리다. 그런데 할아버지나 아버지가 왜노므시키를 떠받들며 우리 백성을 죽을 만큼 괴롭혔고 또 죽였는데도 아주 뻔뻔하게 돈과 자리를 움켜쥔 연놈들, 이 땅에 아직도 많다.

김삿갓은 욕본 할아버지와 욕보인 자신 사이의 괴로움이 엄청났겠다. 할아버지의 비겁이라도 손가락질해서 돈과 자리를 움켜쥐자니 자신이 비겁해지고, 할아버지의 비겁을 감추자니 자신이 설 자리가 없었겠다. 그렇다고 손가락을 자를 수도 없고 고개를 들 수도 없어서 차라리 기득권과 정치를 비웃고 깔보았다. 하늘을 찌를 듯한 부끄러움을 삿갓으로 가린 채 떠돌았고, 우리에겐 '민중시인'으로 남았다. 염치 '있는' 사람이었다. 지금 곳곳에서 김삿갓의 시늉(패러디)이 넘쳐난다. 그 시절과 크게 다르지 않다는 말이다.

염치 있는 사람은 가만있으라 하지 않는다. 알려주고 깨닫게 해준다. 염치 있는 사람은 덤터기 씌우지 않고 바가지 씌우지 않는다. 염치를 속되게 부르는 말이 얌통머리다. 얌통머리 없는 연놈들이 기득권을 움켜쥐고 국민들에게 '가만있으라' 외치며 탐관오리 줄에 서 있다. 책임과 의무를 나 몰라라 하며 국민들에게 바가지 씌우는 연놈들은 모두 물러나고 책임도 져야 한다. 그가 학자이든 기자든 또한 국가공무원이든 국회의원이든 그리고 대통령이든.

*낙동강 오리알: 어느 떼거리에서 떨어져 홀로 나와 처량하게 된 신세.

*김삿갓이 어느 서당에 가서 머물기를 청하려다 거절당하고 쓴 시

서당내조지 (書堂來早智), 서당이 있는 줄 알고 왔는데
방중개존물 (房中皆尊物), 방안에는 모두 잘난 놈들만 있구나
생도제미십 (生徒濟未十), 배우는 이들은 모두 열 명도 안 되는데
선생내불알 (先生來不謁), 선생은 내다보지도 않는구나

*김삿갓을 시늉 낸 시: 이승만 전 대통령을 기리려는 문학 행사에서 장민호 님이 '우남찬가'를 써서 입상했다. 내용은 이승만을 찬양했지만 세로의 첫 글자만 내려 읽으면 '한반도 분열 친일인사 고용 민족반역자

한강 다리 폭파 국민 버린 도망자 망명정부 건국 보도연맹 학살'이라고 읽힌다. 같은 문학 행사에서 수상한 영문시 'To the promised land'도 있다. 이 시도 내용은 이승만을 훌륭한 리더로 묘사하지만 세로 첫 알파벳을 떼어 읽으면 'Niga gara Hawaii(니가 가라 하와이)'가 된다. '니가 가라 하와이'는 곽경택 감독이 만든 영화 '친구'에 나오는 대사로 오랜 2인자 생활을 마친 장동건이 자부심과 독기를 묻혀 일인자 유호성을 비아냥거리면서 쓴 말이다. 3·15 부정선거는 4·19 학생혁명으로 이어졌고 이승만은 대통령에서 물러나, 하와이로 망명하였다. 이승만은 하와이에서 죽었다.